华文明

揭秘

上

丁宥允◎编著

中国出版集团

现代出版社

图书在版编目(CIP)数据

中华文明揭秘(上)／丁宥允编著. —北京：现代
出版社，2014.1

　ISBN 978-7-5143-2142-5

　Ⅰ.①中… 　Ⅱ.①丁… 　Ⅲ.①文化史 – 中国 – 青年读物
②文化史 – 中国 – 少年读物　Ⅳ.①K203 – 49

　中国版本图书馆 CIP 数据核字(2014)第 008619 号

作　　者	丁宥允
责任编辑	王敬一
出版发行	现代出版社
通讯地址	北京市安定门外安华里 504 号
邮政编码	100011
电　　话	010 – 64267325 64245264(传真)
网　　址	www.1980xd.com
电子邮箱	xiandai@cnpitc.com.cn
印　　刷	唐山富达印务有限公司
开　　本	710mm×1000mm　1/16
印　　张	16
版　　次	2014 年 1 月第 1 版　2023 年 5 月第 3 次印刷
书　　号	ISBN 978-7-5143-2142-5
定　　价	76.00 元(上下册)

目 录

第一讲 史前时期

第二讲 夏朝和商朝

第三讲 周 朝

第八讲　唐　朝(上)

第一讲　史前时期

　　人类最早的祖先可追溯至 1972 年在东非埃塞俄比亚的哈达（Ha-dar）发现的 340 万年前的一具被命名为露茜的类人猿遗骨。然而在 2000 年 12 月，由法国、英国和肯尼亚古生物学家组成的国际科学家小组在东非大裂谷肯尼亚段的一个陡峭的悬崖下发现 14 块 600 万年前的类人猿遗骨，对这种传统说法提出了挑战。这些遗骨属于 4 个男性和 1 个女性，同露茜一样，这些人类祖先约 5 英尺高，直立行走，吃肉也吃水果。伦敦大学古人类学家莱斯利·艾洛认为，假如这些遗骨的年代得到进一步核实，人类进化理论将重构。在肯尼亚发现的这五具类人猿遗骨将是人类真正的祖父和祖母，而露茜不过是他（她）们的后代，人类起源的年代也将提前一倍。

　　然而，新的发现并未推翻人类非洲起源说。近来在亚洲的一些研究曾得出结论说中国内地的古人类进化自成一体，不是源自非洲。但是，相反说法的研究成果很快就又出现了。从非洲大裂谷到南非石灰岩洞的古人类遗址的发掘和分布情况来看，早期类人猿生活在原始森林中，极有可能是因为后来森林中"猿满为患"，一些类人猿逐渐向草原地带迁移。这种向不同地理环境的迁移成为人类祖先进化的关键一步。人类祖先在约 250 万年前开始用石头制作工具。考古学家已在东非奥都费峡谷（Olduvai Gorge）发现距今约 170 万年至 150 万年前猿人制作的石斧、石刀和石刮片。也就是在这个时候，约 170 万年前左右，这些能制作工具的猿人走出非洲，向中东、亚洲和欧洲迁徙。他们在适应不同的地理、气候和食物来源的情况下，开始使用火，并用毛皮蔽体和修筑栖身之所。

一、原始人类的迁移

大约在 100 万年前，非洲猿人到达了欧洲，他们狩猎和采集食物。目前，70 万年以上的原始人类遗址在欧洲发现的并不多，但是，考古学家已发现 70 万到 40 万年前欧洲猿人使用的手握的石斧。在法国南部的几个原始人遗址也发现了 40 万年前的石斧和木结构的简陋棚屋残骸。约 12 万年前，尼安德人在欧洲原始人演化的链条上出现了。尼安德人的面部特征已接近现代人。法国西南部发现的一些尼安德人遗址表明他们在生活方式和社会组织上也类似现代人类，他们掩埋死者，并有了宗教仪式。

最近对在埃塞俄比亚和南非发现的距今约 10 万年前的史前人类遗骨的基因分析表明，他们是现代人类的直接祖先，在解剖学上同现代人一致。在这些地区演化出现的现代智人在约 3.5 万年前侵入欧洲，取代了原居住在欧洲的尼安德人。这批构成非洲向外迁移的第二次浪潮的现代智人有组织地构建定居点，在洞穴壁上作画，制造艺术品和个人装饰物，并从事贸易活动。采集植物果实和狩猎技术的发展，使大部分人能居住在定居点内，在东欧的捷克斯洛伐克和西欧的法国等地的一些山谷和河口咽喉要地发现了这样一些集体狩猎的原始人定居点遗址。在这些定居点中，原始宗教仪式和图腾符号的使用促进了部落意识的产生，使欧洲进入氏族和部落教会时代。

2001 年，瑞典的一个国际科学家小组运用基因技术对欧洲男性的种族属性进行了研究，他们发现现在欧洲绝大多数男性都是在约 4 万年到 8000 年前迁移到欧洲的 10 个原始部落的后裔。遗传学的理论显示，父母在孕育子女时，父母的基因是通过父母双方的染色体混合的形式传递给子女的，但是使胚胎成为男性的 Y 染色体却基本不变地由父亲传给儿子，这样遗传学家就能够从一个男子的 Y 染色体追溯到他的父亲、祖父甚至更遥远的男性祖先。在这种理论指导下，科学家们对欧洲和中东地区的 1000 多名男子的 Y 染色体的基因信息进行了研究。他们发现其中 95% 以上的人的 Y 染色体基因可编入 10 个不同的组，这就是说他们分属 10 个男性血统。根据考古学的发现和理论及其他遗传资料，科学家们因而认为绝大部分欧洲人来自远古的 10 支原始族系。

科学家还能大致勾勒出一幅远古图景：约 4 万年前，两个原始部落从中东和亚洲东部的乌拉尔山地区迁徙到了欧洲，并进一步分成不同的部落。这些原始部落以狩猎和采集果实为生，并能制造石器工具。他们就这样繁衍生息到了 2.4 万年前，冰川时代又一次降临，欧洲大部分地区冰雪覆盖，寒冷异常。他们在今天的西班牙、巴尔干和乌克兰一带找到了避难所，又度过了几千年。到距今约 1.6 万年时，气候转暖，冰川融化，他们走出山洞向平原地区迁移，扩散，缓慢地进化和发展。欧洲男子的 80% 是由这两个古老部落族系繁衍下来的。约 8000 年前，另外 8 个原始部落从中东迁来。他们是现在欧洲 20% 的男子的祖先。他们带来了农业技术和工具，以及新石器文明，并逐渐同欧洲大陆上原有的种族和文明融合。

基因技术在英国也被运用于开拓古人类考古的前沿。1999 年，在英国那座被称为"有着无数在阳光下熠熠闪光的教堂尖顶的梦幻般的城市"——牛津，牛津大学分子医学研究所也完成了一项对欧洲人类史前史有着重要意义的科研成果。该大学的人类遗传学教授布赖恩·赛克斯所领导的小组运用基因技术发现全部的欧洲人均是生活在 4.5 万年到 8000 年前的 7 个妇女的后代。这 7 个欧洲始祖母虽早已去世，但她们的遗传基因却代代相传下来。每个欧洲始祖母——"夏娃"的女儿都繁衍了数千万的后代。

赛克斯教授的科学发现起源于一个偶然事件。1986 年，赛克斯教授接到一项任务，用分子生物学的手段查明在牛津附近的一个超级市场工地上发现的几块中世纪的遗骨归属。考古学家们认为细菌已使骸骨中的 DNA 遭到破坏。赛克斯教授却放大了一小块含有 DNA 的物质，终于揭示了其遗传基因。使用同样的技术，他又研究了在索姆尔赛特洞穴中发现的查德人遗骸。这是一具距今约 9000 年前的男人遗骨。赛克斯教授发现这具遗骸的线粒体 DNA 与就住在附近的一位小学教师的 DNA 相同，从而发现她与这位男人的遥远的亲属关系。遗传学的理论认为线粒体遗传密码（mimchondria DNA）由母亲传递给子女，基本不改变。科学家因而能据此用通过对某一人群的线粒体 DNA 密码进行分类的方法追溯出其远祖系列。

这些理论和发现促使他们转而更大规模地研究欧洲人的种源归属。分子医学研究所的科学家们以颧骨中的细胞为研究对象，意想不到地发现波利尼西亚人的线粒体 DNA 遗传密码同东南亚人的线粒体 DNA 遗传密码相同。在研究分析了 6000 多份欧洲人线粒体 DNA 遗传密码后，发现它们归属于七个"母系氏族"。科学家们因而得以构筑 7 个欧洲始祖母的理论。他们把这 7 个欧洲始祖母分别命名为：厄休娜、热尼亚、塔娜、海琳娜、卡特琳、维尔达和贾丝茉，并根据考古学、地质学、体质人类学和人文地理学等学科的知识构筑了她们的生活年代和踪迹。

赛克斯教授本人是他取名为"塔娜"的一位妇女的后代。塔娜（Tara）为凯尔特语"岩山"的意思，是一位有着橄榄色皮肤、褐色头发和蓝色眼睛的美女。她生活在 1.7 万年前的意大利托斯卡那。她的后代后来离开了意大利，往北迁徙，跨过了干枯的英吉利海峡，最后到达爱尔兰，并在那儿定居下来。塔娜生活的那个年代，人类以狩猎为生。塔娜身体健壮，还是个好猎手。第二位欧洲始祖母叫厄休娜（Ursula）。拉丁语是"母熊"的意思，她生活在 4 万年前的希腊北部。同其邻居"尼安德人"相比，厄休娜身材苗条，举止优雅。她的氏族人后来散居欧洲各地，包括英国和法国，他们使用石器狩猎。第三位欧洲始祖母热尼亚（Xenia），希腊语为"热情好客者"。这位神秘的妇女生活在2. 5万年前的黑海边的高加索山脉，她同狼和洞穴熊栖息在一起。第四位叫海琳娜（Helena），在希腊语中意味着"灯光"。她出生于欧洲西南的比利牛斯山脉的一个原始狩猎人家中，是夏娃所有女儿中生儿育女最多的。第五位叫卡特琳（Katrine），希腊语是"纯洁"的意思。她生活在距今约1万年前的意大利维尼斯附近，以鱼和蟹为食。她的后代至今仍住在阿尔卑斯山一带。第六位叫维尔达（Valda），按斯堪的纳维亚日耳曼语的意思是"统治者"。这位西班牙妇女生活在距今约1. 7万年前。她的氏族同厄休娜的氏族毗邻，这两大氏族后来共同向北方迁徙，直到抵达现今的斯堪的纳维亚。第七位叫贾丝茉（Jasmine），波斯语"花儿"的意思。她出生于叙利亚，她的氏族首先修房筑城，她的后代向其他几位欧洲始祖母的后代传授农业。贾丝茉子女的这些表兄表妹当时以采集和狩猎为生。

这7个坚强的妇女经历了冰河期，并曾在严寒的欧洲长途跋涉。研究发现表明除了在芬兰和挪威北部，同一氏族的人并不都是聚居在同一地区，欧洲所有的民族包括斯堪的纳维亚民族在内都共有某些相同的基因。现在欧洲不同民族的区分不是以遗传基因为主要基础的。

中国人类的起源问题目前仍有争议。一些中国学者认为中国也是人类起源地之一，但这并没有得到国际学术界的公认。目前的观点还是认为中国人是大约距今10万年到4万年的"第二次走出非洲"的原始人的后代。这批人取代了更早一批来到世界各地的原始人类。2009年12月发表在英国《科学》杂志上的一篇文章中，亚洲国际研究小组分析了1900个亚洲人的基因，推算出了远古人类迁徙到亚洲的路线，认为亚洲各民族是在几万年前从非洲迁徙出来，经印度、泰国，沿东南北上进入中国、韩国和日本的，这也符合现今的考古证据。中国境内迄今发现最早的人类化石是在陕西蓝田发现的原始人类遗骨，距今大约98万年至53万年。

蓝田猿人已经能够用石英岩等打造各种石器。其次是在云南元谋，其时代不早于73万年前，可能距今约60万年至50万年，为晚期直立人（也被称为猿人）。1965年5月，中国考古学家在元谋县上那蚌村附近的河湖相地层中发掘出了两颗属于同一青年男性的上内侧门齿。

再后来，以1921年被发现的北京周口店龙骨山洞穴的原始人群居遗址最引人注意。在北京猿人遗址所发现的骨骸化石距今约为57万年至23万年，在洞穴中找到10万余件石器和石片。北京猿人平均脑容量1088毫升，只有现代人平均数的80%，但相对于南方古猿来说，已经超过了两倍。北京人在形貌上还具有一定的原始性，但肢骨已基本具有现代人的特征，习惯直立行走，只是比现代人略矮一些。北京人已经懂得人工取火，并且有了自己的相互交流的符号和语言。

中国古人的代表有大荔人、许家窑人、金牛山人、马坝人、长阳人等。早期智人脑壳变薄了，脑容量有所增加，智力也有了明显进步。距今约5万年，进入旧石器时代晚期，晚期智人出现了，它们已与现代人无太大差异。晚期智人遗骸被发现的地点较广，南北各地都有，比较典型的有北京山顶洞人、新泰人、资阳人、柳江人等。此后，人类进入新石器时代，在形貌上逐渐演化到与现代人无异。1933年至1934年在北京周口店龙骨山山顶洞穴发现的一批人类化石距今约1.8万年，其总体特征与现代中国人、因纽特人和美洲印第安人接近。

新石器时代的早期文化已发现的有河北磁山文化（距今约8000年至7600年）、河南裴李岗文化（距今约8000年）和甘肃大地湾文化（距今约7800年至7000年）。在黄河中下游许多地方可见到的一种较为晚期的文化是仰韶文化（约距今7000年至5000年），仰韶文化因1921年首次发现于河南渑池县仰韶村而著名。仰韶文化已是母系氏族社会的繁荣期。

二、原始社会的神话与现实生活

神话是人类对远古状况的一种想象，它可能建立在某些流传下来的原始记忆的基础上。通过神话可以看到当时社会的某种原始意识形态、世界观和当时困扰那个社会的一些问题。

（一）创世神话——盘古开天地

古书记载，在非常非常久远的时候，天地混沌未开，宇宙就好像一个大鸡蛋，一团漆黑，盘古就孕育在这个大鸡蛋中。有一天，盘古忽然醒来睁开了眼睛，黑暗让他感到异常发慌烦闷，于是随手不知在哪儿抓到了一把斧子劈开了混沌的大鸡蛋。蛋清上升为天，蛋黄下落为地。就这样，混沌不分的天地自此分开了。天和地被分开以后，盘古怕它们再合拢起来，就用头顶着天，脚踩着地，伸直了腰杆站在天地之间，身高随着天地的变化而变化着。不知过了多少个春夏秋冬，天和地终于被固定住了，盘古也到了精疲力竭的时候。盘古临死前，浑身发生了极大的变化：他口中呼出的一团团气体，变成风和云；他发出的声音，变成了滚过天际的隆隆雷声；他的眼睛变成了光芒万丈的太阳和皎洁明亮的月亮；他的手足和身躯变成了大地的四极和五方的名山；他的血液和筋脉变成了江海和大道；他的肌肉、皮肤和汗毛变成了田地、花草和树木；他的头发和胡须变成了美丽闪烁的星星；他的牙齿、骨头、骨髓则变成了蕴藏在大地下的发光的金属、坚硬的石头、美丽的珍珠和温润的玉石。就连他身上的汗水也变成了无尽的雨露和甘霖。盘古用自己的身体使这个新诞生的世界变得更加丰富和美丽。

（二）始祖神话——女娲抟土造人

远古的时代，洪水吞没了整个世界，只有女娲和伏羲兄妹躲在一个大葫芦里随水漂荡，得以幸存。洪水退后，女娲上山一看，天地之间浑然一片，一切都没有了。她叹了一口气，便用黄土拌水照着自己的模样捏出了一个个泥人，然后对着它们吹了一口仙气，大喝一声：你们这些泥人都快活过来吧！随着女娲的一声呐喊，所捏的泥人竟真的变成了一个个有说有笑、蹦蹦跳跳的大活人。传说这也是人类的开始。日复一日，长年累月，女娲累了，便顺手抽了一根藤条，蘸满泥浆在地上不停地使劲甩打，溅出的泥浆也都变成了一个个大活人，后来通过代代繁衍，世上的人渐渐多了起来。更有趣的是，据说那些女娲用手捏的泥人及其传下的后代，统统都成了社会贵族，而那些用藤条甩打出来的泥浆人及其后代，则成了社会的贫困阶层，遭受贵族的压迫。

仰韶文化已产生了农业文明，形成农耕文化区。仰韶文化主要分布于黄河中下游一带，以河南西部、陕西渭河流域和山西西南的狭长地带为中心，东至河北中部，南达汉水中上游，西及甘肃洮河流域，北抵内蒙古河套地区。按时间的顺序和空间的布局可将其分为半坡、庙底沟以及两王村三个不同的类型。

仰韶文化遗址总面积近 30 万平方米，文化层厚约 2 米，最厚达 4 米。该遗址现已发掘出近百处文化遗址，出土文物均反映出较统一的文化特征——仰韶文化是一个以定居农耕为主的文化类型，在各地发掘的遗址中发现了粟、黍、高粱和芥菜、白菜子等。1994 年，中国历史博物馆组织中国和美、英、日等国的考古专家进行国际田野文物考察。在仰韶村附近的班村，发现了大量珍贵文物，其中最有价值的是数十斤5000 年前的小米。证明了中国农业发展的悠久历史。该文化时期内涵丰富，大量的农耕石器被发掘，包括石斧、石铲、磨盘等，除此之外还有少量的骨器。另外还在临潼姜寨遗址发现了中国最早的铜质用品——黄铜片。

仰韶文化前期的陶器制造业很发达，而且多是手制的，中期才开始出现轮制的。最能表现仰韶文化特征的就是彩色陶器。在半坡等地的彩陶钵口沿黑宽带纹上，发现有 50 多种刻画符号，可能具有原始文字的性质。这些原始文字更增添了仰韶文化的神秘魅力。在濮阳西水坡还发现用蚌壳摆塑的龙虎图案，是中国迄今所知最完整的原始时代龙虎形象。除农耕外处于仰韶文化时期的人还进行渔猎。考古学家还发现一些陶器上留有布和编织物印下来的纹路，可见仰韶文化已有编织和织布的手工业。仰韶立化再现了中国母系氏族制度从繁荣到衰落的全过程。

（三）石器的制造

石器是原始人类赖以生存的重要劳动工具，它大致经历了打制石器和磨制石器两个阶段。人类最早使用的是天然的和经过粗糙锤击的较大的石块，这些石制品数量并不多，主要是石英岩刮削器、尖状器、砍砸器以及石片等，其中以石片为主。原始人类主要以砸击和碰砧法来打制石器，在制造石器的过程中他们还形成了一整套加工石器的砸石工具，如石锤和石砧。周口店遗址（1921 年发现）作为旧石器时代早期的典型代表，出土了不少石制品，充分再现了北京人文化的全貌。到了旧石器时代晚期（距今约 7000 年），石器有了进一步的改进，出现新的制造技术——压制法。压制法是一种用间接法打制出细而长的石器的制造方法，考古学界称这种细而长的石器为"细石器"。进入旧石器时代晚期，工具的种类有了明显的增多，除了石器、骨器和角器的使用也颇为广泛。伴随骨器和角器的大量使用，出现了新的制造技术——磨制钻孔。距今约 6000 年至 3000 年间，中国产生了最早的石器农具，如石斧、石锄、石镰等。农具的出现意味着农业的产生，意味着远古的祖先已经开始摆脱单纯的采集狩猎生活，向农业文明的生活迈出了历史性的一步。至新石器时代，石器制造技术进一步发展，尤其是磨制工艺和钻孔工艺。原始人类在这两者的基础上发明了抛光技术和切割工艺，其后又在实践中发明了玉器的加工制造工艺。最早的玉器可以追溯到距今8000 年左右的兴隆洼文化。

三、原始宗教和艺术

史前人类的宗教崇拜范围广泛，大致可分为自然崇拜和血缘崇拜。自然崇拜包括诸如天地、风雨、雷电、动植物以及山海湖河等诸神灵的崇拜。人们最初始的崇拜对象是太阳。江苏连云港将军崖、云南沧源等地的新时期时代岩画就出现了太阳神的形象，而且在诸多文化遗存出土的陶器上也发现了不少太阳形的纹饰，如仰韶文化，屈家岭文化等。《山海经》有云："东南海之外，泔水之间，有羲和之国。有女子名羲和，方日浴于甘渊。羲和者，帝俊之妻，生十日。"这表明中国人确实很早就开始崇拜太阳神。而原始人类对于大地的崇拜还仅仅局限于土地生养万物的自然属性，"地母"之说就是最好的证明。除了天地，原始人类对风雨雷电、动植物和山河湖海的崇拜的根源都归结到一点，就是对自然力的畏惧和崇敬。

血缘崇拜包括对生殖、图腾以及祖先等诸神灵的崇拜，其中以生殖崇拜为主。生殖崇拜是人类对自身繁衍的认识发展到一定程度的结果。它是将孕育生命的生殖器官和能力作为一种象征进行膜拜，并祈求后代延续和人丁兴旺的宗教仪式活动。原始人类虽然很重视子孙后代的延续，但是也没忽视创造生命的先人，他们用最虔诚、最严格的宗教仪式表达对祖先给予生命的感激和崇拜。在氏族社会阶段，祖先供奉经历了供奉女性祖先向供奉男性祖先的过渡。图腾崇拜是较为高级的宗教活动。由于原始人类依靠大自然获取生存的必需品，于是他们就产生了这样一种原始观念，相信自己的群团或氏族与动植物之间有着密不可分的亲密关系，因此，他们就把这种被认为和他们的氏族关系紧密的自然物当作他们氏族的标志，也就是"图腾"。关于图腾，上古神话中有丰富的图腾崇拜资源。相传黄帝率六兽（熊、罴、貔、貅、豹、虎）同炎帝进行殊死搏斗，这六兽其实就是指以其为各自图腾的六个氏族。

原始艺术的进展是以陶器、玉器和青铜器次第出现为主线的。遍布于新石器时代的陶器以彩陶和黑陶最为著名。老官台文化少数陶器口沿上纹有红色条带，标志着彩陶的出现。在半坡等地的彩陶钵口沿黑宽带纹上，发现有 50 多种刻画符号，可能具有原始文字的性质。这些原始文字更增添了仰韶文化的神秘魅力。在濮阳西水坡还发现用蚌壳摆塑的龙虎图案，是中国迄今所知最完整的原始时代龙虎形象。彩陶在仰韶时代大放异彩，因此仰韶文化又称"彩陶文化"。彩陶是新石器时代最突出的文化成就之一。黑陶诞生于龙山时代（距今约 4350 年至 3950 年）。大汶口文化时期出现的快轮制陶技术在这一时期得到普遍采用，磨光黑陶数量更多，质量更精，烧出了薄如蛋壳的器物，表面光亮如漆，是中国制陶史上的顶峰时期。

玉器最早出现于七八千年前，至新石器时代中晚期，玉从石器中分离出来成为一门独立的新兴的工艺，并形成了玉器工艺的第一次高潮。玉器制造工艺的发展在距今 6000 年至 5000 年的红山文化和良渚文化时代第一次达到了巅峰。玉器是红山文化最典型的标志和不可缺少的组成部分。红山文化遗址出土的玉器品种主要有玉勾龙和玉兽头块。良渚文化出土的玉器很多，数以千计，且品种繁多。其几何形玉器奠定了后世几何玉器发展的基石。几何形体玉器最重要的代表是"神徽纹"，该纹饰为环抱兽面的戴羽冠人，细部以回纹填充，禽兽类玉雕皆经变形。虽然史前的玉器出现过空前的繁荣，但从艺术的角度看仍然比较古拙，显然还处于孕育期。玉器时代是中华文明起源时期的主要特征之一。

　　青铜器大约产生于仰韶文化中晚期，它是人类历史上意义极其深远的发明创造，标志着人类从此进入使用金属工具的时代。人们最先认识的金属是铜，铜是冶炼青铜不可或缺的元素。为了降低铜的熔点并增强硬度，人们在天然铜矿中加入适量的锡和铅，然后通过一定的冶炼技术锻造出一种呈现青灰色的合金工具，即青铜器。青铜器和文字的发明、城市的出现并列为三大文明起源要素。青铜器的发明对后世的祭祀、祈福等礼制文化产生了重要影响，自夏朝始，经商周、春秋、战国，在这一千五百多年的历史中，青铜文化一直居于社会文化的主流地位。

第二讲　夏朝和商朝

　　我国历史传说中的自黄帝开始，历经颛顼、帝喾、尧、舜的"五帝"时期，社会组织的最高形式是部落联盟。部落联盟的首要特征就是军事性。各部落联盟相互征战攻伐，失败的部落被迫与胜利的部落联合，形成强大的、突破血缘局限的部落联盟。部落联盟之间经常性的战争使得部落军事首领及其下级军官的权力大大增强，因此他们身边聚集了一批以战争为职业的亲兵，更加巩固了他们在部落中的地位。禹刻意安排儿子启"为吏"，为启培植亲兵集团。而这些亲兵则成为日后启争夺部落首领的一支重要力量。

　　部落联盟具有一定的原始民主性。虽然随着贫富分化的加剧，母系氏族社会氏族成员平等和民主的精神渐被人与人之间的剥削和奴役代替。然而到父系氏族时期，虽然财产私有，但是土地、林场等重要生产资料仍保持着名义上的"公有"，并定期进行分配。部落联盟的首领和军事长官由议事会选举产生。因此部落联盟的首领的决定如果遭到议事会成员的反对，就必须重议。如尧曾就治水问题选拔人才，议事会成员一致推鲧，尧虽不赞成，但是在议事会的坚持下还是任用了鲧，说明此时还未形成后世君主一言九鼎的绝对权威。

一、从神话看王权的起源

　　相传距今约 4600 年前，以黄帝为首的炎帝部族与以蚩尤为首的东夷集团九黎族在涿鹿（今属河北）进行了一次艰苦激烈的大战，史称涿鹿之战。涿鹿之战后，炎帝势力被合并，黄帝势力大增，蚩尤仍不知收敛，继续作乱。黄帝征集各部落、联盟兵众，与蚩尤大战于涿鹿（今属河北）之野。双方接触后，蚩尤自认人多势众、武器优良，率先向黄帝族发起攻击。黄帝族则率领以熊、罴、貔、貅、豹、虎等为图腾的氏族，与蚩尤族展开大战。传说黄帝命应龙在河流上筑土坝蓄水阻挡蚩尤，但被效忠于蚩尤的风伯雨师所破。于是黄帝又请旱神女魃作法，使得天气酷热难当。由于久居于气候阴凉的东南方，蚩尤军队实在难以忍受，败阵南逃，在冀州之野被擒杀。这样，涿鹿之战就以黄帝族的胜利而告终。华夏民族最终形成。

到帝尧时，黄河流域多发洪水，经常淹没田地庄稼，大大影响了人们的日常生活和农业生产。为了平息水患，尧召开部落联盟会议，商量治水的问题。他征求四方部落首领的意见，首领们一致推荐了鲧。鲧花了九年时间治水，没有把洪水制服。因为他只懂得水来土掩，造堤筑坝，结果洪水冲塌了堤坝，水灾反而闹得更凶了。舜当上部落首领以后，发现鲧办事不力，于是杀鲧以其子禹代之。禹改变了他父亲的做法，用开渠排水、疏通河道的办法，把洪水引到河道、湖泊和大海中去。他和老百姓一起劳动，戴着箬帽，拿着锹，带头挖土、挑土。治水时，禹新婚不久，为了治水，禹"三过家门而不入"。经过十三年的努力，终于把洪水引到大海里去，地面上又可以种庄稼了。禹还带领老百姓到龙门山（今属山西）开凿龙门以保河水畅通无阻。大禹治水为人们从事农业生产解决了水患，后来大禹的儿子就成了中国第一个朝代——夏朝的皇帝。

夏王朝是我国进入阶级社会后建立的第一个奴隶制国家。夏王朝所建立的一系列政治制度，特别是王位继承制和分封制，对我国历代王朝产生了深远的影响。商朝是我国第二个统一的奴隶制国家。孔子说："殷因于夏礼，所损益可知也；周因于殷礼，所损益可知也。"商朝上承夏朝，下启西周，是我国奴隶社会的重要时期。

夏朝（前2070年至前1600年），中国史书记载的第一个世袭王朝，

自禹至桀传 14 世，17 君，历四五百年。一般认为夏朝是一个部落联盟
性质的国家，但是根据中国马克思主义史学原理来看，夏朝应该定性为
一个奴隶制国家，因为中国历史上的"家天下"就始于夏朝。夏王朝
是中国历史上第一个重要的奴隶制王朝，该时期有一定数量的青铜和玉
制的礼器，文物价值非常高。关于夏朝的历史史书记载不多，目前我们
知道的夏史只限于夏立国以前的禹治水的事迹、启建夏朝及伐有扈氏、
太康失国、少康中兴以及夏桀暴政以致亡国等几件大事。

（一）奴隶制国家的建立及启伐有扈氏

禹受舜禅让即位后，立国号为夏，夏朝始在中国历史上出现。随后
禹传位于其子启，启的即位标志着禅让制度的终结，是中国国家形成的
划时代的大事。由于传子制度遭到了守旧部落有扈氏的反对，启借天起
誓亲率大军败有扈氏于甘（今属河南），夏朝政权初步稳定。启的这次
亲伐表现了他维护君权的意图，开中国古代以神权护君权之先河。

（二）太康失国和后羿代夏

启的晚年，生活日益腐化。他喜欢饮酒、打猎、歌舞，而疏于朝
政。启死后，其子太康继位。太康不理朝政，终日沉湎于声色酒食之
中，导致本来就已经凸显的内部矛盾更加尖锐起来。外部四夷蠢蠢欲
动，东夷族有穷氏借机发动叛乱，其首领后羿趁太康外出狩猎数月不归
之时，发动叛乱，夺取了夏的政权。但是后羿也没有得意很久，他的宠
臣寒浞又借机发动政变，大肆杀伐后羿一族。太康至死都没有夺回政
权，他的弟弟仲康继承王位后，人弱势微，再加上寒浞穷追不舍，仲康
最终病死也未能完成恢复王室权力的重任。仲康的儿子继位后又被东山
再起的后羿赶走，连王位也失去了。后羿自立为王。

（三）少康中兴

少康是相的儿子，中国夏朝的第六代王。相死后，其妻逃回有仍国，生下少康，少康当上牧正，负责管理畜牧。但寒浞仍不放过夏朝王族，派人杀少康。后来少康逃往有虞国（今属河南）避难，并担任有虞氏的庖正，国王虞思欣赏其才能，把女儿二姚嫁给了少康，并积极厚植其势力。其时少康有田一成（方十里），有众一旅（五百人），还得到有虞国诸侯伯思鼎力相助。一天，少康发起义师，派女艾刺探浇（寒浞之子）的军情，和支持他自己的夏朝遗臣伯靡一起收复国家。伯靡败寒浞军于穷国都穷石，寒浞自杀未遂，被凌迟处死。少康则分兵攻打浇和豷，大获全胜。豷被处以斫刑，剁成肉酱；浇被设鼎烹杀。少康终于夺回了王朝的政权。在位期间，少康勤政爱民，兴盛农业水利，史称为少康中兴。从启卒到少康立，君王权力已经完全取代了酋长会议的权力，完成了由氏族社会向阶级社会的过渡。

（四）社会矛盾的激化及桀的亡国

从少康至不降这八代君王统治期间，政治相对稳定，发展至孔甲在位时，社会矛盾激化。由于太康因东夷族进攻而失国，其后各王都很注重与周边民族的关系。到桀时，桀一味地讨伐边国，耗费了大量财力，激化了国内外矛盾。桀还是一位好色暴君，有施氏进献美女妹喜，妹喜见王都宫殿陈旧，很不高兴，于是桀造倾宫，筑瑶台，终日饮宴淫乐，不理政事，以讨好妹喜。由于桀的淫奢暴虐，人民不堪其苦，夏民指着太阳咒骂他："时日曷丧，予及汝偕亡！"商汤乘机起兵讨夏，大败桀于鸣条（今属河南），建立了商朝。

二、商王朝的建立到武丁中兴

商朝（前1600年至前1046年），商国王姓子，据说是帝喾后裔契的子孙。相传契是因为他的母亲简狄吞食燕卵而生，此神话在东方各族中流传甚广。契在尧舜为部落首领的时候官至司徒，主要担当教化百姓的任务。契部落居商丘。商自汤至封传17世，30君，经五六百年。根据多次考古发现，商朝的中心在今河南东北部、山东西南部和河北南部。商灭夏后，注重发展生产，政权很快稳定下来。商朝前期曾五次迁都，直至盘庚迁殷后不再迁都。一般认为，迁都的原因和商王想扭转衰败的政局相关。武丁是盘庚以后最为明智的王，他想任用奴隶傅说为相，又怕贵族们反对，于是假称梦见一位名叫说的圣人，可以帮助商朝兴盛，然后将说的画像交给百官全国各地寻找，最后在罪徒中找到了傅说。贵族们这才发现傅说是一个身份低下的奴隶，然而殷民深信鬼神之说，因此也不敢反对商王任命傅说为相。当时贵族已经腐败不中用，武丁提拔傅说做宰相实为善举。傅说是贤才，做了宰相以后，协助商王改替政治，大大缓和了奴隶与贵族之间的对抗，商朝因而复兴起来。这大大归功于商王任用王族和商族以外的贤人。到末代皇帝帝辛（后人称商纣）统治时，轻信小人，宠爱妲己，穷兵黩武，先是挑起对西北各族的战争，后又伐东南夷，虽取得了胜利，国力却消耗殆尽，统治集团开始分化。

（一）商族的兴起及商汤立国

传说商族是高辛氏的后裔，住在黄河下游，历史悠久。其首领契是舜时的一位杰出的军事将领。后来商族人编出了"天命玄鸟，降而生商，宅殷土茫茫"的颂歌来赞美他（《诗经·商颂·玄鸟》），把他称作

"玄王"，作为始祖。

据《诗经》记载："相土烈烈，海外有截。"相土（契的孙子）开始向东方发展。

据《国语·鲁语（上）》记载，契的六世孙冥"勤其官而水死"，商人"郊"祀之。冥的儿子王亥向河北发展。商族发展到汤时，已成为东方一个比较强大的方国。《国语·周语（下）》说："云王勤商，十有四世而兴。"汤是一位很有涵养的首领，相传曾被囚于水牢。他被选为首领后，看到夏的暴政以及夏王朝日益腐朽的情况，便着手建立新的王朝。他厉兵秣马，树立威信，临近部落纷纷归附。"另外，他发兵剪除夏王朝的方国葛（今属河南）、韦（今属河南）、顾（今属山东）、昆吾（今属河南），屡屡获胜，势不可当。一切准备就绪后，汤率军向夏王朝首都发起进攻。双方交战于鸣条（今属河南），大败夏师。灭夏后，汤大会诸侯，建立商王朝，定都于亳。

（二）商朝的发展

商王朝建立后，汤汲取夏朝灭亡的深刻教训，废除了夏桀时残酷压迫人民的暴政，施以"宽以治民"的政策，使得政治局面趋于稳定，内部矛后趋于缓和，因此国力也日益强盛起来。《孟子·滕文公（下）》记载有汤"十一征而无敌于天下"。这说明他对四周的许多国家进行了征伐，取得胜利并使这些国家臣服于商。商王朝在汤的治理下，已经成为强盛的国家。

（三）盘庚迁殷

汤死后，其孙太甲即位，虽然平庸荒淫，但在贤臣伊尹的辅佐下，尚不致出现大乱。后来王位争夺事件屡次发生，导致王都屡迁，政局不稳，"比九世乱，于是诸侯莫朝"（《史记·殷本纪》）。盘庚即位后，鉴

于严峻的政治形势，决定把都城自奄迁至殷（今属河南），原因是殷
"左孟门而右漳滏，前带河，后被山"（《战国策·魏策一》），是所谓
"天下之中"。此后273年都城不再迁徙，政局逐渐稳定下来。盘庚行汤
之政，"百姓由宁，殷道复兴，诸侯来朝"（《史记·殷本纪》）。商王朝
传至武丁时达到极盛。疆域东到海滨，西到陕西，南到湖北，北到
辽宁。

（四）武丁中兴及商王朝的盛世

从盘庚定都于殷到武丁中兴这一段时间，是商王朝稳定发展的时
期。武丁是盘庚的侄子，他年幼时曾在民间生活了一段时间，深切体会
到民众生活之艰辛困苦。他即位以后，励精图治，决定振兴大业。他主
要通过发动战争，征伐四方，征服小国来扩张领土，获取大量俘虏和财
物。他先后对鬼方、土方、羌方、人方、虎方等很多方国进行了征讨，
且每次战争规模都很大，常常出动兵力逾数千人，有一次甚至出兵逾
万，是他统治时期规模最大的一次战斗。现今发现的武丁时期的文化遗
存有宫殿、墓葬、作坊等，数量和品种还比较丰富。当时的青铜业有了
突破性进展，如铜、铅、锡三元合金出现了；分铸技术已被推广使用；
青铜器在数量上大大增加，武丁时期还出现了很多流传千古、闻名遐迩
的青铜器重器，典型代表是司母戊大方鼎、偶方彝和三联。这些都表明
青铜业在武丁时期取得了非常巨大的成就，表明中国青铜的制造进人繁
荣时期，也表明当时的社会生产力发展水平有了很大提升。此外，在医
学、纺织、天文、交通等方面，也都取得了较大成就。

三、夏商的王权和政治

（一）王位继承制

《史记》中的《殷本纪》与《三代世表》记录了商王朝的世系，另外挖掘出土的甲骨卜辞也保存了完整的商王朝谱系及典册。由世系关系可知这一时期的王位继承制度主要是按父系系统传承。王位继承的基本原则是父死子继。但是在武乙以前，王位常在同一代的亲兄弟之间传递，即兄终弟及。而兄终弟及传至最末一弟不得不传子时，有传亲子和传兄之子两种方式。在商朝，下传亲子的情况出现过四次，传兄弟之子出现了五次。商王朝王位继承中出现的"兄终弟及"现象的一个重要原因，可能是因为先王去世时，王子尚且年幼，不足以担当国家重任。进入商朝晚期后，弟及结束后不再将王位传于兄之子，而是直接传其亲子，这说明王权世系观念已经大大加强。另外，考古学界对于兄终弟及现象的终结有这样一种解释，即商朝晚期殷墟甲骨卜辞表明，不论同一代兄弟有几人为王，只有其中有子继位为王的一位最受后世的尊敬。

（二）行政

夏王朝的统治者为了让自己的决策能够迅速地贯彻执行，牢牢地掌控全国的统治权，在中央和地方设官分职，并由夏王氏族的贵族担任各级官吏，分为中央官吏和地方侯伯。中央的官吏又分为外廷官和内廷官。外廷官主要协理朝廷日常政务，分为政务官和宗教官。政务官又分十类：一是六卿，地位较高，可以对君王的决策提出建议，决议形成后也往往由他们宣布。二是稷，主管农业。三是水官，主管水利工程。四是牧正，主管畜牧业。五是六事，也称六史，是统兵的武将。七是御，是负责驾驶战车的军官。八是大理，主管刑狱。九为啬夫，主管监察。十为道人，负责宣布政令教化。宗教官主要有官占、太史令、天地之官、瞽四类。内廷官分为庖正、车正和御龙氏。夏王朝为了培养奴隶主贵族阶级的接班人，已有专门的学校设置。

夏王朝的地方侯伯由夏王族的同性或异姓奴隶主阶级构成，"以国为氏"，分封于王畿以外的广大区域。据《史记·夏本纪》记载，夏王的同姓侯伯有有扈氏、斟城氏、斟寻氏、褒氏、费氏、杞氏、缯氏等。这些同姓侯伯是夏王朝控制全国的核心力量。尤其是在夏王朝初期，同姓侯伯同异姓篡位者所作的斗争，对夏王朝的巩固和稳定起到了很大的作用，一些承认夏王的共主地位或接受夏王封诰的部落或方国首领，即成为夏王朝的异姓侯伯。夏王朝的异姓侯伯对中央王朝必须要尽一定的义务，他们必须听从王命，随时参加盟会，执行国君的重大决策，他们还要为中央训练士兵，配合王朝的掠夺征伐战争。同时他们必须向中央进贡。

商朝的国家体制是由商王直接统治的王畿和诸侯国领地两部分组成。由此，商王朝时期，国家已经建立起一套初具规模的官吏制度，内服（中央统治机构）和外服（地区职能机构）是商朝官吏制度的两大系统。《尚书·酒诰》中有一段关于商朝官制的记述："自成汤咸至于帝乙，越在外服：侯、甸、难、卫、邦伯，越在内服：百僚、庶尹、惟亚、惟服、宗工，越百姓里居（君）……"内服是服事于朝廷的官吏，即《酒诰》中提到的内服职官。外服是服事于商王直辖地以外地区的官吏，即《酒诰》中提到的外服职官。商王朝中央统治机构以王为核心，王作为最高决策者，拥有至高无上的权力。其下官吏包括：多尹及部分小臣，负责行政和生产事务；亚以及多马亚等，负责军事；巫、卜、贞人，负责祭祀、占卜等宗教事务；作册、史，负责册命、文书档案；宰及一些小臣，负责王室内部事务，为王之侍从。外服系统即殷边侯甸，是商朝的地方诸侯，它主要通过分封子弟诸妇功臣和赐封臣服的方国首领以及古老的氏族部落产生。他们在王畿以外地区驻防、屯垦以及武装放牧，并从政治上牢牢控制这些地区以获得经济利益。同时这些地方诸侯承担着多种义务：戍边、随君征讨、纳贡以及为王室服杂役。商朝的内官职权是大于外官职权的，内官由于常伴君侧，负责重大事务，握有实权，而商王也通过重用内官，培植亲信，控制国家重要部门，维护其统治。

（三）军事

夏朝是中国历史上第一个奴隶制国家，并产生了国家和军队，为了便于国家管理军队，维护统治阶级利益，夏朝创建了军事制度。关于夏朝的军事制度，史料甚为缺乏。据《尚书·甘誓》记载，夏王掌控军队，其下设"六事之人"，表明夏王可能辖有分工不同的人员。其时已有战车，车上的成员分为左、右、御。对作战人员还有奖惩规定。

甲骨卜辞对商朝的军事制度多有记载。商王是最高军事统帅。有时亲自出征，王室妇女如商王武丁之妻妇好也曾率军出征。贵族大臣和方国首领担任高级军事将领，遇到战争的时候君王就派他们领兵作战，国家和平的时候他们就担负起管理平民的重任。当时军队可能已经开始划分职守，因为甲骨文中出现了"亚""马""射""戍"等字眼。《殷墟书契后编》载卜辞曰："王登人五千征土方。"这说明发生战争时王室常根据需要进行"登人"（征兵），一次征发 1000 人、3000 人或 5000 人，有时甚至超过 1 万人。商朝的王室和各宗族及各方国都拥有数最强大的军队，宗族和方国不能擅自调动军队，只能由商王下令，才能调遣军队，集结待命。商朝军士分步兵和车兵两类，但作战时以车兵为主，步兵为辅。车下随行徒若干人。甲骨文中也曾出现过"步伐"的记载，可能表明当时有独立的步兵队伍。《殷契粹编》中的"王作三师右中左"等卜辞说明，师有可能是当时军队最大的编制单位。另外，从《甲骨文合集》中的"登百射"、《殷墟书契前编》中的"左右中人三百"、《殷墟文字乙编》中的"王令三百射"等卜辞可以看出，当时军队的基层组织人员可能是 100 人，中级单位是 300 人，并且还有左、右、中的分别。

（四）法律

为了维护奴隶主贵族阶级的统治，夏朝统治阶级制定了严酷的刑罚。《左传·昭公六年》载："夏有乱政，而作《禹刑》（未必为禹所作）。""乱政，谓民有犯政令者"。《尚书·吕刑序》云："命，诰也。训夏《赎刑》者，申训夏时《赎刑》之法耳。"相传"夏刑三千条"（《尚书大传·甫刑》），说明夏朝的刑罚种类很多，但是其主要内容是死刑和赎刑。据《夏书》记载，"昏、墨、贼、杀"皆为死刑。

"昏"指自己无所作为，占有他人成果的罪行。"墨"意为贪污罪，与现在我们所说的贪污罪意义大致相同。乱杀无辜则为"贼""杀"刑。"赎刑"是指犯罪的臣民不论一般犯罪还是死罪都可以赎免，贫民和奴隶除外。罪行通过财物赎免。

商朝从建国伊始就制定了一部法典——《汤刑》。《左传·昭公六年》云："商有乱政，而作《汤刑》。"这里的"乱政"是指清明的政治，意思是把商朝的良好政治局面归功于《汤刑》。汤的后继者继承并发展了《汤刑》。相传商朝法律条文已达 300 多条。据《商书》载："刑三百，罪莫重于不孝。"这是汤作《汤刑》的根据。

商朝法律的主要特点是神判神罚。神有三类：天神上帝、君王祖先神和贵族祖先神。神判神罚是商朝法律用以麻痹人民的外衣，促使王权的独断地位更加牢固。商朝法律的内容主要有七条：一是臣民不听君王训诫要受罚。二是臣民越轨，做了坏事要受罚。三是妖言惑众要受罚。四是聚敛钱财要受罚。五是不谏君王要受罚。六是弃灰于公道，使路人蒙受尘土要受罚。七是不孝要受罚。《商书》记载："刑三百，罪莫重于不孝。"商朝刑罚酷烈，主要分为三大门类。一是死刑。判处死刑的方法有灭族、砍头、剖胸挖心、凌迟、脯醢、炮烙以及活埋。二是肉刑。主要有断手、断足、宫刑、劓刑（割鼻之刑）、墨刑（刺字之刑）。三是徒刑。有苦役和拘押两种。

商朝还产生了军法。《屯南》119 号甲骨卜辞中有一条关于商军法律的记载，"师为律用"，意思是军队通过纪律的约束才有强大的战斗力。军队的法律有时就是君王的言辞，如《尚书·誓言》中汤的"誓言"就是当时全军的军法。

四、夏商的社会经济

（一）农业

夏朝时期，农业知识开始变得丰富。为了方便记录节气和日期，夏朝出现了专门的立法书《夏小正》，划分了节气并发明了干支纪日法。商朝的历法比夏朝先进了很多，不仅发明了四分历。加入了闰月，还推测出了冬至点（但还不能测定冬至点的真实所在月），并将丑月定为岁首。商朝的文字中有许多与农产品和土地有关的名称，如禾、麦、黍、稷、稻等字眼表明当时谷类作物已经开始种植；还有田、畴、井、疆、亩、圃等字说明当时的农业用地名称很多。从耕作技术上来看，商已有中耕、除草、施肥和水利灌溉。在生产工具的使用上，从龙山文化遗址推知。夏只有石斧、石刀、石铲及蚌锯、蚌刀（蚌刀形状近似镰刀），还没有发现铜器。这可能是因为有些夏朝钢器比较贵重，没有轻易地遗弃在普通器物中；也有可能收藏着神秘的贵重的夏朝青铜器的遗址，到今天还没有被发掘出来。商朝的农业生产工具，已经不是以石头工具而是以金属工具为主。郑州发掘出土的商朝早期的青铜文物表明，当时已有非常高超的青铜器制造技术。在殷墟中发现许多铜器，有勾兵，有矛，有刀与削，有斧与锛，有瓠，有爵，有制铜器的范。

金属原料在当时只有在价格降到最低时，才会被用来制作箭镞，这些制作出来的箭镞是完全一样的。这说明商朝时期的铜范技术已经非常纯熟。尽管商朝青铜器已较为普遍，却不被大量用于农业生产。这是由于奴隶缺乏劳动兴趣，奴隶主不肯给较好的工具使用，怕被他们毁坏。不过当时的农业生产者还有一部分是自由民身份的农民，这些人的生产工具自然会好一些，生产量也自然会高一些。另外商朝已出现了铁器和牛耕，但并未得到推广。

（二）畜牧业

此时农业的重要性已经超过了畜牧业。甲骨卜辞中有很多关于农政的记载。如"王呼小臣令众（各种身份的农人）黍""年""南土受年""西土受年""北土受年"等。但是由于此时从事农业劳动的生产工具没有大的改进，新的生产工具还没有出现，所以畜牧业在生产部门中仍然占有重要的地位。夏文化遗址城子崖发掘出了大批零整的猪、狗、马、牛的兽骨，其中以猪骨和狗骨较多。到了商朝，畜牧业得到了更大的发展，家畜的种类变得更加丰富，几乎现今所有的家畜在当时都已经出现。另外，大象可以用来参与作战和劳作。商朝的牲畜还被大量用于祭祀或殉葬，有时数量甚至超过一百，十分可观。

（三）手工业

夏朝的轮制黑陶较为发达。黑陶器是龙山文化的典型代表。种类繁多的陶器和精良的轮制技术表明龙山文化的发展程度远远高于仰韶文化。另外城子崖遗址骨梭与陶制纺轮的发掘说明纺织技术有了很大进步。商朝手工业种类很多且分工较细。殷墟曾发掘出石工、玉工、骨工、铜工场所。这四种手工业中，石工、玉工主要制作石器和玉器以供贵族赏玩；雇工主要从事骨镞和其他骨器的制作，殷墟中出土的大量卜骨应该都经过骨工的墨汁，表面十分光滑。除了上述的四种手工业之外，甲骨文中还提到了皮革、酿酒、舟车、织帛、植桑养蚕和土木营造等手工业活动。商朝手工业的发达由此可见一斑。

（四）商业

作为一般等价物的货币在夏商时期已经出现。历史资料表明，当时的一般等价物大多是贝，这在商朝墓葬上体现得非常显著。在商朝的墓葬中用贝随葬的现象非常普遍，如殷墟妇好墓随葬了 6000 余枚，山东益都苏埠电一号大型墓随葬了 3790 枚。就连普通平民的墓葬也会随葬数量不等的贝。这种现象与后世随葬金银珠宝的风俗均具有献贡的性质。货币的出现意味着商业活动的兴起。商朝早有商业，贝产在海滨，玉产在西方。盘庚称贝玉为"好货""货宝"。殷墟中有很多记载商贾的卜辞，如"多贾""某贾""贾某"等。由此，后世皆称经商者为商人。商朝既有内部的商品交换，也有外部的交通贸易。在安阳和郑州等地发现了许多非本地所产的外来物品，有产于沿海地区的鲸鱼骨、海蚌、海龟、海贝，也有产于新疆等地的玉料。这些物品有的是远方贡献来的，有的则是交换而来的，说明当时的商朝已经和遥远的外方发生了广泛的交换贸易关系。

五、文字及宗教观念

（一）文字

相传仓颉是黄帝的下属官员。黄帝委派他专门管理牲口和粮食，并时刻关注牲畜的数目和食物的多少。他先后采用在绳子上打结、在绳圈里挂贝壳的办法，但是随着牲口、食物的储藏逐渐增多、变化，添绳子、挂贝壳也渐渐不能满足需要。有一日，他终于从野兽的脚印中获得了启发。那日，他心烦意乱地去参加部落举行的集体狩猎活动，不知不觉走到了一个三叉路口，发现路口有几位老人正在争执要走哪一条路。其中一位老人说要往东走，东边有羚羊；另一位老人又说要走北边，鹿群肯定在不远处；第三位老人却坚持往西走，说西边有两只老虎，一定不能错过这么好的打虎机会。仓颉一听就纳闷了，老人们是怎么知道那边有什么动物的呢？上前一问，恍然大悟，原来老人们是根据动物的足迹来判断的。仓颉灵机一动，既然可以根据足迹来辨认动物，那么我为什么不可以用类似的符号来记录食物呢？从此以后，仓颉再也没有为怎样才能管理好动物和粮食苦恼过，反而把事情处理得头头是道，井井有条。黄帝非常欣赏仓颉的符号记录法，就叫仓颉到各个部落去广泛推行这一方法。随着这个方法的广泛使用，终于形成了文字。

　　文字的出现标志着人类由野蛮和蒙昧的时代过渡到了文明的时代，据推测夏朝原始的文字似乎也有迹可寻。殷墟甲骨目前已出土了 15 万片左右，甲骨文大部分是占卜的记录，且其内容大部分与殷商王室相关，因此甲骨卜辞在很大程度上被当作殷代王室的档案。甲骨文在商朝已经发展得相当成熟，表现在书写有规有矩，记事刻辞无不是竖写并向左侧转行，即"下行而左"。而且甲骨文使用了后人创造的"六书"中的象形、会意、形声、假借四种造字原则。虽然商朝的甲骨文基本上还是象形文，但它大致奠定了汉字的基础。此后的 3000 多年，汉字的发展日趋成熟，却只有量变而没有质变。商朝还出现了铸造在青铜器上的金文，金文在文字结构上比甲骨文先进。金文造字更为规范，且更正了甲骨文偏旁位置不定的缺点。另外，金文还省去了很多甲骨文中的冷僻字，对甲骨文中不需要细加区别的字也进行了合并，文字可识度大大提高。殷墟晚期，金文有了初步发展，不仅铸有铭文的铜器多了起来，还出现了十多字乃至几十字的较长的铭文。商末这类金文，记事语言清晰，文例近于同时期的甲骨文，尽管为数不多，却为日后西周的长篇记事铭文开了先例。

（二）艺术

夏、商、周三代的宗教是天命神学宗教。其崇拜对象有天、祖先神和自然神，且以天为至上神。这种宗教认为，人间的统治及其统治方式，人间的社会关系都是天意决定的，人必须执行天的命令。天命神学宗教是人有意识地改造原始宗教的结果。夏朝进入早期国家时期，天命神学就产生了。《墨子·兼爱下》引《禹誓》说，禹进攻三苗前誓师，行"天之罚"；启征伐有扈氏时，称"天用剿绝其命"，自己是在"工行天之罚"。这标志着天命神学的形成。城子崖遗址出土了16块带有钻痕的卜骨，这说明夏朝很可能出现了一种脱离生产，专门从事祭祀与文化事务的被称为"巫史"的人。夏的天命神学体系还不完备，尚未渗透到社会生活的所有领域。到殷商时期，天命神学得到充分发展，鬼神观念控制了思想意识的一切领域，迷信气氛极盛。"殷人尊神"是对商朝宗教特点的准确概括，殷人探求神意的主要方法就是占卜。在阶级剥削的基础上，商朝文化比夏朝有着极显著的进步，庶民（下层百姓与万民）劳动，培养出拥有较高知识的人物巫和史。巫偏重鬼神，主要采用筮法代表鬼神发言，巫还精通音乐舞蹈和医治疾病；而史熟悉旧典，负责观察天象，行记人事之职，与后世的史官、钦天监等官职的职能相近。史也可以代表鬼神发言，但主要采取卜（龟）法。殷俗信鬼，国王事无大小都要请示鬼神，而请示鬼神就要先通过巫史，这表明巫史在商朝的地位非常重要。《尚书·洪范篇》说："你（国王）有大疑难的事，自己先想一想，再和卿士（高级贵族）商量，和庶民商量，和卜筮商量。"据说《尚书·洪范篇》是由周朝史官根据商纣王叔箕子的叙述记录下来的殷商政治文化纲要，可信度较高，因此，殷民信鬼神、尊鬼神确实属实。然而殷商统治者是不是真的信奉鬼神就未可知了。有一点是可以确定的，信奉鬼神可以给统治者带来巨大的利益。统治者通过占卜，表明自己是顺应天意行事，万民若有不从，不需要另找理由就可以对其生杀予夺。显而易见，这种宗教的虔诚，里面包含着残酷的阶级压迫。

第三讲　周　朝

　　周朝是中国历史上继商朝之后的一个世袭王朝，分为"西周"（公元前 1046 年 – 前 771 年）与"东周"（公元前 770 年 – 前 256 年）两个时期。西周由周武王姬发创建，定都镐京和丰京，成王时期营建洛邑；西周末年，周平王姬宜臼从镐京东迁洛邑后，史称东周。其中东周时期又称"春秋战国"，分为"春秋"及"战国"两部分。周王朝存在的时间从约前 11 世纪至前 256 年，共传 30 代 37 王，共计存在约为 791 年。其中西周是中国第三个也是最后一个世袭奴隶制王朝，其后秦汉开始成为具有从中央到地方的统一政府的大一统国家。史书常将西周和东周合称为两周。

一、历史发展

（一）周族的兴起和文王施政

　　传说有邰氏之女名为姜嫄，因为踩到了"巨人"的脚印生下了周族的始祖弃。弃善营农业，是尧的农师。舜封他于邰（今属陕西），号后稷，赐姬姓。弃的四世孙公刘从邰迁居到豳（今属陕西），改善了农业，社会经济有了较快的发展。《诗经·豳风·七月篇》有云："采荼薪樗，食我农夫。"公刘之后九百年，传到古公亶父，戎、狄经常来侵，周族不胜其扰，古公亶父遂率领族人迁徙到岐山下的周原（今属陕西）。周原一带良土颇多，且适宜耕种，周族过上了农业定居生活。这时周族尚臣服且受封于商。到文王时期，周族势力日益强大，商纣王怀疑文王有心反叛，囚其于姜里（今属河南），八年后，其子姬发重金贿赂王之近臣费仲、尤浑，费尤二人极尽谄媚之能事，终于说服商纣王释放文王。文王是一位大贤的君主，操劳政事，大力发展农业，广纳贤才，拜能人异士姜尚为相，共同治理军国大事。文王还从商朝的附庸入手，各个击破，分化瓦解。由于他成功地化解了虞、芮两国的争田纠纷，虞、芮等小诸侯国心悦诚服地归附于他。此事后，河东的一些小国也纷纷前来投奔。紧接着文王向西北、西南用兵，过黄河进攻者、邘等国，沿渭水东进攻占崇这个商朝的重要据点，第二年文王迁都于丰，周彻底完成了对商都的钳形包围。

（二）武王伐纣和牧野大战

前1068年，武王率大军向东进发，行至黄河南岸的盟津（今属河南），与到会的八百诸侯和部落首领举行誓师仪式，即"盟津之誓"。此次盟会确定了周的盟主地位。前1068年至1066年，纣王先杀比干后囚箕子，残暴至无以复加，连太师、少师都抱乐器奔周。此时纣已经失却民心，孤立无援，伐纣的时机终于到来了。武王大告诸侯：殷有重罪，不可不征伐！前1046年，周武王率兵伐商，于二月初四拂晓到达牧野。商纣王好大喜功，常年征战平叛，商军主力并不在王都，也无法立即调回。仓促中商纣王只好将大批奴隶充做士兵，连同王城守军一起开赴战场。次日凌晨，武王整军誓师，历数商纣宠妖姬、不祭祖、残害百姓等诸多罪行，激发士兵同仇敌忾。开战后，武王先派一部分兵士佯攻，令商军自乱阵脚，而后再大举进攻。商军中奴隶和战俘拥戴武王，纷纷阵前倒戈。武王乘势以"大卒（主力）冲驰帝纣师"，纣王大败，逃回朝歌，登鹿台自焚而死。商朝灭亡。

（三）周公平叛和成康之治

灭商后两年，武王患病不能处理朝政。此时天下初定，百废待兴。武王之弟周公设坛向祖先祷告，请求用他自己的性命来保住武王的性命，并将其愿望写下，藏在金滕匮（专收祭祀占卜档案用的柜子）中。武王死后，其子成王继位，成王年幼，遂周公摄政。武王的另三个弟弟管叔、蔡叔、霍叔不服周公摄政，到处散布流言，说周公欲废成王并取而代之。成王起了猜忌之心，周公辞去摄政之位，避居于东都洛邑。后来成王与公卿大夫无意之中发现了金滕之书，知道错怪了周公，决定迎接周公回朝理政。管叔、蔡叔、霍叔害怕周公揭发他们的恶行，就勾结纣王之子武庚和淮夷诸部，发动叛乱。成王命周公挥师东进，收服叛军。周公仔细分析了叛军的心理，决定对叛军分而歼之。首先派使者准备厚礼，言辞恳切地劝说霍叔回朝效力，霍叔假装答应下来，混入王朝给叛军做内应，后来被发现，被废为庶人。管叔、蔡叔和武庚仍不死心，反叛到底，最终失败。武庚、管叔被诛，蔡叔被流放。淮夷诸部见武庚、管叔事败，无利可图，只好撤军回到淮夷。由于这场反叛，周王室意识到必须要清除殷商的残余，才能巩固周朝的统治。周公把"殷顽民"迁到新建的东都洛邑严加看管，又令纣王兄在商朝故都成立宋国，管理殷商之后。周王又把纣都和奄国旧地封给康叔和周公之子伯禽，成立卫国和鲁国，赐以殷民七族与殷民六族。至此，殷民分而散之，再无力兴风作浪，天下大定，周公还政于成王。成王及其子康王继承其祖辈的遗志，勤政爱民，节俭廉明。成王令周公制礼作乐，大规模推行自武王时就开始的分封制。成康时期，周发展到最为强盛的阶段。

（四）国人暴动和"周召共和"

厉王统治时期，宠信谗臣荣夷公，实行"专利"，霸占一切湖泊、河流，垄断了人民的谋生之路。不仅如此，他们还勒索财物，虐待人民。国人不满厉王的暴虐措施，怨声载道。厉王置召公劝谏于不顾，派遣卫巫监视百姓，重罚诽谤之人，百姓敢怒不敢言。《史记·周本纪》这样记载："王行暴虐侈傲，国人谤王。召公谏曰：'民不堪命矣。'王怒，得卫巫，使监谤者，以告则杀之。其谤鲜矣，诸侯不朝。三十四年，王益严，国人莫敢言，道路以目。"人民终于不堪忍受压制发起暴动驱逐厉王，厉王仓皇出逃至彘。国人遍寻厉王不见，遂迁怒于太子靖，召公以亲子替之，太子得以保全。前841年，召公和周公代行政事，史称共和元年，这是中国历史上有确切纪年的开始。

（五）"宣王中兴"和幽王灭国

《史记·周本纪》称："宣王即位，二相辅之，修政，法文、武、成、康之遗风，诸侯复宗周。"宣王在位四十六年，对内继承厉王的"革典"并改革赋税制度，发展经济，清明政治，加强王权；对外北伐狁狁，西击戎狄，南征淮夷和徐方，使得各国诸侯皆来朝觐，史称"宣王中兴"。宣王中兴，为时短暂。宣王连年对外征战，耗费了大量人力、物力、财力，但还是没有解决奴隶与奴隶主之间的矛盾。在朝中，宣王诛杀无辜的大臣杜伯，使大臣们心寒。对于百姓，他一方面实行"料民"的措施，致使大量平民失去了人身自由，另一方面又不举行"籍田"的仪式，大大降低了天子威信。另外宣王也高估了自己在诸侯中的威信，对各国内政横加干涉，使各国诸侯对他渐渐离心。前782年，幽王即位。其在位期间地震、旱灾屡次发生，政局不稳；不理国事，任用贪财好利善于逢迎的虢石父主持朝政，引起国人怨愤；又沉湎酒色，听信宠妃褒姒的谗言，废掉王后申后及太子宜臼（申后之子），立褒姒为后，立褒姒之子伯服为太子，宜臼逃回申国。为博美人一笑，幽王下令，宫内宫外人等，能让褒姒一笑者，赏金一千两。虢石父献上烽火戏诸侯的计策，点燃骊山上的烽火。有个叫郑伯友的大臣劝阻周幽王说，烽火台是为了战时救急用的，这个玩笑开不得。大王现在这样戏弄诸侯，失信于他们，到了真有急事时，诸侯又以为大王戏弄于他们，不派兵相救，那如何是好啊。幽王不听。前772年，申侯联合缯国和犬戎举兵入攻西周，各地诸侯拒不救援，幽王惨败，带着褒姒、伯服等人和王室珍宝逃至骊山，后被杀。犬戎攻破镐京，西周遂亡。前后共三百五十余年。

（六） 东周建立

周幽王被杀后，申、曾等诸侯见目的达到，而此时郑、卫、晋等诸侯率领的勤王之师也已经赶到，于是申侯与缯侯与外面的郑、卫、晋等诸侯里应外合，大败犬戎，犬戎退走。申、缯、卫、晋、郑等诸侯立周幽王太子宜臼为王，是为周平王。与此同时，虢公翰等王朝大臣立王子余臣为王，史称"携王"，这样出现了二王并立的局面。但是列国中绝大多数只承认周平王，而不承认周携王。周平王21年（公元前750年），晋文侯杀周携王，结束了"二王并立"的局面。

（七） 春秋时期

公元前770年至公元前476年的春秋时期，那时一些较大的诸侯国，为了争夺土地、人口以及对其他诸侯国的支配权，不断进行兼并战争。谁战胜了，谁就召开诸侯国会议，强迫大家公认他的"霸主"地位。先后起来争当霸主的有：齐桓公、宋襄公、晋文公、秦穆公、楚庄王。历史上把他们称为"春秋五霸"。

在诸侯争霸的过程中，大国兼并小国，诸侯国数目逐渐减少，华夏民族和其他各族接触频繁，促进了民族融合。春秋末年，长江下游和钱塘江流域的吴国和越国，也参加了争霸战争。起初，吴国打败了越国，强迫越国臣服。越王勾践天天舔尝苦胆，立志报仇。他注意增加生产，训练士兵，积聚力量。经过长期努力，越国终于重新强盛起来，最后灭掉了吴国。

春秋时期，铁器已经在农业、手工业生产中使用。农业生产中使用铁锄、铁斧等。铁器坚硬、锋利，胜过木石和青铜工具。铁的使用，标志着社会生产力的显著提高。那时，也开始用牛耕地。耕作技术提高了，农业生产进一步发展起来。一些贵族把公田化为私田，逐渐采取了新的剥削方式，让种田的劳动者交出大部分产品，保留一部分产品。

郑武公称霸。东周开始后，郑国的郑武公、郑庄公父子把持了王朝的大政。

他们利用出任王朝卿士的有利条件，常常借王命大肆扩张，使郑国成为春秋初年一个强国，号称小霸。由于郑庄公在朝中的势力太大，而且常常忙于他在郑国的私事，很少入朝听政，即使入朝，也仅是装装样子，或者干自己的私活。这样引起了周平王的不满。于是周平王逐渐起用虢公以分化郑庄公的权力，这引起郑庄公的强烈不满。而周平王有很多事情又必须依赖郑庄公，因此不得不向郑庄公解释，于是发生了周郑交质的事件。《左传》对这一事件进行了强烈的批评，认为周王室与诸侯互换人质，是自己降格，后患无穷。

前720年，周平王殁，周朝廷准备委任虢公执政，取代郑庄公。郑国在这年先后收割了温地的麦和成周的禾，周郑关系进一步恶化。到了前717年，郑庄公入朝，周桓王因为郑国擅自领军取用王畿的麦，不以礼接待郑庄公。郑庄公不满周王的做法，两年后（前716年）未有禀告周王便和鲁国交换领土（该协议于前711年落实），但同年又与齐国一同入朝。

前706年，周桓王收回郑庄公在周朝的权力，郑庄公不朝见周桓王，于是周桓王组织联军攻打郑国，但被郑国击败。是为繻葛之战。此后郑庄公与周王室不再有大规模的接触。

五霸争雄。前685年，齐桓公继位，以管仲为相，整顿国政，废除井田制度，按土地的肥瘠，确定赋税，设盐、铁官和铸钱，增加财政收入，寓兵于农，将基层行政组织和军事组织合为一体，增加了兵源和作战能力，迅速成为华夏各国中最富强的国家。然后就打起了"尊王攘夷"的口号，多次大会诸侯，帮助或干涉其他国家，抗击夷狄，终于在周僖王三年（前 679 年）成为霸主。周惠王二十一年（前 656 年），齐桓公带领八个诸侯国的联军，以优势兵力迫使楚国服从他，订立了召陵之盟，成为春秋五霸之首。自此，齐桓公建立了霸主会盟的制度。

齐桓公死后，竖刁、易牙等为乱，五公子夺位，齐国内乱不止。据说，齐桓公的五个儿子互相战争，箭矢射到了齐桓公的尸体上，都没有人顾及。南方的楚国兴起，楚成王消灭了其北方的几个小国之后将矛头指向中原。宋襄公以拥立齐孝公、平定齐乱之功，试图再次大会诸侯以成为霸主，但宋国实力威望不足，反而见辱于楚。宋襄公十五年（前638 年），宋楚两军交战于泓水。楚军渡河时宋大司马子鱼建议宋襄公"半渡击之"，宋襄公称趁敌渡河时攻击是为不仁不义拒绝；楚军渡河后子鱼建议趁楚军列阵混乱之时攻击，宋襄公再次以不仁不义为由拒绝。楚军列阵完毕后发起攻击，宋军大败，宋襄公大腿中箭，次年因伤重而死。楚国称雄一时，楚成王成为了有其实而无其名的霸主。

在北方的晋国，与周室同宗。晋献公宠信爱姬，使国政大乱。前636 年，晋献公子重耳在秦穆公派出的军队护送下继承晋国君位，是为晋文公。他改革政治，发展经济，整军经武，取信于民，安定王室，友好秦国，在诸侯中威信很高。周襄王二十年（前 633 年），楚军包围宋国都城商丘。次年初，晋文公率兵救宋，在城濮之战大败楚军，成为霸主。

晋文公死后，其子晋襄公继位，成为新一任晋国的国君及诸侯的霸主。前 628 年，秦穆公趁文公新丧，派军伐郑。晋襄公遣军在崤之战中打败秦国，俘秦国三将。之后，秦国屡次攻晋。仍然无法打破晋国的战略封锁，晋襄公坐稳了霸主之位。

秦穆公在晋文公死后，谋求向东方发展，被晋所阻。崤之战、彭衙之战，秦军皆大败。秦穆公果断的调整国策，转而向西，吞并了一些戎

狄部族，称霸西戎

楚王问鼎。楚国在城濮之战后，韬光养晦，向东发展，灭了许多小国，势力南到今云南，北达黄河。楚庄王改革内政，平息暴乱，兴修水利，国力更为强大，竟向周定王的使者询问祭天地的鼎的大小轻重，意在灭周自立，此即"问鼎"一词的来源。周定王十年（前597年），楚与晋会战于邲，大胜。不久又进兵围宋，晋人不敢去救，于是中原各小国纷纷归向于楚，楚人称霸中原。

晋楚拉锯。在前591年楚庄王死后，楚国霸业渐衰。晋国经历晋景公、晋厉公两代经营，渐渐超越楚国。晋国在前589年的鞍之战与前578年的麻隧之战中，分别打败齐国与秦国，国势复振。后来晋楚两国再度爆发第三次巨战——鄢陵之战，晋国以获胜收场，楚国霸权受到更为严重的削弱。但不久晋国发生内乱，晋厉公被弑。这一阶段，晋楚实力大体相当，形成中原拉锯战。

晋悼续霸。晋厉公死后，晋悼公继位，对内改革政治，任贤用能，驾驭群臣，对外联宋纳吴，慑秦挟齐，三分晋军，争郑疲楚，完全掌握了战略主动，压倒性强过楚国，中原诸侯皆附晋，晋悼公八年之内九合诸侯。晋国霸业复兴。楚国迫于晋国的再度强盛，不得不放弃对中原霸权的争夺。

弭兵会盟。晋悼公死后，君权再度下移，晋国六卿专擅国政，兴于内耗，意与楚国和盟。连续不断的战争给人民带来巨大的灾难，也引起中小国家的厌倦，加以晋楚两大国势均力敌，谁都无法吃掉对方。于是由宋国的华元与向戌发起，于周简王七年（前579年）和周灵王二十六年（前546年），举行了两次"弭兵"会盟，此后战争大大减少。

吴越之霸。当中原诸侯争霸战争尘埃落定时，地处江浙的吴、越开始发展。吴王阖闾重用孙武、伍子胥等人。周敬王十四年（前506年），吴王以伍子胥为大将，统兵伐楚。吴军攻进楚都郢，伍子胥为父兄报仇，掘楚平王墓，鞭尸三百。周敬王二十四年（前496年）吴军挥师南进伐越。越王勾践率兵迎战，越大夫灵姑浮一戈击中阖闾，阖闾因伤逝

世。周敬王二十六年（前494年），吴王夫差为父报仇，兴兵败越。勾
践求和。吴王拒绝了伍子胥联齐灭越的建议，接受越国求和，迫使越王
勾践向他称臣。继续转兵向北进击，大败齐军，成为小霸。勾践卧薪尝
胆，十年生聚，十年教训，终于在周元王三年（前473年），夫差在中
原会盟诸侯内部空虚的时机，消灭吴国，夫差羞愤自杀。勾践北上与齐
晋会盟于徐，成为最后一个霸主。

（八）战国时期

公元前475年至公元前221年，是中国的战国时期，经过春秋长期
激烈的争霸战争，到战国开始，主要的诸侯国有齐、楚、燕、韩、赵、
魏、秦七国，历史上称之为"战国七雄"。

三家分晋。在晋文公回晋即位的时候，有不少随从随他回国，结果
这些人的后代们经过长期征战的洗礼，渐渐在晋国成为贵族。前550年
至前497年，晋国国政把持在范氏、中行氏、赵氏、韩氏、智氏、魏氏
的手上。前455年，晋国贵族只余下智、赵、魏、韩四家。智氏出兵攻
赵氏，并胁迫魏韩两氏出兵。战事持续两年，后赵氏游说魏韩两家倒
戈，灭智氏，瓜分智地并把持晋国国政。前438年韩赵魏三家分晋，晋
幽公仅余绛、曲沃两地。前403年周威烈王册立韩、赵、魏三家为侯
国，从此时进入战国时代。

魏国称霸。魏国在头两位君主魏文侯及魏武侯之时，通过变法改
革，国力逐渐强盛，成为战国初年最强盛的诸侯国。魏文侯在战国七雄
中首先实行变法，改革政治，奖励耕战，兴修水利，发展封建经济，北
灭中山国（今河北西部平山、灵寿一带），西取秦西河（今黄河与洛水
间）之地，遂成为战国初期最强大的国家。魏文侯任用李悝、吴起、乐
羊、西门豹、子夏、翟璜、魏成等人，富国强兵，抑制赵国，灭掉中
山，连败秦、齐、楚诸国，开拓大片疆土，使魏国一跃为中原的霸主。

魏文侯死后，其子魏武侯即位，魏武侯在位期间，任用军事家吴起

进行改革，国力继续上升。等到魏武侯之子魏惠王在位的时候，魏国已经称霸中原长达百年。公元前343年，魏惠王率领诸侯朝见周天子，正式标志着魏国成为新一代的霸主。

齐秦称王。齐国传至齐威王时，威王任用邹忌为相改革政治，任用田忌、孙膑为将，齐国遂变得强大。前353年，齐国大败魏国于桂陵。前341年，齐又大败魏军于马陵。前334年，威王与魏惠王"会徐州相王"，正式称王。威王晚年，国相邹忌与将军田忌争政。前322年，田忌中了反间计攻打临淄、谋取邹忌，战败后逃亡至楚国。直至宣王即位后，才召他回国恢复旧职。

前338年，秦孝公死，太子驷立，是为秦惠文王。这时受商鞅新法"迫害"而被剥夺政治特权的旧贵族一起发难，发起针对商鞅的反攻倒算。秦惠文王为了缓和矛盾，拿出商鞅做替罪羊，车裂商鞅。商鞅虽死，但"秦法未败"。秦惠文王继续奉行商鞅变法以来的国策，对外发展。前325年，秦惠文王称王。秦军联韩魏攻打齐楚，败义渠国，吞并巴蜀，掌控了对山东诸侯作战的战略主动权。

楚国复兴。进入战国时代，主要的六大强国皆曾进行片面或全面性的政经改革，惟有楚国固步自封未曾稍加变法。前400年，自晋分家的韩、赵、魏三国屡次联军攻楚。当时在位的楚悼王为求富国强兵，任用吴起开始变法兴革，使楚国国力迅速强大起来。由于楚悼王不幸早逝，吴起失去了坚强的靠山，被旧贵族残酷杀害。由于变法时间不长，变法的成果并未完全巩固下来。

至楚威王时代，楚国的领土已扩张至巴国，逼近越国、兴盛一时。前306年，楚怀王派大臣昭滑率军攻越，攻占原吴国统治的地区，并设立江东郡。

胡服骑射。赵武灵王，一位天资卓越胆识过人抱负远大的君主。至今在邯郸地区纪念赵武灵王的建筑还很多。其在位时期进行了影响深远的"胡服骑射"，全国士兵改变传统的宽大战服改为紧小为特征的胡服，改变传统的步兵为主体的军队结构改为骑兵和弓弩兵为主体的军队构成。试想一下在现实的今天如果全国军队改变为一个被视为边族的服饰和军种，这阻力该有多大。但赵武灵王办到了，创造了汉人学胡人的先河。

"胡服骑射"政策，放弃中原人的宽衣博带和战车战术，换以短衣紧袖、皮带束身、脚穿皮靴的胡服和单人骑兵战术，国力大强。赵于东北攻灭了中山国，西北打败了林胡、楼烦。在北边新开辟的地区设置了云中、雁门、代三郡，并从今天的河北张家口到内蒙古巴彦淖尔盟五原县修筑"赵长城"。

韩国兵器。韩国北临魏赵，东有齐，南有楚，西有秦，四面受敌。幸而韩国以其著名的兵器——弩，为各国所畏惧。所谓"天下之强弓劲弩皆从韩出"，韩国的弩能射800米之外，"远者括蔽洞胸，近者镝弇心"。除此以外，韩国的剑也异常锋利，皆"陆断牛马，水截鹄雁"，"当敌则斩坚甲铁幕"。前375年，韩便曾以其厉兵灭了中原传统古国郑国。而韩国国势最强是韩昭侯在位时。他用法家的申不害为相，内政修明，韩国成小康之治。由于地处中原，韩国被魏国、齐国、楚国和秦国包围，所以完全没有发展的空间，国土也是七国之中最小的。

燕国伐胡。燕昭王时，有燕将秦开，在东胡作为燕国的人质，东胡人很信任他。秦开归国后，起兵袭击大破东胡，"东胡却千余里"，结果燕国边境向东推进了一千多里，大大开拓了燕国的疆域，而燕国亦随即开始修筑北长城。

东周灭亡。周赧（nǎn）王听信楚孝烈王，以天子名义召集六国出兵伐秦，因六国不配合而告失败。前256年，秦破洛邑，杀周赧王，东周灭亡。

公元前246年，秦王政（即秦始皇嬴政）即位。他任用尉缭、李斯等人，加紧统一的步伐，用金钱收买六国权臣，打乱六国的部署，连年发兵东征。经过多年的争战，从公元前230年秦国灭韩至公元前221年灭齐，东方六国先后为秦统一。中国实现了华夏民族的统一，建立起了一个中央集权国家。

二、政治文明

（一）中央制度

按照周制，大国诸侯有时还可以兼任王室的官吏，如周初卫康叔为周司寇，西周末期郑桓公为周司徒，都是其例。诸侯在其封国内设置的官制，大略与王室相等，还有军队各自成为一方之主。

周天子对诸侯拥有较大的权威，诸侯还能听命纳贡。《左传》昭公十三年说："昔天子班贡，轻重以列，列尊贡重，周之制也。"除贡纳外，还需朝觐述职，出兵从征。周天子有权干涉诸侯内政，有时还向诸侯国派遣监国的使臣，与诸侯并称为"诸侯、诸监"。

西周时期，周天子尚能号令诸侯，进入东周，周王室权威下降，诸侯多不履行对王室的义务。王室本身还要依附当时之大国晋、郑与卫，更不用提号令诸侯之事。周郑交质与"射桓王肩"，更让周天子之仅存之威严也亦丧失。然列国之诸侯在名义上仍为周王之臣属，除楚国之外，多无谮越称王之举。齐桓公提出尊王攘夷，更多是为自己本国利益服务，然亦使周王威略有上升。五霸之君主多亦在此口号下行事，即表面尊王，实则行扩张兼并之实。进入战国之后，国家兼并多已完成，周王朝之诸侯国，仅剩 20 多个，其中最大者七，号为战国七雄。战国之世，除魏惠王、齐威王曾有朝周之举，然亦是作秀，其他诸侯国之国君已再无朝周之举。

1. 世卿与世禄

周王是全国的最高统治者，仅次于周王有师、保两大官僚。师、保即太师和太保，掌握朝廷的军政大权，并且为青少国君的监护者。这种政治上的长老监护制度，是从贵族家内幼儿保育和监护的礼制发展而来，并由此形成的一种官职。

中央政权有两大官僚系统，分别为卿事寮和太史寮。

2. 卿事寮

金文中的"卿事"，就是文献中的"卿士"。《说文》云："士，事也。"两者都称为寮，说明是当时的两大官署。卿士僚主管王朝的"三事四方"。所谓"三事"，是指王畿内的三大政事；"四方"指王畿以外的诸侯事务。卿事寮的长官早期是太保和太师，中期以后主要是太师。

属官主要是"三有司"，即司马、司土（徒）、司工（空）。司徒是掌土地徒役的官；司马是掌军赋的官；司空是掌建筑工程等的官。三司之外有司寇，是掌刑狱警察等事的官，地位较低。又有"师氏""亚旅""虎巨"，是掌军旅的官。有"趣马"，是掌马的官，"膳夫"，是掌王食和出纳王命的官。

"古代兵刑不分，卿事寮的长官，无论太师或太保都掌握军政大权，所以召公和周公都曾出征过。

3. 太史寮

太史寮的长官是太史，主管册命、制禄、祭祀、时令、图籍等，既是文职官员的领袖，又是神职官员的首领，其地位仅次于卿事寮。其属官，根据《礼记·曲礼下》主要有"六大"，即：大宰、大宗、大史、大祝、大士、大卜。"六大"亦称"天官"，这些官职来源可能比较原始，并且看作神职是有来历。六大之中，以太史为长。太史与太师、太保一样，都可称为"公"。如召公官为太保，周公官为太师，毕公官有太史、而都被尊称为"公"。

周代，"国之大事，在祀与戎"（《左传》成公十三年），所以六卿职守中的多数与宗教事务有着密切关系。中期以后的宗教职能在政权机构中逐渐削弱，因而明保、明公、皇天尹大保、大保之类的官职已不复见，这意味着政务官职机构的扩大、也说明西周王国的官僚机构有了发展。

（二）　封建制度

　　"封建制"也称"分封制"即古汉语"封建"的原始含义；古文献中之"封建"即"分封制"。"封建制"在周朝时期是周王室把疆域土地划分为诸侯的社会制度，在"封建制"下，国家土地不完全是周王室的，而是分别由获得封地的诸侯所有，他们拥有分封土地的所有资源和收益，只需向周王室缴纳一定的进贡即可尽义务，即相当于中世纪欧洲诸王国与罗马教廷的关系，即现代意义上的联邦的基础。周王是共主性质的（共主是氏族社会遗留的领袖模式，禹为最后的氏族共主）。诸侯的土地理论上在其死后可由周王室收回重新分配，但一般是世袭。

（三）　宗法制度

　　这种制度确立于夏朝，发展于商朝，完备于周朝，影响于后来的各封建王朝。按照周代的宗法制度，宗族中分为大宗和小宗。周王自称天子，称为天下的大宗。天子的除嫡长子以外的其他儿子被封为诸侯。诸侯对天子而言是小宗，但在他的封国内却是大宗。诸侯的其它儿子被分封为卿大夫。卿大夫对诸侯而言是小宗，但在他的采邑内却是大宗。从卿大夫到士也是如此。因此贵族的嫡长子总是不同等级的大宗（宗子）。大宗不仅享有对宗族成员的统治权，而且享有政治上的特权。后来，各王朝的统治者对宗法制度加以改造，逐渐建立了由政权、族权、神权、夫权组成的封建宗法制。

（四）　礼乐制度

　　西周春秋时代所讲究的"礼"，是贵族根据原始社会末期父系氏族制阶段的风俗习惯加以发展和改造，用作统治人民和巩固贵族内部关系的一种手段。目的在于维护其宗法制度和君权、族权、夫权、神权，具有维护贵族的世袭制、等级制和加强统治的作用。当时许多经济和政治上的典章制度，常常贯串在各种礼的举行中，依靠各种礼的举行来加以确立和维护。

到春秋后期，就出现了"礼崩乐坏"的局面。这些卿大夫在夺取国君权力的同时，不但僭用诸侯之礼，甚至僭用天子之礼。按礼，天子的舞用"八佾"（"佾"是"列"的意思，每列八人，八佾六十四人），这时季孙氏也用"八佾舞于庭"，孔丘斥责说："是可忍也，孰不可忍也!"按礼，天子祭祖唱《雍》诗来撤除祭品，这时鲁的三家都"以《雍》撤"，孔丘认为这种事不该出于"三家之堂"。按礼，只有天子可以"旅"（祭祀）于泰山，这时季孙氏"旅于泰山"，孔丘又指责他不懂礼（《论语·八佾篇》）。卿大夫这样"僭礼"，实质上就是夺取政治权力的一种表现。

礼乐制度主要用来维护宗法制度和君权、族权、夫权、神权。《荀子·礼论篇》说："礼有三本：天地者，生之本也；先祖者，类（族类）之本也；君师者，治之本也。""上事天，下事地，尊先祖而隆君师，是礼之三本也。"所说"礼之三本"，天地代表神权，先祖代表族权，君师代表君权。后来统治者以天、地、君、亲、师作为礼拜的主要对象，就是根据这个理论。

（五）国野制度

国野之制在商代情形一般难以确定。西周国野之制最为典形，到春秋时期国野之制开始瓦解，到战国则普遍为郡县。周初周公东征和武装殖民。

周朝是由位于岐、渭至河洛之间的"小邦周"发展而来。成功取代"大邦殷"而有天下之后，但势力并不能有效控制商朝所有的领土。原商朝大部分地区，其民众与周人无论文化还是其他方面，都很不相同。为了进一步稳固控制东方之土，周公东征，摧毁商殷及同盟淮夷的势力。东征胜利后，在全国要冲大封同姓、异姓和古帝王之后于新占领的东方，以"藩屏周"。周初这种分封，其实是一种武装殖民。这些重要的武装殖民据点主要有：齐、鲁、燕、宜（吴）、蒋等诸侯国、国与野。

周朝所分封之贵族及其所率领的公社农民进驻新占领的区域后，首先是建立一个军事据点，这样的据点称之为"城"，也称之为"国"。而"国"之外广大区域称之为"野"。王朝的畿内和诸侯国都有这种国野之分，即乡遂之别。

王畿以距城百里为郊，郊内为乡，郊外为遂。王朝六乡六遂，大国三乡三遂。周代的"国"和后来的商业城市不同，它对"野"没有调节生产的功能。其生计一般都要仰赖"野"的供给，所以周人的殖民营国也兼阁野。

国野之分，亦带动国人与野人的不同政治地位。国人与野人同属平民阶层。

所谓世卿，是指在天子或诸侯之下之世族世袭享有卿的地位并且掌有政权者。如周公之职，直到东周中期仍然为周公旦家族所世袭，同样还有召公一职。这种世卿制度与民族集团互为表里，世代执政本于氏族共治之习，而氏族的存在也仰赖于世代把持官府，故曰："弃官，则族无所庇"。

掌政的世族都要尽量把持他们的既得利益，同一氏族的成员是不轻易排斥于权益圈之外的。所以，鲁有三桓，郑有七穆，原先都是兄弟，宋的华氏当权的更多。所谓"政由宁氏"，则是举族而言的。

世族之身份和地位，并不是天子和国君所能决定，而由世袭而成。世族有和周王同姓异姓之分，他们的形成各有特点。周王室的世卿巨室大多是周初东征的贵胄，不是周王之亲戚就是传统大氏族的后代。周初东征之际，往往有的儿子在外殖民建国，有的儿子留守王室辅政，此即春秋时代随武子所说的"内姓选于亲，外姓选于旧，举不失德，赏不失势”。

三、经济文明

（一）井田制

　　井田制是我国古代社会的土地国有制度，性质是一种奴隶制下的土地剥削制度。夏朝曾实行过井田制，在商、西周占主导地位。其时，道路和渠道纵横交错，土地被分隔成方块，形状像“井”字，“井田”因此得名。周王拥有所有的井田，并将其分为“公田”、郊区土地和坏田三大类。“公田”是井田中最好的土地，各级统治者自己留用“公田”，郊区土地和土壤贫瘠的坏田就留给普通劳动者和居住在野外的庶人。庶人没有任何权利，只有给领主耕种井田和服其他杂役的义务。他们每年必须先耕种统治者的“公田”，然后才能去耕种赖以维持生计的属于自己的那一小块土地。这些庶人终生只能从事农田耕种之活，并且同他们所耕种的土地一样是领主的所有物。由此，西周时期出现了“国”“野”对立。这种对立既是城乡对立，也是阶级对立。在周朝，井田制既是诸侯百官的俸禄等级单位，又是控制庶民的计算单位。井田制下的土地只能由同行按照嫡庶的宗法关系继承，一律不准买卖。春秋晚期，井田制逐渐瓦解了。井田制的废弛，标志着奴隶制开始瓦解。

（二）农业和田赋变革

　　西周时，农业的生产水平和田间管理水平都有了较大提升。表现在：锋利的青铜农具被大量使用，规模较大的垦殖和耕耘得以进行；休耕制替代了抛荒制，土地利用率提高；已懂得采用沤治法和施用绿肥，并采用火烧法防治病虫害。另外，农作物品种也有所增加，谷类有黍、稷、粟、禾、谷、粱、麦、稻等，豆类有菽、任菽、藿等，麻类有麻、苴、苎等。由于农副产品种类较多，王朝设置了专门管理园圃，从事蔬菜、瓜果生产的场人。大概到西周末年，铁器被大量使用，约春秋初期，已有铁农具，出现了有翻土垦荒的犁（代替了耒耜的翻土工具）、铲土、耘苗、松碎表土的铲，除草、间苗的锄，平地、起肥用的耙，开沟、做垄的锸，收割谷物的镰等多种不同功能的农具系列，大大推动了农业的发展。春秋时期，牛耕也得到了普遍推广。牛耕方法盛行于春秋，晋国有个大力士使用牛耕作为姓名反映了这一事实。铁器的使用和牛耕的推广，为人们开辟广阔的山林，兴修大型水利工程，带来了方便。耕地面积和农业产量也有了较大幅度增长。

　　春秋时期，各国先后对田赋制度进行了改革。前685年，齐国进行田制、田赋改革，实行"相地而征"。齐国将土地按照好坏远近的标准划分等级，并按此等级征收高低不同的赋税。此法调动了生产积极性，也有利于缓和阶级矛盾。同时，晋国推行"作爰田"，即把休耕地卖给百姓，从而获得民众的欢心，争取了更多的人服军役。此举开创了按照军功配给田宅的先例。鲁哀公十二年（前483年），季康子"用田赋"军赋全部按土地征发。前594年，鲁国废除原有的田赋制度，按亩征收地税，称作"初税亩"。"初税亩"的核心内容是凡占有土地者都必须缴纳土地税收，井田之外的私田也不例外。这一规定说明当时承认了私田的合法性，这是夏商周三朝以来首次承认私田的存在。前538年，郑国实行按田亩征发军赋，即"作丘赋"，丘出马一匹、牛三头。前548年，楚国令尹子木整顿田制和军赋，创立了"量入修赋"的制度，即根据收入的多少征集军赋，破坏了奴隶社会旧军赋的限制。这一系列改革充分说明这一时期产生了新的封建生产关系，与之相对应必将产生一种新的适应封建生产关系发展的赋税制度。同时这些变革也象征着奴隶社会生产关系的奴隶社会赋税制度已经开始崩溃。

（三）工商业

我国古代自商朝末年始手工业就开始有了发展，随后出现了商人贸易。手工业和商业都由官府管理，即"工商食官"。从事工商业的人不需要交纳赋税，只需要交纳少许市场管理费。西周的手工业大致有青铜工艺、陶瓷业、纺织业以及骨器、玉器、漆木器、车马器具的制造等，其中最重要是青铜制造，青铜工艺在商朝晚期发展到高峰，周初的青铜器基本承继了其风格，西周中期青铜工业进一步发展并形成自己独特的风格。这一时期，陶器的制作规模有所扩大，生产技术也有所提高。这些不同门类的手工业不同程度地继承和发展商朝的工艺技术，并有所发展和创新。手工业的繁荣不仅满足了社会各阶层的不同需求，提高了人们的物质生活水平，同时也为商品经济的发展和商业活动的兴起提供了必要条件。西周的商业活动相当频繁，货币的使用也较为频繁。为了管理工商业，西周设置了专门的机构和官吏。

春秋战国时期，各国在手工业方面都有了可喜的进步。此时，手工业种类繁多，除了铸造和制陶、纺织以外，还出现了漆艺、冶铁、制盐和酿造工艺等新兴手工业部门，冶铁还出现了铸铁柔化处理技术。专职盐官、铁官已经出现。这一时期，青铜器不仅在数量上有了明显增加，在铸造技术上也有了显著改进，不仅出现了金银铸技术，雕铸艺术也有新发展。在官府手工业之外，出现了私营手工业和个体手工业；此时在商业方面开始出现私商的活动，私商不仅周游列国做生意，活动范围更是远至海外。到了春秋后期和战国时期还出现了很多大商人。大商人大多都与政治有着紧密的联系，或把政治经验运用于经商，或以财富换取政治地位。同时商业的发达带来了城市的繁荣，城市人口逐渐增多，规模不断扩大。齐都临淄、赵都邯郸、魏都大梁、楚都郢、燕下都易、韩都新郑等都是当时规模很大的城市。

（四）盐铁专卖

春秋时期，各国为了集中财力、富国强兵、图谋霸业，在对田制、田赋征收进行改革的同时，开始对一些重要物资（主要是盐、铁）的生产和经营实行专卖，加强国家对经济的控制能力。盐铁专卖最先开始于齐国。齐国食盐专卖的具体做法是典型的民制与官制相结合的制度。农闲时，农民无须忙于耕种，便在官府的授命下淘制食盐。农忙时，则由官府负责制盐。然后齐国将所有民制和官制的食盐统一储存，待到盐价暴涨之时，再将食盐以十倍于常价的价格卖给不产食盐的赵、宋、卫等国，牟利甚丰。铁在百姓的日常生活中也是必需品。比如，一根绣花针的制造少了铁就不行。实行铁专卖，就相当于控制了铁器的价格。一根绣花针每提价一钱，三十根绣花针就增加了三十钱，足抵一个平民百姓一个月的口税。如此看来，盐铁专卖大大充实了国库。

而且，实行专卖是比课税或增税更加温和有效的经济政策。课税或增税会引起人们普遍不安，不利于国家安定。但是此举却增加了百姓的日常支出，降低了百姓的生活质量。除了盐铁，国家对粮食、材木业实行官营，管仲主张国家应通过征税、预购等方式掌握大量的谷物，借以作为财政收入的重要来源。此时，国家还开始对外贸进行控制。管仲主张国家控制食盐、黄金、谷物等重要物品的外贸，等待物价上涨后抛售出去，便可坐享几倍厚利。这使得国家不仅可获取高额利润，抑制豪商乘机牟利兼并，同时保护了本国财物不致外流。国家为了保证专卖政策的推行，下令禁止人们随意开采国家资源。

（五）水利事业的发展

我国最早的有文献记载的运河是邗沟。春秋末期，吴王夫差在长江至淮河间开凿运河邗沟，以便于完成北上争霸的基业。邗沟的开凿不但解决了农业生产灌溉用水的问题，客观上还便利了南北交通。战国时期，齐国地势较低，为防雨季河水泛滥而沿黄河修筑长堤，堤坝建成后，齐国生产生活得以保障。和齐国相对的赵、魏两国也筑长堤防洪水，一定程度上保障了黄河下游两岸人民的生产生活。

同一时期，各诸侯国为了发展农业生产，相继修建大型水利工程。

四、学术思想

（一）儒家，代表人物：孔子、孟子、荀子。作品：《春秋》《孟子》《荀子》。主张：儒家是战国时期重要的学派之一，它以春秋时孔子为师，以六艺为法，崇尚"礼乐"和"仁义"，提倡"忠恕"和不偏不倚的"中庸"之道，主张"德治"和"仁政"，重视道德伦理教育和人的自身修养的一个学术派别。

儒家强调教育的功能，认为重教化、轻刑罚是国家安定、人民富裕幸福的必由之路。主张"有教无类"，对统治者和被统治者都应该进行教育，使全国上下都成为道德高尚的人。

在政治上，还主张以礼治国，以德服人，呼吁恢复"周礼"，并认为"周礼"是实现理想政治的理想大道。至战国时，儒家分有八派，重要的有孟子和荀子两派。

（二）道家，代表人物：老子、庄子、杨朱。作品：《道德经》《庄子》。道家是战国时期重要学派之一，又称"道德家"。这一学派以春秋末年老子关于"道"的学说作为理论基础，以"道"说明宇宙万物的本质、本源、构成和变化。认为天道无为，万物自然化生，否认上帝鬼神主宰一切，主张道法自然，顺其自然，提倡清静无为，守雌守柔，以柔克刚。政治理想是"小国寡民""无为而治"。老子以后，道家内部分化为不同派别，著名的有四大派：庄子学派、杨朱学派、宋尹学派和黄老学派。

（三）墨家，代表人物：墨子。作品：《墨子》。墨家是战国时期重要学派之一，创始人为墨翟。这一学派以"兼相爱，交相利"作为学说的基础：兼，视人如己；兼爱，即爱人如己。"天下兼相爱"，就可达到"交相利"的目的。政治上主张尚贤、尚同和非攻；经济上主张强本节用；思想上提出尊天事鬼。同时，又提出"非命"的主张，强调靠自身的强力从事。

墨家有严密的组织，成员多来自社会下层，相传皆能赴火蹈刀，以自苦励志。其徒属从事谈辩者，称"墨辩"；从事武侠者，称"墨侠"；领袖称"巨（钜）子"。其纪律严明，相传"墨者之法，杀人者死，伤人者刑"（《吕氏春秋·去私》）。墨翟死后，分裂为三派。至战国后期，汇合成二支：一支注重认识论、逻辑学、数学、光学、力学等学科的研究，是谓"墨家后学"（亦称"后期墨家"），另一支则转化为秦汉社会的游侠。

（四）法家，代表人物：韩非、李斯、商鞅。作品：《韩非子》《商君书》《管子》。法家是战国时期的重要学派之一，因主张以法治国，"不别亲疏，不殊贵贱，一断于法"，故称之为法家。春秋时期，管仲、子产即是法家的先驱。战国初期，李悝、商鞅、申不害、慎到等开创了法家学派。至战国末期，韩非综合商鞅的"法"、慎到的"势"和申不害的"术"，以集法家思想学说之大成。

这一学派，经济上主张废井田，重农抑商、奖励耕战；政治上主张废分封，设郡县，君主专制，仗势用术，以严刑峻法进行统治；思想和教育方面，则主张禁断诸子百家学说，以法为教，以吏为师。其学说为君主专制的大一统王朝的建立，提供了理论根据和行动方略，《汉书·艺文志》著录法家著作有二百十七篇，今存近半，其中最重要的是《商君书》和《韩非子》。

（五）兵家，代表人物：孙武、孙膑。作品：《孙子兵法》《孙膑兵法》。兵家是战国时期的重要学派之一，主要是在军事方面大有成就，"知己知彼，百战不殆。"等军事名言都出自兵家，代表作有《孙子兵法》《孙膑兵法》，当今社会也深受影响，在国内外都享有盛名。

（六）名家，代表人物：邓析、惠施、公孙龙、桓团。作品：《公孙龙子》。名家是战国时期的重要学派之一，因从事论辩名（名称、概念）实（事实、实在）为主要学术活动而被后人称为名家。当时人则称为"辩者""察士"或"刑（形）名家"。代表人物为惠施和公孙龙。

（七）阴阳家，代表人物：邹衍。阴阳家是战国时期重要学派之一，因提倡阴阳五行学说，并用它解释社会人事而得名。这一学派，当源于上古执掌天文历数的统治阶层，代表人物为战国时齐人邹衍。

阴阳学说认为阴阳是事物本身具有的正反两种对立和转化的力量，可用以说明事物发展变化的规律。五行学说认为万物皆由木、火、土、金、水五种原素组成，其间有相生和相胜（葵）两大定律，可用以说明宇宙万物的起源和变化。邹衍综合二者，根据五行相生相胜说，把五行的属性释为"五德"，创"五德终始说"，并以之作为历代王朝兴废的规律，为新兴的大一统王朝的建立提供理论根据。《汉书·艺文志》著录此派著作二十一种，已全部散佚。成于战国后期的《礼记·月令》，有人说是阴阳家的作品。《管子》中有些篇亦属阴阳家之作，《吕氏春秋·应同》《淮南子·齐俗训》《史记·秦始皇本纪》中保留一些阴阳家的材料。

（八）纵横家，代表人物：鬼谷子、苏秦、张仪。主要言论传于《战国策》《鬼谷经》。纵横家是中国战国时以纵横捭阖之策游说诸侯，从事政治、外交活动的谋士。列为诸子百家之一。主要代表人物是苏秦、张仪等。

战国时南与北合为纵，西与东连为横，苏秦力主燕、赵、韩、魏、齐、楚合纵以拒秦，张仪则力破合纵，连横六国分别事秦，纵横家由此得名。他们的活动对于战国时政治、军事格局的变化有重要的影响。《战国策》对其活动有大量记载。据《汉书·艺文志》记载，纵横家曾有著作"十六家百七篇"。

（九）杂家，代表人物：吕不韦。作品：《吕氏春秋》。杂家是战国末期的综合学派。因"兼儒墨、合名法"，"于百家之道无不贯综"（《汉书·艺文志》及颜师古注）而得名。秦相吕不韦聚集门客编著的《吕氏春秋》，是一部典型的杂家著作集。

（十）农家，代表人物：许行。主张：农家是战国时期重要学派之一。因注重农业生产而得名。此派出自上古管理农业生产的官吏。他们认为农业是衣食之本，应放在一切工作的首位。《孟子·滕文公上》记有许行其人，"为神农之言"，提出贤者应"与民并耕而食，饔飧而治"，表现了农家的社会政治理想。此派对农业生产技术和经验也注意记录和总结。《吕氏春秋》中的《上农》《任地》《辩土》《审时》等篇，被认为是研究先秦农家的重要资料。

（十一）小说家，代表人物：虞初。作品：《虞初周说》。小说家，先秦九流十家之一，乃采集民间传说议论，借以考察民情风俗。"小说家者流，盖出于稗官。街谈巷语，道听涂说者之所造也。"

第四讲 秦 朝

秦朝（公元前221年－公元前206年）是中国历史上一个极为重要的朝代，由战国时代后期的秦国发展起来的统一大国，它结束了自春秋起五百年来分裂割据的局面，成为中国历史上第一个以汉族为主体，多民族，统一的中央集权制国家。

一、历史发展

自西周末年以来，整个社会长期动荡不安，诸侯国之间相互攻伐，给社会生产带来严重的破坏，广大人民渴望统一。与此同时，秦国在长期的纷争中逐步壮大，具备了统一的实力。秦自商鞅变法以来，国力渐强，逐步展开对其他诸侯国的攻伐，至秦始皇时期，秦已经取得对其他六个主要诸侯国的决定性优势。前260年，秦赵长平之战后，赵国大败。此后，六国再也无力与秦对抗。前221年，秦相继灭掉韩、赵、魏、楚、燕六国，完成了统一，建立了统一的王朝。

秦之所以能完成统一，从外部条件讲：结束动荡纷争的局面是历史发展的大趋势。长期的动荡使人民苦不堪言，迫切要求统一。从秦自身条件上讲，秦自商鞅变法以来，秦国社会变革彻底，经济发展较快，军事实力也逐步强大。加上秦独处西部边陲，独霸西戎多年，进可以攻关东诸国，退可以有稳固的大后方。经过秦几朝统治者的努力，秦国逐渐蚕食了其他诸侯国的领土，扩大了自己的地盘。

等到秦始皇即位时，秦已经取得对其他诸侯国的决定性优势，而其他各国也正如李斯所说的一样，降到秦国郡县的地位了。秦始皇本人也是一位雄才大略的君主，在他亲政后不久就着手部署统一战争的各项工作，历经数十年的战争，最终完成了统一大业。

秦的建立，无疑大大加强了统治阶级对农民的统治，加上秦朝的残暴统治和对人民的无限搜刮，大大地激化了社会矛盾。秦始皇本人自恃"德高三皇，功过五帝"，号称皇帝，并规定按照世代排列，第一代称始皇帝，后世以二世、三世，幻想"传之无穷"。秦朝统治阶级对农民的剥削主要是收取赋税和征发徭役。秦朝的赋税包括田租和口赋。田租是按土地数量征收的土地税，无论耕种与否都必须缴纳，实际上增加了无地少地农民的负担。口赋即人头税，按人头征收。秦朝的徭役主要包括劳役和兵役。秦始皇在统一战争中就曾征发大量兵役，统一完成后，北击匈奴、南征吴越时也大量征发兵役。另外，秦还在统一后大兴土木，修陵墓，建阿房宫，筑长城。数以万计的贫民被驱使从事繁重的劳役，致使社会生产遭到严重的破坏。秦王朝的残酷剥削和压迫激起了广大人民的强烈反抗，一些小规模的农民起义和暴动在秦始皇末年频频出现。如骊山刑徒英布率群徒逃往江中为"群盗"，刘邦在押送刑徒时逃至芒砀山（今属河南）以图起义，这些零星的反抗拉开了秦末农民起义的序幕。

大泽乡起义。前210年，秦始皇在巡游途中病死。宦官赵高拉拢丞相李斯，废长子扶苏，立胡亥为帝，是为二世，实权由宦官赵高掌握。秦二世上台后，统治较秦始皇更为残暴，刑法更加苛刻，各级官吏成为屠杀人民的刽子手。加上秦二世是通过阴谋手段登上帝位的，为巩固自身统治，秦二世不仅杀害了大臣蒙恬、蒙毅等人，而且残杀了自己的二十余个同胞兄妹，导致秦朝内部矛盾激化，一时间人人自危。多年积存下的社会矛盾彻底激化。前209年，淮河流域的九百名贫苦农民在调往渔阳（今属北京）戍边途经大泽乡（今属安徽）时，适逢大雨，道路不通，无法按期到达。按秦律，戍卒误期要处斩。陈胜、吴广身为屯长，在走投无路的情况下密谋起义。他们利用"鱼腹丹书，篝火狐鸣"

之术为起义做舆论准备，并趁秦尉酒后行凶之际将其杀死，发动起义。陈胜自立将军，吴广为都尉，号"大楚"。喊出了"王侯将相，宁有种乎"的口号，掀起了中国历史上的第一次农民起义。

陈胜、吴广宣布起义之后，队伍迅速壮大，连克州县，取得了一系列的战果。在将士的拥戴下，陈胜自立为王，国号"张楚"，建立了第一个农民政权。在张楚政权取得初步胜利的鼓舞下，各地出现了反秦斗争的高潮。"诸郡县苦秦吏者，皆刑其长吏，杀之以应陈涉"。一些六国的旧贵族、中小官吏也投身于反秦斗争之列，一时间"天下云集响应，赢粮而景从"。面对严峻的形势，秦二世惊恐不已，采取大将章邯的建议，一面释放骊山刑徒，另一方面大赦天下。派出章邯统帅三十万大军。再调回北方王离防御匈奴的三十万军队为援军向起义军猛扑。陈胜等领导的起义军由于孤军深入，后援无继，最终战斗失利。战争的失利也引起了起义军内部的分化。吴广被部将矫令杀害，陈胜遭叛徒所害。起义军失去了领袖，内部混乱，在秦的攻击下以失败告终。

陈胜、吴广起义虽仅历时半年，但其影响范围广，波及面大，沉重地打击了秦王朝的统治，为秦的覆灭奠定了基础。正如司马迁所说："陈涉虽死，其所置遣侯王将相竟亡秦，由涉首事也。"陈胜、吴广领导的大泽乡起义是我国历史上第一次农民起义，对我国历史产生了深远的影响，鼓舞着后来无数农民的反封建斗争。

刘邦、项羽的反秦斗争。陈胜、吴广起义被镇压之后，秦末农民起义并未停息，领导这项未竟事业的主要人物是项羽和刘邦。项羽是楚国的贵族后裔，其父是楚国名将项燕。项羽家族世代为楚国将臣，因受封于项（今属河南），故以项为姓氏。项羽在与其叔父因犯罪逃往吴县（今属江苏）途中听闻陈胜、吴广起义，二人杀死会稽郡守，发动起义。起义队伍迅速壮大，不久刘邦也来投奔项羽。刘邦曾任泗水（今属江苏）亭长，他在县吏萧何、曹参的支持下，杀沛令，聚众起义。前209年，陈胜遇害，项羽听从谋士范增建议立楚怀王之孙为王，仍号楚怀王，定都盱眙（今属江苏）。同年七月，项梁、田荣与项羽、刘邦兵发西路，给章邯领导的秦军以重大打击。但是军事上的暂时胜利滋长了项梁的骄傲情绪，秦将章邯率兵突袭项梁部队，项梁战死，起义军力量受到挫折，但主力尚存，各路力量集结一起，以图进取。

巨鹿之战。章邯在攻破项梁的军队之后，以为农民军主力被消灭，便集结力量向张耳、陈余所率领的赵军进攻。赵军退守巨鹿（今属河北），四面受敌，危在旦夕，遣人向楚怀王求救。楚怀王派出两路军前去救援。一支由宋义为上将军，项羽为副将，范增为末将，北上援赵。另一支由刘邦率领，向西直取关中。并约定"先入关中者王之"。宋义在率军到达安阳（今属山东）时，正值天寒地冻，士兵忍饥挨饿，而宋义却畏敌不前。项羽苦劝未果，便在盛怒之下杀了宋义。随后楚怀王封项羽为上将军，全权指挥北上援军。项羽率部迅速渡过漳河，驰援巨鹿。渡河之后，"皆沉船，破釜，烧庐舍，持三日粮，以示士卒必死，无一还心"。项羽这种"破釜沉舟"的英雄气概，为历代人们所传诵。起义军到达巨鹿之后，同秦军展开了殊死搏斗，九战九捷，基本摧毁了秦军的主力。这是秦末农民战争的一次决定性战役，秦王朝的主力部队被歼灭，为反秦斗争的彻底胜利奠定了基础。军事失利引起了统治阶级内部的分化，秦二世向章邯追究军事失败的责任，章邯畏惧并向项羽投降，秦军主力部队彻底被消灭。至此，秦朝的覆亡已成定局。

秦朝的灭亡。在项羽同秦军主力鏖战的同时，另一支由刘邦率领的起义军向西挺进。一路上连克秦军，长驱直入，抵达武关（今属陕西）。在西路起义军的打击下，秦王朝统治阶级内部矛盾加剧。赵高害怕秦二世追究军事失败的罪责，密谋杀害秦二世，立子婴，去帝号，称为秦王。又在峣关设防，以拒刘邦的军队。刘邦用计贿赂峣关守将投降，攻克军事要塞峣关。前207年，刘邦军至霸上（今属陕西）。秦王子婴被迫出降，秦王朝最终灭亡。秦自统一至灭亡只经历了十五年时间。

二、政治文明

（一）中央制度

秦始皇以战国时期秦国官制为基础，把官制加以调整和扩充，建成一套适应统一国家需要的新的政府机构。在这个机构中，中央设丞相、太尉、御史大夫。丞相有左右二员，掌政事。太尉掌军事，不常置。御史大夫，掌图籍秘书，监察百官。丞相、太尉、御史大夫以下，是分掌具体政务的诸卿，其中有掌宫殿掖门户的郎中令，掌宫门卫屯兵的卫尉，掌京畿警卫的中尉，掌刑辟的廷尉，掌谷货的治粟内史，掌山海池泽之税和官府手工业制造以供应皇室的少府，掌治宫室的将作少府，掌国内民族事务和外事的典客，掌宗庙礼仪的奉常，掌皇室属籍的宗正，掌舆马的太仆等。建立从中央到地方的官制和行政机构即三公九卿制，互相没有统属关系，由皇帝掌握最终决断权。

三公：丞相（帮助皇帝处理全国的政事）、太尉（负责管理军事）、御史大夫（执掌群臣奏章，下达皇帝召令，兼理国家监察事务）。

九卿：卫尉（掌管皇宫保卫）、郎中令（掌管警卫事务）、太仆（掌管宫廷车马）、廷尉（掌管司法诉讼）、典客（掌管外交事宜）、奉常（掌管宗庙礼仪）、宗正（掌管皇室内部事务）、少府（掌管山河湖海税收和制造业）、治粟内史（掌管财政税收）。

（二）法律制度

秦始皇采用战国时期法家韩非的建议，以法治国，秦帝国制定的法律十分细密、严苛，是秦始皇加强皇权、巩固中央集权政治体制的工

具。秦法对于秦王朝雷厉风行地推行各种巩固中央集权的措施发挥过重
要作用，但同时也给人民带来了极大的苦难。

秦朝沿袭了商周时代的很多酷刑。据文献记载，刑罚有膑（剜去膝
盖），刖（锯脚），宫，榜掠，腰斩，枭首，弃市，戮尸，坑死，凿颠，
抽胁，镬烹，车裂，夷三族等。当时的中原地区古人多儒雅仁义，社会
是宗族形式结构，不具备法治统治的基础。秦尊韩非的以法治国，这就
造成了作奸犯科的人大增，面对条条酷刑，人们怨声载道，这也是加剧
秦朝灭亡的另一个不可忽视的重要原因。

统治一个大国，需要全国一致而又比较完备的法律制度。出土的云
梦秦简提供了自秦孝公至秦始皇时期陆续修成的秦律的部分内容，其中
有刑律的律文和解释，有名目繁多的其他律文，还有案例和关于治狱的
法律文书（见云梦秦律）。秦始皇统一六国以后，以秦律为基础，参照
六国律，制定了全境通行的法律。秦律经过汉朝的损益，成为唐以前历
代法律的蓝本。

（三）郡县制度

秦始皇二十六年（前221年），丞相王绾请封诸皇子为燕、齐、楚
王，得到群臣的赞同。廷尉李斯力排众议，主张废除分封诸侯的制度，
全面推行郡县制度。秦始皇接受了李斯的建议，把全国分成三十六郡，
以后又陆续增设至四十余郡。皇室任免郡县的主要官吏，这些郡完全由
中央和皇帝控制，是中央政府辖下的地方行政单位。中央集权的制度从
此确立。始皇二十八年（前219年）的峄山刻石辞说："追念乱世，分
土建邦，以开争理"；"乃今皇家，壹家天下，兵不复起"。这说明秦始
皇认为废分封行郡县是消除各地兵争所必须的。

郡，是中央政府辖下的地方行政单位，其组织机构与中央政府略
同，设郡守、郡尉、郡监（监御史）。郡守，为一郡最高行政长官，掌
全郡政务，直接受中央政府节制；郡尉，辅佐郡守，掌管全郡军事；郡

监，掌监察工作。

郡以下设县或道。县是秦朝统治机构中关键的一级组织，是从中央
到地方政府机构中具有相对独立性的一个单位。内地设县，边地少数民
族地区设道。满万户以上的县设县令，不满万户的设县长。令、长为一
县之首，掌全县政务，受郡守节制。县令下设尉、丞。尉，掌全县军事
和治安；丞，为县令或县长的助手，掌全县司法。郡、县主要官吏由中
央任免。

县以下设乡、里和亭。乡和里是行政机构，亭为治安组织。乡设三
老、啬夫和游徼。三老掌教化，啬夫掌诉讼和税收，游徼掌治安。乡以
下为里，是秦国最基层的行政单位。里设里正或里典，后代称里正、里
魁，以"豪帅"即强有力者为之。其职能除与乡政权职能大体相同外，
还有组织生产的任务。此外，还有司治安、禁盗贼的专门机构，叫做
亭，亭有长。秦规定，两亭之间相隔十里，设亭长。亭遍布于城乡各
要地。

秦朝创下的一套中央集权国家政治制度在以后中国社会的历史中，
只有修修补补，基本框架未变。

三、军事文明

（一）军队建制

维持一个大国的统一，还需要强大的军队。秦军以灭六国的余威，
驻守全国，南北边塞，是屯兵的重点地区。秦制以铜虎符发兵，虎符剖
半，右半由皇帝掌握，左半在领兵者之手，左右合符，才能调动军队。
这是保证兵权在皇帝手中的重要制度。秦军是一支前所未有的巨大的震
慑力量。发掘的秦始皇陵侧的兵马俑坑，估计其中两坑有武士俑七千

件，战车百乘，战骑百匹。武士俑同真人一样高大，所持武器都是实物而非明器。这种车、步、骑兵混合编组的大型军阵，其规模之大，军容之盛，是秦军强大的象征。

秦朝的军队分三个部分，即京师兵、郡县兵、边防兵。京师兵，由于任务不同，分三个系统：郎中令管辖的侍卫官，包括贝（钱财）选、荫任、军功特拜而产生的传中、中郎等，有俸禄，主要负责殿内值勤、从皇帝；卫尉管辖的皇宫警卫兵，由郡尉县尉管辖。平时训练，并兼管地方安全，战时奉调出征、因所处地理环境的不同，又分为材官（步兵）、骑士（骑兵）、楼船士（水军）三类。大体北方、西北方多骑士，山丘陵地带多材官，江淮及沿海多楼船士。有的郡既有材官，又有骑士。

边防兵，指边郡骑士、材官、边郡屯兵和边塞皮卒。边郡骑士或材官，是本地服兵役的正卒。屯兵是集中驻扎的机动作战部队，由朝廷派遣的将军统率，如蒙恬曾长期领兵屯于上郡。戍卒包括轮番服役的各郡正卒和嫡发的官吏、商人及农民。除分散担任警戒、候望任务外，还构筑维修军事工程。兵种区分，秦军分为步兵（含弩兵）车兵骑兵和水兵种。步兵称材官，有轻装与重装之分，前者无甲，持弓、弩远射兵器；后者上体着甲，持戈、矛、戟之类长兵器。着甲持弓、弩者称驾兵，是步兵的主力。车兵仍然装备单辕双轮四马木质车，每车3人，皆着盔甲，御者居中，甲士2人分立两侧，持戈矛类长兵器。骑兵称骑士，着短甲，执弓箭，所乘之马有鞍，无鞍蹬。水军称楼船士，具有一定规模。秦始皇陵兵马低坑的布阵表明，步兵数量较多，是主要兵种，车兵仍是重要作战力量，骑兵尚处于从属地位，弩兵也拥有较大阵容。作战中，车、骑、步、驾大体混编列阵，配合而行。

（二）秦军兵器

在那些英武的兵马俑身上，我们仿佛能真切感受到2000多年前秦国军队的磅礴气势。在冷兵器时代，战争的两大要素一是军队，二是兵器。从展出的部分兵器来看，不难发现，秦统一六国中，武器的胜出是攻城略地必不可少的因素之一。

秦兵马俑坑出土的武器绝大多数是青铜兵器，约 4 万余件。铁兵器数量极少，总共只有铁矛 1 件，铁镞 1 件，铁铤铜镞 2 件，出土的铁质兵器仅占俑坑出土兵器总数的万分之一。这说明战国中晚期后，虽然铁器已在农业生产中广泛使用，但由于武器对铁质的要求过高，依照当时的冶铁水平，还处在块炼铁和生铸铁的阶段，这两种铁的硬度和强度均不够，不宜大规模制作兵器。而青铜在当时使用已经非常广泛，故秦人大量使用改良合金配比的青铜兵器，把中国青铜冶炼工艺推向了一个新的里程碑。

秦军的兵器无论品质或是生产力都比前代有长足的提升，几乎囊括了当时盛行兵器的所有种类，既有以往常见的戈、矛、戟、剑、弩、殳、钺和铜镞等，也有首次发现的长铍和金（吴）钩。有些兵器上还有完整的铭文。按其功能可分三类：第一类是短兵器，有剑、金钩；第二类是长柄兵器，有矛、戈、戟、钺、殳、铍等；第三类是远射程兵器，有弩、弓等。这些兵器都是铸造成型。它们的主要成分是铜、锡、铅，另外还有微量的镍、镁、铝、锌、铁、硅、锰、钛等元素。

古人在长期的青铜冶炼实践中，直观地认识了合金成分、性能和用途之间的关系，总结出了"六齐"规律。所谓"六齐"，是对于六类不同的青铜器物采用六种不同的铜、锡配比。对此，战国末期齐国人所著的《考工记》中关于"六齐"的记述，是世界上最早的合金配比规律的科学总结。人类第一次通过自觉地控制铜、锡成分配比，获得了性能各异并且适合于不同用途的合金材料。从出土的兵马俑各种青铜兵器的合金比分析，与《考工记》中的"六齐"配比基本相符。说明秦国在当时已非常懂得吸收与利用他人的长处为己所用，并把这种配比规范化，如俑坑中出土的青铜剑，含锡量均在 18% ~ 21% 之间，很接近中碳钢调质处理后的硬度。

秦国军队当时号称步兵百万，战车千乘，骑万匹，所需兵器数量极为庞大，因而武器制造的保障机制就显得尤为重要。秦人的做法，就是让武器生产制度化，模具标准化和工艺流程规范化，并用法律加以约束。《秦律十八种·上律》明确记载："为器同物者，其大小、短长、广亦必等。"在秦俑坑中出土的所有同类器物都是如此。如兵器中的铜弩，各个弩机上的同一部件都可以互换。又如青铜镞的头部是三棱形的，三个面和三个棱被加工成抛物线，基本相等。专家对镞的三个面放大20倍，发现同一个镞的三个面误差小于0.15毫米，不同镞的误差，小于0.2毫米，这样的精度标准是很高的。与法律相配套的是推行"物勒工名，以考其诚"的奖罚办法，要求兵器上都要刻上制作年代、机构、督造者以及具体制作者的名字，这样工匠的聪明才智得到充分的施展和肯定。

俑坑中出土的兵器均未生锈，是因为当时已具备有效的防锈技术。专家用电子探针和激光技术分析，青铜兵器表面有一层铬盐氧化层，这种现象在兵器中普遍存在，说明这不是偶然因素造成，而是有意进行工艺处理后形成的，从而起到良好的防锈作用，使兵器光亮如新，锋利无比。正是因为在严格的制度管理下，秦王朝把当时最为纯熟的青铜制造技术运用到兵器生产上，才使统一六国战争有了足够的武器保障，并创造出兵器史上一个又一个奇迹。

秦始皇兵马俑一、二号坑所出土的青铜兵器，最让人着迷的——首先要数锋利坚韧的秦青铜长剑。柳叶状剑身的秦剑，又细又长又尖，长度均在81～94.8厘米，远远超出战国时期其他诸侯国的宝剑（长度一般在50～65厘米）。

回顾中原铜剑的发展历程，剑身一直在不断地加长。当其初起之时，剑长只有二三十厘米；至春秋战国之际，长度普遍达到50～60厘米左右；战国晚期，一些剑超出了70厘米，最长达75、76厘米，秦代，关中秦剑的长度更上新台阶，超过了80厘米，最长者将近95厘米。

秦剑的造型是一个宽、窄、宽、窄、束腰的造型，前面是剑尖儿，呈阶段性的，由厚、薄、加厚、薄到剑尖，阶段性递减，这种设计使秦剑受力部分得到加强，而又保持一定的弹性，同时剑身又不过于沉重。

青铜剑在技击格斗中，首要功能是刺杀敌人、穿透对方的铠甲，劈砍、划拉只是辅助功能而居于其次。比对手的剑长出近30厘米的秦剑，在格斗中显然更容易刺到对方，这很可能是秦剑加长的主要原因。但是，这毕竟是青铜剑，秦人用什么方法让长剑不易折断呢？

在青铜时代，铸剑的关键是在冶炼时，向铜里加入多少锡。锡少了，剑太软；锡多了，剑硬，但容易折断。对秦剑做的化学定量分析显示：它的铜锡配比让青铜剑的硬度和韧性结合得恰到好处。作为是青铜剑铸造工艺的最后巅峰，秦剑的长度、硬度和韧性达到了几乎完美的结合，攻击性能也因此大大增加。

秦式铜剑不仅长，而且很锋利。一些剑出土时毫无锈蚀，光洁如新，锋刃锐利。经试验，一次尚能划透18层纸。这些剑表面都呈灰黄色，组织细密，没有沙眼。而且剑身表面都进行了精细的锉磨、抛光，故极为平整光亮。

秦剑剑身特长，剑茎（柄）也相对很长。秦俑一、二号坑出土的青铜剑，其剑茎长度多在17厘米~20厘米左右。根据秦剑的长度、重量和技击实用功能推测，秦剑多数为双手使用（双手剑在某些时候单手使用亦可）；少数剑茎较短者可能是单手剑。

四、经济文明

（一）统一货币

秦始皇废止战国时各国形制和轻重大小各不相同的货币，改以黄金为上币，以镒（二十两）为单位；以秦国旧行的圆形方孔铜钱为下币，文曰半两，重如其文。

（二）统一度量衡

秦始皇用商鞅时制定的度量衡标准器，来统一全国的度量衡。

今见秦朝权量，都刻有始皇二十六年（前211年）颁布的统一度量衡的诏书。这种权量出土多，分布广，长城以外也有发现，可见统一度量衡是认真有效的。秦始皇还用法律规定了度量衡器误差的允许限度。他规定六尺为步，二百四十步为亩。不过二百四十步为亩的制度实际上只行于旧秦，可能还有旧赵境内，东方许多地区仍以百步为亩，直到汉武帝时期为止。文字、货币、度量衡的统一，修驰道，为经济、文化的发展提供了便利条件，促进了统一国家的发展。秦朝统一货币，统一度量衡，统一文字，统一车轨，对于后世影响极大。

（三）土地制度

商鞅变法以后，按亩纳税，秦国的经济体制就全面转入"耕战"。即重视农业生产和对外战争，以农业生产支持对外战争，以军功授爵赐予土地。同时由国家法令具体指导农业生产。但统一全国后类似的制度似乎并未取得显著效果。

秦始皇使黔首自实田，在全国范围内正式承认土地私有制。地主阶级凭借这个命令，不仅得以合法占有土地，而且可以用各种手段兼并农民的土地。土地被兼并的农民，不得不以"见税什五"的苛刻条件耕种豪民之田。

（四）户籍制度

早在秦献公十年（前375年），秦国就建立了以"告奸"为目的的

"户籍相伍"制度。后来商鞅规定，不论男女，出生后都要列名户籍，死后除名；还"令民为什伍"，有罪连坐。秦律载明迁徙者当谒吏转移户籍，叫做"更籍"。秦王政统治时期，户籍制度趋于完备。秦王政十六年（前231年）令男子申报年龄，叫做"书年"。据云梦秦简推定，秦制男年十五（另一推算是十七）载明户籍，以给公家徭役，叫做"傅籍"。书年、傅籍，是国家征发力役的依据。始皇三十一年"使黔首自实田"，即令百姓自己申报土地。土地载于户籍，使国家征发租税有了主要依据。户籍中有年纪、土地等项内容，户籍制度也就远远超过"告奸"的需要，成为国家统治人民的一项根本制度。秦置二十级爵，以赏军功。国家按人们的爵级赐给田宅，高爵者还可以得到食邑和其他特权（见爵制）。爵级载在户籍，所以户籍也是人们身份的凭证。

秦的社会组织相当严密，商鞅变法建立了"什伍连坐制"禁止父子兄弟同室而居，凡民有二男劳力以上的都必须分居，独立编户，同时按军事组织把全国吏民编制起来，五家为伍，十家为什，不准擅自迁居，相互监督，相互检举，若不揭发，十家连坐。这种严苛的法律把农民牢牢束缚在土地上，国家直接控制了全国的劳动力，保证了赋税收入。统一后秦国将此推广至全国。类似的保甲制度和户口制度一直到中华民国和中华人民共和国时期仍被当局采用。

（五）重农抑商

秦朝自"商鞅变法"后，严格限制商业的发展，主要措施有：在集市收取高额的市场租金；在主要道路关卡收取高额的关税；对商人编商籍（类似今天的工商登记）；若商人破产则将被收编为国家苦役。这些措施实施后，使得商人的可预期利润远低于农户，于是自由商人自行消亡。

（六）盐铁国营

秦朝的主要基础行业是盐、铁的开采和贩卖，秦朝令民间商人不得从事此类行业，而统一由国家行政官僚经营，负责全国各地的盐、铁开采和出售。

秦统一中国后，将以上制度推广至全国。这些制度至今在中国仍存有普遍的痕迹，或者部分机制仍在起作用。如类似的保甲制度和一直到无君主的中华民国时期仍被当局采用。而户口制度，至今仍为中华人民共和国的基本人口登记制度。

第五讲 汉 朝

汉朝是刘邦建立的中国第二个大一统王朝，分为西汉（前202年－公元9年）、东汉（25年－220年）。汉高祖建立西汉，定都长安，又称前汉；汉光武帝建立东汉，定都洛阳，又称后汉，西汉与东汉合称两汉。

一、历史发展

（一）西汉的建立和巩固

西汉建立之初，由于连年战争，社会生产遭到严重的破坏，经济凋敝，人口锐减。为应对这一系列困难局面，汉高祖刘邦采取一系列恢复经济的措施，推行"休养生息"政策，与民休息，逐步恢复和发展社会经济。采取的主要措施有：

1. **复员军队，恢复生产**。按军功给复员士兵分配土地，使他们成为自耕农，从事生产。一些较高职位的军官，则获得爵位，分封到了大量的土地。

2. **招募流亡，组织生产**。一些在战争中丧失土地或者少地的农民被组织起来，再次获得土地，安心从事生产。

3. **释放奴婢**。由于自秦末以来的连年战火，许多人因饥饿而被迫卖身为奴，致使国家控制的人口锐减。汉高祖规定，因饥饿而卖身为奴婢者"皆免为庶人"。在采取以上种种措施之后，西汉政府控制的人口有所增加，社会生产发展，整个阶级社会的矛盾得到了缓和，总体上有利于社会的发展和西汉政权的稳固。

汉初，鉴于秦亡的教训，汉高祖刘邦在政治上实行黄老无为而治的思想，轻徭薄赋，与民休息。这种思想主张在文帝、景帝时期得到进一步推行，社会生产得到发展，人民安居乐业，整个社会的经济也呈现出初步的繁荣。因此，这一时期被史学家们誉为"文景之治"。

汉高祖刘邦亲历了秦末农民起义，他错误地认为秦亡是由于没有实行分封制，以至于在国家危难之际无人救援。于是在西汉建立后不久，汉高祖就"惩戒秦孤立之败"。在相继除去几个异姓王之外，陆续分封了九个刘姓子弟为王。杀白马立誓，"非刘氏而王者，天下共击之"。然而事与愿违，这些诸侯王势力迅速膨胀，开始对中央集权构成了严重的威胁并最终在汉景帝时期酿成了"七国之乱"。面对严峻的形式，汉景帝与分封的齐王谈判，在谈判未果的情况下，景帝派出太尉周亚夫前去平叛。仅仅历时三个月，叛乱被迅速平定。诸侯王实力大为削弱，再也无力与中央对抗。

（二）西汉的强盛时期

汉武帝是一位雄才大略的封建帝王，16 岁即位，在位 54 年。他即位后继续汉景帝生前推行的养生息民政策，并颁布推恩令，规定诸侯王只能由嫡长子一人继承王位。并以皇帝恩泽的名义把土地再分封给诸侯的子弟，表面上看起来是皇帝厚待他们，实际上却使每个封国的面积都化整为零，渐渐缩小，再也不足以与中央朝廷抗衡，进一步削弱了诸侯的势力。同时又利用"酎金夺侯"削减许多列侯的爵位。前 112 年，汉武帝以列侯的酎金成色不足为由，消夺了一百零六个列侯的爵位。此外还颁布"左官律"和"附益法"，规定在王国的官为"左官"，低于朝廷同级官吏，以示歧视；"附益法"限制士人与诸王的交游。同时汉武帝引入了刺史的官级，监察地方。在经济上加强中央集权，将冶铁、煮盐、酿酒等民间生意改为由中央管理，同时禁止诸侯国铸钱，使得财政权集于中央。他采用董仲舒的建议，"罢黜百家，独尊儒术"，为儒学在古代中国的特殊地位铺平了道路。但汉武帝在宣扬儒学的同时亦采用法规和刑法来巩固政府的权威和显示皇权的地位，属于"外儒内法"。对广大百姓宣扬儒道以示政府的怀柔，而对政府内部又施以严酷的刑法来约束大臣。在军事上，汉武帝北击匈奴，东征朝鲜，南服西南夷，大大扩张了西汉的领土面积。对外关系上，派遣张骞出使西域，加强内地与中亚各国的联系。汉武帝所采取的一系列措施，使得西汉进入了鼎盛时期。但是在汉武帝末年时期，由于连年对匈奴和西域用兵，又举行封禅和祀神求仙，使得贫民徭役加重，苛捐杂税增加，农民大量破产流亡。局部地区爆发了不同规模的农民起义，这使得汉武帝不得不对自己的行为进行反思，开始安抚流民，并在轮台下《轮台罪己诏》，以示自己犯下的错误。这些举措确实也起到了一些作用，使得汉武帝末年风雨飘摇的政权重新稳固，并为即将到来的昭宣中兴打下了基础。

汉武帝死后，汉昭帝和汉宣帝相继当政。他们继承了汉武帝晚年的政策，实行轻徭薄赋，整顿吏治，平理刑狱。这些措施缓和了阶级矛盾，发展了社会生产，使得一度陷入危机的西汉重新兴盛起来，史称"昭宣中兴"。

（三）西汉末年的危机与王莽篡汉

西汉末年危机和王莽改制。西汉末年的危机自汉武帝晚年已经初见端倪。一些皇亲国戚、豪强地主和私商大贾肆意兼并买卖土地，使得土地日益集中在少数人手中，造成许多自耕农破产，阶级矛盾日趋恶化。统治集团内部，外戚宦官干政，皇权旁落。汉成帝时期，外戚王凤和其兄弟轮掌西汉政权。哀帝上台后，收回了王氏把持的大权，可是自己也受制于祖母傅氏和生母丁氏，傅氏和丁氏两家族长期把握西汉晚期的政局。到了哀帝晚年和平帝时期，外戚势力膨胀到了极点，外戚出身的王莽篡夺汉室，自立为帝。

广大平民百姓在统治者的残酷剥削之下，走投无路，他们为了生计，或卖身为奴，或四处流浪以致饿死。整个劳动人民的生活陷入绝境，各地农民纷纷起义，反抗西汉的统治。成帝时期，爆发了颍川铁官徒申屠圣、山阳铁官徒苏令等人领导的农民起义，到了西汉晚期，一些小规模的农民起义更是连绵不绝。在人民起义的打击下，西汉统治阶级内部矛盾激化。外戚出身的王莽乘机拉拢各方势力于公元 8 年夺取汉室政权，自立为帝，改国号为"新"。王莽上台之后，为应付一系列严峻的社会危机，缓和社会矛盾，也采取了许多改革措施。主要是限制土地兼并和买卖奴婢，平抑物价，改革币制，统一度量衡等等。除了这些基本措施以外，王莽还对一些官职名称、各地名称，甚至国号也做了多次更改。王莽的这些改革措施，是应对西汉末年以来社会危机的一次尝试，或多或少地触及了当时社会矛盾的焦点。但是从后来王莽政权迅速崩溃的结局来看，这些改革措施并没有取得预期的效果，反而成为王莽政权迅速失败的催化剂。从根源上讲，王莽改制触犯了一些大地主和大商人的利益，遭到他们的激烈反对。币制改革矛盾丛生，许多商人和贫民因此破产，民怨沸腾。加上王莽用人不当，吏治腐败，一些官员在改革中以权谋私，造成官民关系紧张。在改革的同时，王莽又相继发动对周边少数民族的不义战争，这些战争不仅劳民伤财，而且破坏了西汉以来同周边民族的友好关系。种种矛盾聚集在一起使王莽政权陷入了空前危机，一场酝酿已久的绿林、赤眉大起义即将爆发。

绿林、赤眉大起义和王莽政权的覆灭。绿林起义军因长期活动在绿林山（湖北大洪山）而得名。起义军领导人为王匡、王凤兄弟，西汉末年王氏两兄弟因饥馑率饥民起义。赤眉军以樊崇为首领，为与官军相区别，军队中的每人皆用赤色涂眉，故称"赤眉军"。绿林、赤眉起义后不久，队伍迅速壮大，绿林军在湖北京山大破官军，缴获大量物资，取得一系列战果，一时间声名大振。在农民起义烽火燃起之时，一些汉朝宗室也加入到反对王莽政权的斗争之中．他们与绿林、赤眉军汇合成一股强大的反对王莽政权的势力。公元 23 年，起义军和王莽政权之间的一场决定性战役在昆阳展开，这就是著名的新汉昆阳之战。在这场战役中起义军人数虽少，但他们斗志旺盛，意志坚定。王莽军队人数虽多，但骄傲轻敌。刘秀派王凤、王匡固守昆阳，自己则带十余人冲出包围，集合了偃、定陵等地的起义军驰援昆阳。起义军里应外合，勇往直前。在各路起义军的打击下，莽军大败，自相践踏，溃不成军。此次战役基本摧毁了王莽的主力军队，从根本上瓦解了王莽政权。昆阳之战后，起义军乘胜西进，攻克关中，王莽被杀。经过各路起义军艰苦卓绝的战斗，终于推翻了王莽政权的反动统治。在取得反抗王莽政权斗争胜利之后，绿林、赤眉起义军却因内部矛盾相互火并，双方损失惨重。加上地主豪强势力的围追堵截，起义军最终在公元 27 年遭到镇压，其他各地起义也相继失败。西汉末年的绿林、赤眉起义，历时十余年，波及黄河、长江流域，最终用武力推翻了王莽政权的统治，沉重打击了封建统治阶级，迫使后来的统治者不得不采取一些让步措施，部分无地少地的农民夺得一些土地，大量奴婢也获得了人身自由。他们的丰功伟绩将永载史册。

（四）东汉政权的建立和巩固

在西汉末年的绿林、赤眉大起义中，许多汉朝帝室贵族也乘机投身于反抗王莽的斗争之列。东汉开国皇帝刘秀便是其中一个。刘秀是西汉宗室之后，他以恢复刘氏汉室为己任，起兵反抗王莽。刘秀依靠一些地主豪强的支持，采用分化、瓦解和利诱等手段，收编起义军，逐渐扩充自己的势力，形成了一股强大的力量。公元 25 年，刘秀称帝，定都洛阳，史称东汉。刘秀称帝后，开始全力镇压农民起义军，经过十余年的斗争，相继消灭了各地农民起义军和封建割据势力，完成了全国的统一。

东汉建国之初，国家经过长期动乱，灾荒连年，社会生产和人民生活受到严重影响。东汉政府采取了一系列措施加强恢复和发展经济。首先是安抚流民，释放奴婢、囚徒，缓和阶级矛盾，增加社会劳动力。其次是裁汰冗吏、复员军队，既减轻农民的负担，又增加了劳动力。最后是减轻赋税和实行"度田"，恢复西汉建国初年的"三十税一"制度。度田是为便于国家征收赋税和征调徭役而推行的一项调查土地数目的政策。此举遭到了地主豪强势力的激烈反对，后来逐渐流于形式。但度田制在一定程度上打击了地主豪强势力，有利于东汉政府的赋税和徭役的征调。

汉明帝和汉章帝在位其间，东汉进入全盛时期，史称"明章之治"。期间，窦固以班超出使西域，班超在西域长驻三十多年，不仅善于使用武力威慑各国，更善于运用外交手段去联络距离较远的国家。但匈奴人亦同样在开展类似的行动，推翻各国亲汉的政权，再与新政权结盟。双方不断地反复攻防，一直到20年后，班超之子班勇才完全掌控西域。章和二年（88年）十月，车骑将军窦宪领军出塞，击破北匈奴，登燕然山，令班固作铭命，史称燕然勒石。二年后，永元三年（91年）窦宪派兵再次出击，出塞五千里进攻金微山，大破北匈奴单于主力，斩名王以下五千余人，俘虏北单于皇太后，北单于仓皇逃窜不知所终，从此扫除数百年来匈奴对汉朝北方边境的威胁，汉朝国势也再一次到达汉武帝时期的鼎盛；佛教也在此时传入中国。但是在章帝后期，外戚窦氏日益跋扈，揭开东汉后期外戚与宦官两股势力争斗的序曲。

在位于今云南、缅甸北部一带的古哀牢国。公元69年（汉明帝永平十二年）。哀牢归汉，初步奠定了以后历代中原王朝对云南西部版图的管辖范围，使古哀牢境内的各民族从此汇入了中华民族的大家庭，也促进了古哀牢境内的各少数民族与汉民族融合地区的经济文化的发展。

明、章两帝共统治三十一年（公元57年—公元88年），秉承光武帝遗规，对外戚勋臣严加防范；屡下诏招抚流民，赈济鳏寡孤独和贫民前后凡九次；修治汴渠完成，消除西汉平帝以来河汴决坏；经营西域，再断匈奴右臂，复置西域都护府和戊己校尉。史载"天下安平，百姓殷富"，号称"明章之治"。

公元 88 年，31 岁的汉章帝突然驾崩。年仅十岁的太子刘肇即位，是为汉和帝。但实际上是窦太后操纵朝政，国家政治日益腐败。窦氏的跋扈引发和帝的不满，不久，年仅 14 岁的和帝就抓捕外戚窦宪，外戚势力开始衰弱。但是之后和帝信用宦官，从此东汉的政治沦为外戚和宦官两股势力的争斗。不过，和帝仍然在政事上非常勤奋，不失为英明之主。元兴元年（公元 105 年）冬 12 月，年仅廿七岁的和帝病逝。出生仅百日的少子刘隆即位，是为殇帝。汉殇帝仅在位 8 个月就驾崩了。接替即位的是清河王刘庆之子汉安帝刘祜。他即位早期由太后邓绥临朝理政。邓太后勤俭节约，任用贤良，同时对自己家族的势力有所限制，却对宦官势力纵容。

建光元年（公元 121 年），邓太后逝世，安帝亲政，灭邓氏家族。

安帝依赖外戚宋氏和阎氏以及宦官的力量，听信奸臣，肆意妄为，朝政昏庸不堪。东汉快速衰败下去。延光四年三月，汉安帝在南巡途中死在叶城。外戚阎氏秘不发丧，拥立汉章帝之孙济北王刘寿之子刘懿，史称汉前少帝，但其在位仅 200 余日就病死了。少帝死后，阎氏家族密谋再立傀儡，但被中常侍孙程击破，阎氏家族被诛杀。孙程迎立济阴王刘保，是为汉顺帝。在顺帝执政早期，宦官势力膨胀，却引发社会各界的反弹。阳嘉元年（132 年），贵人梁妠立为皇后，从此梁氏外戚势力开始崛起，梁妠的兄弟梁冀被任命为大将军。汉安二年（143 年）八月，顺帝病死，太子刘炳即位，年仅 2 岁，由梁太后执政。永嘉元年，汉冲帝驾崩，年仅三岁。正月廿五日，梁冀拥立刘缵即位，是为汉质帝。质帝非常聪颖，称梁冀为"跋扈将军"，因此质帝不久就被杀害，年仅八岁。汉章帝之孙刘志即位，是为汉桓帝。桓帝年少，因此继续由梁太后临朝执政。桓帝即位之初，梁冀势力几无边界，他残害忠良，公饱私囊，无恶不作。桓帝对他暗中也颇为不满，延熹二年八月初十，桓帝派兵士包围梁宅，梁冀与妻子双双自杀，梁氏外戚势力土崩瓦解。宦官成为新的权力中心。单超、徐璜、具瑗、左悺、唐衡五人被封为县侯；单超食邑两万户，后又封为车骑将军，其他四人各一万户，世称五侯。

（五）走向灭亡

永康元年十二月廿八日，汉桓帝驾崩。桓帝无子嗣，由河间王刘开曾孙刘宏继位，是为汉灵帝，引发了以窦太后、窦武为首的外戚势力和以曹节、王甫为首的宦官势力的激烈权力斗争。永康元年九月初七，宦官发动政变，外戚势力被削弱。宦官则在永康二年（164年）制造第二次党锢之祸。而灵帝本人骄奢淫逸，为填补财政公开卖官职，朝政腐败到了极点。导致了公元184年的黄巾起义。虽然不久便平定了此叛乱，但是汉朝政府经此一役已国力大减。且中央政府为顺利平叛，又将军权下放给各地州官。各地豪强大族从此开始慢慢拥兵自重，加以其原本已具有强大的经济实力，最终演变成东汉末年袁绍、袁术、曹操、孙坚、董卓等众豪强军阀割据一方、群雄逐鹿的局面。

汉灵帝死后，外戚大将军何进和宦官双双火并而亡，终于结束戚宦之争。董卓掌权，废后汉少帝刘辩为弘农王，改立汉献帝刘协。董卓被吕布诛杀后，军阀割据完全表面化，出现了把持中央的曹操；位于河北的袁绍；位于淮南的袁术；位于江东的孙权；位于荆州的刘表；位于益州的刘璋等势力。其中曹操"挟天子以令诸侯"，以汉朝丞相的名义讨伐各路军阀，在官渡之战中消灭了最大的敌人袁绍军的主力，但同时架空汉室权力，全权代理皇帝处理朝政，汉朝皇帝此时已经是空有名分而无实际了。前期曹操虽连战得胜却在赤壁之战中被孙刘联军击败。三分之势逐渐形成。曹操死后，子曹丕袭曹操爵位，于220年逼迫献帝让位，改国号为魏，东汉灭亡。而曹丕篡汉建立魏后，刘备随即在蜀地宣布继承汉朝法统，建立了沿用汉国号的政权，史称蜀汉。江东孙权虽向魏称臣，内政外交皆自主，几年后孙权亦称帝，国号吴。

　　蜀汉时期。蜀汉章武元年，即魏黄初二年（公元 221 年），刘备
（刘弘之子，汉景帝第七子中山靖王刘胜之后）在成都称帝，以汉室宗
亲的身份重新建立汉朝，继续汉之大统，年号"章武"，汉朝又一次被
复兴。但是在此前，也就是建安二十四年（219 年），镇守荆州的名将
关羽北伐曹魏，水淹七军、擒于禁、斩庞德、威震华夏，东吴孙权怕刘
备势力威胁到自己，于是派遣吕蒙偷袭荆州（主要是南郡、公安），关
羽功败垂成，兵败身亡，关羽失荆州，使得刘备元气大伤，导致后来的
蜀汉又缺乏统一天下的一个条件。

　　在刘备刚刚称帝后，夏被吴将陆逊在夷陵之战中打败，最终撤退到
白帝城。

　　刘备于章武三年（223 年）四月逝世，谥昭烈帝。

　　建兴三年（225 年），诸葛亮平定南中多郡的叛乱，并利用怀柔政
策降服了南中少数民族部落势力，解决蜀汉的后方问题。蜀汉建兴六年
（228 年），诸葛亮北伐曹魏，陆续夺取郡县，却在马谡在关键的街亭战
役中失败，迫使诸葛亮撤军。后来依法处斩对此负有重大责任的参军马
谡，这便是历史上著名的"挥泪斩马谡"。之后诸葛亮继续北伐，但多
次因补给线太长粮草不济被迫撤军，致使北伐始终无法获得重大成效，
不过仍然长期进占了原来曹魏的武都、阴平两个郡。建兴十二年（234
年），诸葛亮于第五次北伐中病死在五丈原，之后由蒋琬、费祎、董允
等接手执掌朝政，蜀汉因而仍保持政治清廉。到蒋琬、费祎、董允死
后，刘禅开始自摄国政，但因宠信宦官黄皓和陈祗，令朝政开始变坏，
而大将姜维在 247 年至 262 年不断的北伐，使得蜀汉政治压力加剧，宫
中政事无人处理，力量日渐消耗。内廷逐渐为宦官黄皓把持，使得前方
战事不为刘禅所知，最终导致邓艾偷袭成都成功、刘禅举国而降。后来
姜维"诈降"，意图借助钟会之力复国，但是计划失败被杀，汉朝国祚
告终。

二、政治文明

　　汉朝官制实行三公九卿制，宰（丞）相具有较大的权利。丞相、太尉、御史大夫称三公，丞相管行政，是文官首长；太尉管军事，是武官首长；御史大夫掌监察，辅助丞相掌管政治事物。而在汉朝，还有一条不成文的规定，即必须做御史大夫后才能做丞相。而在御史大夫之下，还设有御史中丞，掌管宫内事务。九卿则是太常（掌祭祀鬼神）、光禄勋（掌门房）、卫尉（掌卫兵）、太仆（掌车马）、廷尉（掌法律）、大鸿胪（掌礼宾）、宗正（掌皇帝族谱）、大司农（掌全国经济）、少府（掌皇室财政）。汉武帝时期，为了巩固皇权，皇权开始大幅膨胀，尚书令的地位大幅抬升。汉武帝将身边重臣如严安、主父偃、朱买臣等为郎加以侍中，与尚书令共议。军国大事，组成中朝（又称内朝）。原以丞相为首的三公九卿组成外朝。

　　汉朝的选举制度是察举制，以地方推荐为主，考试为辅，考试与推荐相辅而行。推荐过后是还要经过考试复核；复核合格后才能量才录用。无论是特举贤良方正，还是岁举孝廉、茂才（西汉时称秀才，东汉避光武帝名讳改为茂才），均须经过中央覆试。武帝时期设置太学，是中国古代第一所公办学校，专门培养才学之士。东汉时期，为纠正察举荐人之滥，开始注重考试，形成察举与考试相结合的选士制度，而且考试成份日益增加。在推荐基础上加强考试，这是汉代察举制发展的新趋势。荐举为主，考试为辅，是两汉察举制的基本特点，也就是说你举荐个人，我还要看看他有什么本事。汉朝早期实行征兵制度，男子廿三岁起至五十六岁之间，服役两年。一年保卫京师，名为正卒；另一年戍守边郡，叫做戍卒。正卒分为两支，一支为南军，守卫宫城，另一支为北军，保卫首都其他地区。

三、社会经济与文化

（一）经济

1. 农业

汉朝的土地所有制与秦朝相同，土地私有，并可自由买卖。土地所有者须向国家交耕地税，耕地税率为亩产的 1/15 或 1/30。人口税分为算赋和口赋。算赋是丁税，十五至五十六岁的男女每年每人纳一百二十钱（一算）。口赋是儿童税，七至十四岁的儿童每年每人纳廿钱。西汉早期奉行重农抑商政策，虽然恢复了农业生产，但经济势力仍然略显不足，而商人地位低下。文景时期，在晁错的建议下，改行贵粟政策，国家存粮进一步大涨，经济实力也因而爆棚，商人的地位也有一定程度的提高。

汉元帝时期，土地集中日益严重，自耕农大量破产，沦为佃农。豪强庄园势力日益强大。东汉后期，这一现象更甚，地主庄园势力的膨胀，亦间接导致了三国局面的形成。汉朝时期，铁农具的牛耕是最重要的生产工具，最重要的犁地法是二牛抬杠。一些新式耕田法，如代田法、区田法相继诞生。国家注重兴修水利，尤以关中地区为最。著名的水渠有成国渠、六辅渠、白渠等。东汉时期，出现了翻车和渴乌等水利工具，增加了农业生产效率。

2. 冶铁

西汉早期，冶铁业分国营（中央政府）、官营（地方经营）和民营三种类型。当时著名冶铁家有卓王孙、南阳孔氏等。汉武大帝于元狩三年收冶铁为国营，对国家财政较有利，但民间却鲜有私人冶铁业了。之后一直没有改变此政策。到了东汉，冶铁业由社会自营，加上水排的发明，冶铁业更加发达。

3. 纺织业

汉朝的纺织业亦有国营与民营之分，民间著名纺织业者有陈宝光等。到东汉时期，蚕桑养殖在长江和岭南等地开始推广。

4. 商业

西汉早期奉行重农抑商政策，商人地位低下。文帝时期，在贵粟政策下，商人竞买爵位，扩大贸易领域，促进了国家经济的飞速发展，其地位才得以提高。西汉时期，全国已有数个商业中心，如长安、洛阳、邯郸、江陵、吴、寿春、番禺、成都等。丝绸之路是当时世界最重要的商路。伴随着商业的发展，一些经商哲学纷纷出现。到东汉时期，中原地区商道线路发达，各地货物往来更加频繁。

（二）文化

1. 五德学说

汉朝最早使用年号，建元为第一个年号。汉初根据五德终始说，定正朔为水德，汉武帝时，又改正朔为土德，直到王莽篡政建立新朝，方才采用刘向、刘歆父子的说法，认为汉属于火德。汉光武帝光复汉室之后，正式承认这一说法，从此确立东汉正朔为火德，东汉及以后的史书如《汉书》《三国志》等皆采用这种说法，因此汉代亦被称为"炎汉"。又因汉朝皇帝姓刘而称"刘汉"。

2. 学术著作

汉代是中国历史上科技与文化非常辉煌的一个时期。国家也非常重视教育和学识。东汉桓帝时，仅太学生就号称有 3 万人。

在史学方面，司马迁的《史记》是中国第一部纪传体通史，也是二十四史中的第一部，为以后两千年正史的编纂提供规范。全书分为十二本纪、十表、八书、三十世家、七十列传，共一百三十篇，五十二万六千五百字。班固所编写的《汉书》分为十二纪、八表、十志、七十列传。全书体例仿效《史记》，惟改"书"为"纪"，废"世家"入"列传"，还开创了刑法、五行、地理、天文、艺文四志和《百官公卿表》。《汉书》是中国历史上第一部内容完整的断代史。更是成为了以后历代王朝撰写本朝历史的范本。而两汉时期其他的史书还有《东观汉书》《汉纪》和《吴越春秋》等。很多西方学者认为，汉代的作家所开创的史学标准，直到 18 世纪都一直领先于世界。

宣帝时期，在太学中立学官的，《易》有三家，《书》有三家，《诗》有三家，《礼》有一家，《春秋》有两家，共十二博士。东汉初年，增加到十四博士。到东汉晚期，古文经学走向发达，今文经学日益衰微。

汉政府设立乐府，搜集民间诗歌，即为乐府诗，后世的《乐府诗集》《古诗十九首》《玉台新咏》中便搜集了不少汉代乐府诗，长篇叙事诗《孔雀东南飞》也是写成于汉代末年。赋是一种新的文学体裁，司马相如的《子虚赋》《上林赋》，张衡的《二京赋》等均为千古传诵的文学名篇。汉代时期，隶书亦渐渐取代小篆成为主要书写字体，而隶书的出现则奠定了现代汉字字形结构的基础，成为古今文字的分水岭。这一时期，还出现了标点符号的雏形。

3. 尊儒尚法

汉代在立国时用无为而治之法，文景时期，又以道家黄老思想为主，并辅以儒家和法家思想为法制指导思想，不仅强调无为，还注重礼与德的作用，既承认法律的重要性，又坚持约法省简，务在安民。而从汉武帝之后，统治者又确立儒家思想成为了正统思想，并辅之以法家思想为法制指导思想，其中心是"德主刑辅"，即先用德礼教化，教化无效再施之以刑罚。这种刚柔相济的治国之道，成为汉武大帝以后汉王朝法制的指导思想。

这一思想对后世历代王朝的立法影响很大。汉宣帝曾有名言："汉家自有制度，本以霸王道杂之。"便是这种思想的精辟阐述。由于秦始皇焚书坑儒所毁坏的很多文献书籍，通过汉代学者的不懈努力和发掘记录得以重现，包括五经当中的古文《尚书》，也是这时候发掘整理出来的。汉武大帝采纳董仲舒、公孙弘等的意见"罢黜百家，独尊儒术"后，经学成为学术主流。据历史学家黄现璠考证儒学独尊之时代背景时，曾说："儒学独尊之原因，在客观条件上是由于汉至武帝，六十余年间，社会经济已呈繁荣；帝王集权亦经树立；学术思想自然趋于统一。盖诸家学说皆与帝王集权冲突，如墨家主平等，道家主放任，等等，皆不利于帝王集权。儒家与民言服从，与君言仁政，正合帝王专制之治。加之，儒家学说范围极广，言训诂注疏校勘典章制，甚至阴阳五行等，皆可附从，故得信仰者众。

为此，武帝乃行董仲舒之议，罢黜百家，表章六经，儒学遂取得独尊地位。于是，五经博士弟子以及用儒生，行夏时即于此时开始。博士儒学参与实际政治，已非文景时具官待闲。"

4. 宗教

西汉末年，佛教由印度经中亚传入我国。东汉明帝时期曾在洛阳建寺译经。东汉末年，中亚的一些高僧也来到中原地区，在洛阳大量翻译佛经。道教是中国土生土长的宗教，源于东汉后期，由民间流行的一种巫术与黄老学说的某些内容结合而逐步形成早期的道教思想。早期经典为《太平青领书》，今有其残本《太平经》。早期道教宣扬散财救穷，自食其力，为许多贫苦农民所接受，其中一些信教农民成为后来黄巾起义的主力军。

5. 数学、医学和天文学

汉朝时期我国的第一部算学著作《周髀算经》成书，书中所载的勾股定理是我国现存文献中最早记载勾股定理的著作。另一部数学著作《九章算术》成书于东汉时期，书中所载的负数、分数和联立一次方程等在数学发展史上都具有重要的意义。该书分为9章，由246个算术命题和解法汇编而成，标志着我国古代数学完整体系的形成。汉朝的医学也取得显著的成就，《黄帝内经》和《神农本草经》是这一时期两部代表性的医学著作。《黄帝内经》是对东汉以前我国医学的总结，包括

《素问》和《灵枢》两个部分，是我国现存最早的一部重要医学著作。《神农本草经》是东汉时期的医学名著，也是一部较为完整的药物学著作。汉朝还出现了两位名医，分别是张仲景和华佗。张仲景，名机，河南南阳人。东汉时期著名的医理学家，被后世尊为"医圣"，著有《伤寒杂病论》一书，该书与《素问》《灵枢》并称为"医学三典"。华佗是东汉末年的著名外科医生，擅长针灸，发明了麻沸散。在外科手术方面取得较高的成就，他还模仿动物活动编五禽戏，发展了保健医学。可惜后来被曹操所杀，其医术也失传。

第六讲　魏晋南北朝

　　魏晋南北朝的历史从 220 年曹魏建国起，至 589 年隋灭陈止。如把献帝在位时间也列入其中，即从献帝初平元年（190）的董卓之乱到隋文帝统一全国的开皇九年（589），此一阶段大约有四个世纪。这四个世纪中华民族以长期的动乱格局为常态，最后趋于统一，总体体现为长时间的动乱征战。王朝更迭频繁，割据政权林立，社会动荡不安。汉族统治者之间以及他们与少数民族首领之间为争夺政权进行了残酷的厮杀，中华文明经历了近四百年的冲突、灾祸和战争的考验。同时它也是各民族及其文化融合、发展的时期，社会的发展仍然是这段时期的主流，中华民族的文明传统仍然没有废灭。汉族的语言文化，秦汉以来的典章制度也正是通过魏晋南北朝频繁的政权更替与多国林立的交接，传递给了隋唐，最终出现了中国古代历史上空前的盛世。

一、历史发展

（一）三分天下

　　宦官出身的曹操领"青州兵"起事，败门阀之家袁绍，并最终在 207 年统一了北方；汉中山靖王刘氏之后出身的刘备跨荆、益二州，并在诸葛亮的辅佐下称霸西南；江南孙权，凭借长江之险和江南的富庶偏安江东地区。208 年曹操兴兵欲吞并孙权政权，刘、孙联盟；在湖北赤壁大败曹军，由此天下三分局面大致注定。220 年曹操死，其子曹丕废汉自立为帝，国号魏，都洛阳；221 年，刘备成都称帝，国号汉，世称蜀；229 年孙权在建业（今属江苏）称帝，国号吴。此时天下三分割据，虽三方各自为政，但相比之前群雄角逐的混乱局面好得多，而且魏、蜀、吴三国均在自己的统治范围内巩固内部统一、发展经济。

在曹魏政权中，统治者在维护发展自身力量方面采取了很多措施，其中影响深远的当属屯田制度。黄巾大起义对生产造成的巨大破坏使曹操不得不考虑流民和土地的结合问题，从而开始募民屯田。建安元年（196），曹操开始许下屯田，一岁得谷百万斛；以后又大规模地募民，在州郡列置屯田，每年收获谷物数千万斛。这样不但解决了军食问题，积蓄了比较充实的经济力量，同时也使东汉被剥夺了土地和脱离了土地的农民，以隶属农民的身份重新和土地结合起来。屯田制度构成了官府大地主和屯田客、佃兵的生产关系。屯田分民屯和兵屯两种，管理民屯的农官称为典农中郎将、典农都尉、屯司马等。兵屯除由各军将吏自行劝课耕作之外，又由大司农派司农度支校尉、度支都尉至兵屯所在地，专管军队中的屯田事项，保持着原有的军事建制，以营为生产单位。另外，曹魏政权在用人方面也独创一格，曹操特别注意扩大自己的统治基础，一方面善于笼络豪族和士大夫；另一方面强烈抑制豪强的兼并，下令"重豪强兼并之法"，巩固国家的统治。曹操在中国历史上创下了"唯才是举"的用人方略，注意吸收和提拔来自下层的各方面人才，反对东汉以来征辟察举的选官制度和崇尚名节家世的成规，主张以真才实学作为用人标准，多次下求贤令。

西蜀刘汉政权的治国大政方针，早在诸葛亮的《隆中对》中就已为其大致勾勒，主要包括消灭较为软弱的割据政权，占据荆、益二州；修明政治，改善同西南少数民族的关系，执行"西和诸戎，南抚夷越"的政策；结好孙权，抓住机会，希图统一中原。诸葛亮作为蜀汉一代贤相，在其治理之下，西蜀吏治比较清明，赏罚比较公平。成都平原的经济开发也得到重视，修治了都江堰，保证粮食生产；同时注意手工业，设置锦官，使蜀锦得到充分的发展。

江东的孙吴政权比较注重自保，对外灵活处理与蜀、魏的关系，"鼎足江东，以观天下之衅"；对内平定了山越，巩固了后方。仿效曹魏屯田，注重水利灌溉，推广牛耕，还重视造船和水上交通。据史记载，台湾第一次与大陆正式沟通就在孙吴时期。同时由于江南地区相对比中原地区安定，很多北方人民南迁。据载，仅建安十八年（213）的一次迁徙，就有淮南人民十余万户渡江南下，为江南的生产带来了先进的技术和劳动力，为南方文明的发展注入了新的活力。

（二）西晋的短暂统一

曹魏明帝时期，政治逐渐腐败，满朝官吏竞相奢靡，统治阶级内部矛盾逐渐尖锐。秦汉时期就已经存在的河内温县世家大族司马氏逐渐掌握朝中大权，司马懿在明帝死后受遗命辅佐幼主，开始了与曹氏集团争权夺位的斗争。后来司马炎在266年，重导了曹丕代汉"禅让"的故事，代魏自立，成为晋朝的开国皇帝晋武帝，建都洛阳。279年，晋武帝发兵25万分五路攻吴，第二年吴主孙皓因无力反抗而降晋。而早在263年西蜀政权已为魏所灭，至此中国开始了西晋短暂的统一。西晋也是魏晋南北朝四百年时期中唯一统一全中国的政权。国家的统一使西晋在太康年间一度出现天下大治的局面，不过由于门阀统治集团的政治腐化和权力斗争，不到十年，天下就由大治转为大乱。西晋的统一表面上维持了三十几年，实际上仅经过十一年时间，便爆发了"八王之乱"，接着是"永嘉之乱"。

统治集团的腐败，引起了激烈的党争，朝廷长期处于权力的争夺与倾轧之中。晋朝建立之初遍封司马氏家族，二十七个同姓王握权戍守各地，后期各王相互猜忌争权，对中央王权也形成尾大不掉之势，中央和地方的混乱很快使西晋王朝处于风雨飘摇之中。290年白痴皇帝司马衷即位，其妻"黑丑娘"贾南凤弄权，最终导致了296年至311年的

"八王之乱"。几十年的内战使得西晋王朝被折腾得九死一生，混乱结束后王朝已经没有了恢复自己持续统治的能力。北方少数民族的迁入最终导致了西晋在317年的灭亡，此后经历了史称"五胡乱华"的阶段，广大的中国国土开始经历长达两个半世纪的分裂割据局面，中华文明也就开始了历时最长、规模最大的浩劫。

西晋王朝是一个门阀贵族的政权，早在司马懿、司马昭控制曹魏政权时，就对世家官僚实行保护和放纵的政策。司马氏依靠士族官僚的支持取得政权，在制定政治、经济措施时，大多都以保护士族门阀为前提。其中最重要的一项政策就是把曹丕在位时始创的"九品中正制度"发扬光大，该制度把候选官吏分为上中下三等，又把每等分为上中下三等，所以共九个等级，划分等级的依据就是出身门第。世代相承官僚体系的维持通过正品的途径得到保障，以前曹魏"唯才是举"的尺度渐渐偏离，造成了"公有公门，卿有卿门"的局面。此后南北朝时期著名的士族门阀，从他们的家世源流来看，绝大部分都是在魏晋时期形成的。士族制度的兴盛最终导致士族家族与皇权的矛盾，同时也导致士族与庶族的矛盾。司马晋朝的统治者大多都是昏庸无能、骄奢淫逸的人。开国皇帝司马炎十分荒淫，为了挑选后宫美女，下令"禁止天下嫁娶"；第二个皇帝司马衷是一个白痴，得知百姓因为天灾人祸而饿死、流亡时，尽然说出"无米食，肉即可"的痴语，成为历史上经典的讽刺与笑话。还有当时的大臣也是荒淫无度，如日食万钱，却说道"无下箸处"；司马炎女婿王济以人奶喂食小猪，并以人奶蒸煮，此肥美异常之味使得皇帝也感到惊奇；还有典型的王恺、石崇斗富，王以麦糖洗锅、石以白蜡当柴，且在家宴会上以斩杀美女为赛。西晋以如此无道的人为帝，如此荒淫的人为官，其政治的腐败由此可见一斑。

（三）五胡十六国

西晋王朝自身的内部混乱使其无力维持统治，来自北方各少数民族的外部力量又加速了其灭亡的进程。晋亡之后，中国的北方和南方便走上了相异的对立发展轨道，北方先后经历了十六国鼎立、东西魏、北周齐；南方经历了东晋、宋齐梁陈四朝，直到隋文帝杨坚统一中国，共持续了两百多年的分裂。304 年匈奴族的刘渊自称汉王，建国号汉，四年后称帝。其子刘聪在 316 年派兵攻陷长安，俘虏了晋愍帝，灭亡了西晋。在此过程中，北方洛阳、长安两座古都都被洗劫一空，出现了"诸郡百姓饥馑，白骨蔽野，百无一存"的景况。在北方出现了史称"五胡乱华"的现象，五胡即匈奴、羯、氐、羌、鲜卑五族，他们分布在西、北边境。自东汉以来，他们陆续向内地迁移，西晋王朝的毁灭又给这些北方少数民族入主中原带来了绝好的机会。从汉国的建立到北魏统一北方，这段时间中国北方陷入战乱和分裂，民族之间关系错综复杂，出现了歧视、压迫、仇杀的现象。不过血腥现象此起彼伏的背后，还是存在着汉民族文明与各少数民族相互融合的事实，中华民族多元化的格局进一步形成。

"五胡十六国"的历史是相当繁乱的，以 383 年的"淝水之战"为界，又可以大致划分为两个阶段：第一阶段常称为"胡亡氐乱"，即五胡在西晋后建立了多个政权，接着他们被氐族前秦政权所统一，但淝水之战又导致前秦政权土崩瓦解；第二阶段是前秦灭亡后北方又陷入混乱，关中、关东、陇右政局纷乱，直到鲜卑族的拓跋部建立北魏政权，北方才逐渐统一，结束了"五胡十六国"时期。

第一阶段里出现的政权主要有刘渊建立的汉、刘曜建立的前赵、石勒建立的后赵、冉闵建立的冉魏、凉州建立的汉族政权前凉、慕容部建立的前燕、氐族拓跋部建立的前秦等。这些少数民族政权中以前秦最为著名，351 年苻健自称天王，国号秦，定都长安。后其子侄苻坚（338 至 385）成为大王，他志向高远，重用汉族寒门之士王猛进行了一系列的改革。包括严明峻法，严厉打击持权势犯法的氐族豪强，以"治乱邦以法"的基本方针治理前秦，最后终于形成了"百僚震肃，豪右屏气，路不拾遗，风华大行"的局面。此外，苻坚听从王猛的建议还采取了恢复和发展汉文化的措施，建立学校，提倡儒学；在经济上注重恢复和发展生产。至 376 年，苻坚统一了北方，并有了东下灭晋的意图。383年，苻坚伐兵九十万企图一举攻灭东晋，但由于前秦内部矛盾众多，上至权臣下至兵士都各有所思，在淝水之战面对晋朝的军队时最终溃败逃散，自相践踏。东晋的胜利使得南方的华夏文明免遭毁坏，北方前秦的失败又导致了新一轮的民族战乱。

第二阶段北方陷入了更为严重的分裂，出现了十三个政权，包括关东诸夏燕、关中秦夏、陇右诸国等。这些北方众多的少数民族政权因受到汉文化影响较少，其统治者大都残暴无度。比如最具典型的有匈奴族大夏统治者赫连勃勃，他非常残暴，在战争中大肆掠夺、坑杀人民，在打败前凉以后，杀几万人，把人头堆放在一起，号"骷髅台"。并征发十万人修建统万城，用蒸土筑城，然后用铁锥刺土，只要刺进一寸，就杀死民工。又打造兵器，器成之后，以箭射甲，入甲则杀铠匠，不入则杀箭工。北方各族的战争直到公元 439 年北魏统一之后才结束，长期的割据和战乱使北方各族人民的命运空前悲惨，他们被迫无休止地服役纳税，生命生产都毫无保障，在此战乱的年代百姓的命运都被充当为民族仇杀权力争夺的牺牲品。

北魏统一北方及汉化。北魏开国皇帝拓跋珪在 386 年，趁前秦瓦解之机，在盛乐复国，改国号魏。398 年迁都平城（今属山西），到了太武帝拓跋焘时便统一了北方政权。本来鲜卑族是入住中原较晚的民族，其文化程度和社会发展水平相对较低，但是自从建国以后，北魏就非常重视对汉文化的吸收利用。如在建国之初就重用汉人为官，拓跋珪的幕僚张衮、崔玄伯都是汉族士人；拓跋嗣即位后也广搜"豪门强族""先贤世胄"，授之以高官厚禄。在北魏比较彻底地推行汉化改革的是文明太后冯氏和孝文帝拓跋宏。冯太后联合汉族士大夫，首先确立了汉族传统的礼仪和文教制度，立学校、定乐章，以华夏苗裔自居。其次很重要的一点就是在河西士人李冲的建议下颁布了均田令，即以国家的名义对土地进行分配和调整，该制度实行了三百多年，直至唐中叶才被废除。

北魏时期，由于之前长时间的战乱和动荡，导致很多土地荒置、人民流离，社会上出现了很多无主土地。485 年北魏政府颁布了均田令，在全国范围内丈量土地，以国家的名义将土地的使用权转交给农民，按一定的男女、年龄的区别平均分配土地，并且规定了土地分为露天（不栽树的田）、桑田，前者死后归还，后者属于世业田。该制度是中国古代土地制度的一次巨大的变革，是土地分配权上的一次重大变化。虽然土地的所属本质没有改变，但是它对缓和阶级矛盾、安定农村秩序、发展农业生产均起到了一定的积极作用。均田制的实施一直延续到北齐、北周以至隋唐，直到唐朝中后期，随着人口的增多和公有土地的减少，可供收回再分配的土地越来越少，均田制才失去了它得以实施的前提条件，逐渐被其他田制所替代。

490 年，孝文帝拓跋宏亲政，继续推行汉化政策和进一步的改革。首先就是把都城从原来的平城迁到洛阳。这主要是基于平城地理位置靠近北边，边境的闭塞和混乱不利于其统治，而都城洛阳处于中原地区，对于控制内部领土作用巨大。其次是因为旧的都城保守世家大族力量强大，对于改革的推进形成严重阻碍。所以 493 年孝文帝以带兵南伐为借口，迁都洛阳。迁都以后孝文帝在众多方面都推行了改革，包括在政治上依汉族的官僚制度；在社会生活上禁止胡服，改着汉人衣服；禁止胡语，以汉语为通行语言；改鲜卑复姓为单音汉姓，如改拓跋为元，并按照汉族的世族门阀制度划分了鲜卑的高姓大族。北魏的改革以法律的形式肯定了各民族融合的成果，促进了以鲜卑族为中心的北方各少数民族汉化的进程，这是顺应历史发展潮流的，对中华民族文化的发展起到很大的作用。

北方再分裂。孝文帝的改革使北方民族矛盾有所缓和，但同时吸收了汉统治的糟粕，把早已衰落的门阀制度重新确立起来，从而加深了北魏的社会阶级矛盾。文帝在位时各地农民起义时常发生。文帝死后，汉化的鲜卑门阀在优裕的生活中完全腐败，政治日益腐化，呈现出亡国之相。如当时河间王元琛用银槽喂马，请客的器皿皆用水晶、玛瑙等，并自负地说道："不恨我不见石崇，只恨石崇不见我。"在此情况下首先边戍六镇举兵反魏，接着有关陇、河北各地的人民起义，北魏的统治在这些起义中瓦解，政权分裂为东魏和西魏。

（四）南方政权：晋、宋、齐、梁、陈

东晋偏安江南。随着西晋王朝的覆灭，汉族统治退居江东，317年，在建康（今属江苏）的晋宗室司马睿重建了晋朝，史称东晋。这个政权维持了140年，直到420年被刘裕所建的宋朝取替。在三国时期，经过孙吴的开发，江南地区有了很大的发展，东晋以来又有很多北方的世家大族和百姓陆续迁移而至。据统计，从东晋到宋末南下的人口大约有一百万左右，他们使江南的社会结构发生了显著的变化，促进了江南的开发，使中国经济重心开始从黄河流域向长江流域转移。东晋是最为典型的门阀政治时期，门阀一般讲来在政治上无所作为，但是在文化活动上为华夏文明的传承起过巨大作用。

东晋建立的一个基础就是得到北方士族王导、王敦等琅邪王氏的支持。司马睿刚到建康时，其地位名望并不高，南方士族对其毫不重视。多亏了王导筹划的三月初三巡游，时以王氏为主导的北方大族均簇拥司马睿的肩舆，如此对司马睿尊崇的表现引来了南方士族纪瞻、顾荣等对司马睿的服从，最后出现"吴会风靡，百姓归心"的局面，司马东晋终于在江南站稳脚跟。由于对王导的依赖和王氏对于军政大权的掌握，在东晋形成了"王与马，共天下"的局势。东晋先后历朝11帝，元、明、成三帝时，主要由王氏辅政；成、康时主要由外戚庾氏掌权；穆、哀、废、简文四朝主要由桓氏掌朝；武帝时又有谢氏控权。所以说东晋一朝是司马氏与"王、庾、桓、谢"共天下的局面。

在王朝的治理中，东晋在政治制度上遵循一种"政在清静"的原则。如在宰相王导的治理下，崇尚"黄老之术"，一方面清静无为宽民力，另一方面弥合各种社会矛盾，致力于南北士族相互牵制相互发展。

他对政务不多过问，说道："人家说我糊涂，可将来总会有人称许我的这种糊涂。"在王导之后有一代"风流宰相"之称的谢安，他在武帝执朝时效仿王导，为政"去其烦细，不存小察"，公开维护很多门阀大族的特权。总的来讲整个东晋一朝在政治上都是法禁松弛、纲纪不立，无论南方或者北方的士族都纵情于声色，过着骄奢淫逸的生活，在北归中原问题上大都无心无力，政治腐化。

由于东晋的统治者大都无为而治，故对于北取中原都无过多热情。不过其间也有几个例外的，最著名的有祖逖（266 至 321）北伐。祖逖是北方世家大族，年轻时就曾经与司州主簿刘琨"共被同寝""闻鸡起舞"。313 年祖逖率领自己部曲百家渡江，在长江边击楫发誓："若不能清中原而复济者，有如大江。"眼看"黄河以南皆为晋土"的情况已经出现，可是司马睿担心祖逖的势力发展对他不利，因此遏制北伐的继续进行，祖逖最终忧愤成疾，死于军中。后来又有晋朝的几次北伐以及桓温的三次北伐，不过这些北伐或败或取得的成绩微不足道。北伐总体上是失败的，但它对于东晋偏安江南，保证华夏正统汉族政权起到了有力的掩护和保护作用。

淝水之战以后，虽然东晋王朝面对的北方威胁大部解除，南北对峙的局面形成，但东晋内部的争权夺利却愈演愈烈。东晋末年，统治集团内部斗争不已。402 年，桓玄叛乱，杀执政的司马道子控制朝廷并称帝，国号大楚。404 年，刘裕讨伐桓玄，夺得政权，凭借军功和日渐兴起的权势在 420 年废恭帝司马德文，自立为帝，国号宋，由此开始了南方四朝的统治。这四朝包括刘裕建立的宋、萧道成建立的齐、萧衍建立的梁、陈霸先建立的陈。从 420 年建宋到 589 年陈亡其绎历了 170 年，南朝的每个王朝都短命而亡。除个别皇帝具有经国之才与治国之欲外，其他的皇帝大都昏庸无能，崇尚虚名，骄奢淫逸。其中较有作为的皇帝有宋朝的宋文帝刘义隆，他统国达 30 年之久，执政期间，在其父改革的基础上提倡新政，不仅政治安定，而且社会经济也有很大的好转，史家有记载，当时"役宽政简，氓庶繁息，至余粮栖亩，户不夜扃"。而昏庸的代表有梁朝萧衍，他在位四十多年，为求得统治阶级内部矛盾的缓和，极大地加重了人民的负担，鼓励官吏搜刮财富并以此作为政绩考核的标准。此外他还大肆崇信佛教，大行修筑佛院，穷工极巧，耗尽民生。更为离谱的是自己曾几次假装舍身佛寺，让大臣耗巨资将其赎回。当时"民尽流离，邑皆荒毁，由是劫抄蜂起，盗窃群行"。

在梁朝时南方还经历了一次巨大的动乱，即"侯景之乱"。本是北方东魏权臣的侯景，在叛逃后投靠梁朝萧衍，但是由于梁皇处理不当和侯景本人的反复无常，最后导致了梁朝的巨大动乱。当陈霸先称帝南方建立陈朝时，南方社会已经极不稳定，诸侯割据，战火纷纷。陈后主叔宝即位后又荒淫无道，致使"百姓流离，僵尸遍野……神怒民怨，众叛亲离"，至589年，隋军南下，陈后主被俘，隋朝才再次统一中国。

整个南朝时期出现了一个值得重视的趋势就是庶族的兴起，南方的寒人逐渐掌握了国家的实权。南朝的皇帝都是通过领兵打仗、控制军权而上升的次等大族和庶族寒门，虽然他们把门阀士族供奉于庙堂之高，但是实际上这些都是装饰而已，南朝政务的处理都交由了寒人。他们有的官至将帅，有的作为宗室诸王的典签，有的在中央充当中书省通事舍人。与寒门的发展密切联系的是江南经济的开发，寒门兴起标志着南方土著经济力量的壮大。

二、战乱与民族融合

魏晋南北朝作为一个近四百年分裂割据的时期，各民族各地区之间存在着激烈的战争，频繁的战争出现为该朝军事制度的改革和军事思想的发展提供了最为直接的经验场所，中国古代的军事制度、战争技术、战略思想都在此朝得以发展。

（一）军事制度

频繁的战争使魏晋南北朝形成了丰富多彩的军事制度，主要包括：
1. 普遍实行了中军、外军这种军事制度。它最初形成于三国时期，以后为魏晋南北朝所沿用。曹魏是建立该制度的最初国家，中军是由中央直接统辖的军队，担任侍从、宿卫皇宫、保卫京师的任务，屯驻于京城地区，是魏军的核心；外军是屯戍于外地的中央军。中外军的最高统帅是皇帝之下的都督中外诸军事。西晋的中军驻守京师，其中警卫宫廷和京城的部分称为宿卫军；屯驻在京郊，作为国家控制的机动部队称为牙门军。外军是指中央直辖的镇抚各地都督所统率的军队。东晋在制度上大部分沿袭了西晋，但是也有一些变化。东晋的军队是由世家大族的军队组成的，名义上是国家的军队，实际上各统领兵将有很大的独立性。南朝时期的中外军制度沿承了刘裕宋朝的制度，中军分为内外两军，分别由一将军长官，屯驻京师，由皇帝直接控制，也称台军。外军是指驻守在京城以外各战略要地的军队，由都督统领，后来皇帝派出典签协助处理外军，并向皇帝汇报都督行为，所以这又成为典签势升的一个重要途径。北朝的军队也有中外军之分，中军指中央直接控制的机动部队，外军指驻屯外地的戍守兵。外军又分为镇戍兵和州郡兵，镇戍兵负责戍守边防和战略要地，州郡兵由各州郡统辖，主要维护地方治安。2. 出现了由世兵制向府兵制过渡的趋势。世兵制在三国时期确立，盛极于西晋，东晋、南朝逐步衰落。所谓世兵制就是全家从普通百姓中分离出来，脱离民籍，集中居住，变为军籍，士兵终身为兵，其子子孙孙世代为兵，士死其寡妻遗女也要配嫁士家。世兵制使服兵役成为一部分人的特定义务，这部分人被称做士，其家成为士家或军户。世兵制的实行保证了兵源，它将士兵视为自己的私产。开始时它伴随着屯田制的建立而兴起，最初固定保障了士兵生活，但是后来其强制性限制了士兵及世家的正常发展，奴仆般的生活导致士兵的不断逃亡、反抗，最终在西魏、北周开始为府兵制度所代替。府兵制度既有少数民族兵制的残余痕迹，又有汉魏以来征兵制及世兵制的历史因素，是在特定的历史时期产生的。其最早的前身是宇文泰统帅的十二军，府兵制下的主将对于部属既是血缘关系上的宗长，又是部落意义上的酋长。府兵的基本组织有军团、团、旅、队等，后来逐渐发展军士人营，由军队军官领导、指挥，无作战、执勤任务的，分住在本乡，组成乡团，由军府所属的团主管理。府兵平时参加农业劳动，农闲时进行军事训练。这种府兵制的建立对当时和后来的军事制度的发展产生了深刻的影响。

除此之外，各少数民族的军事制度大都有自己本身的特点，总的情况是在少数民族政权建立之初，大多实行胡、汉分治制度，把本民族及其他少数民族按自身编制设立，而汉族军队另行编排，由此在国内建立两种军政体系。

（二）装备技术和军事思想

魏晋南北朝时期因为政权的对峙和兵器制作技术的进步，促成了军队兵种结构的变化和武器装备的发展。这一时期军队兵种构成的主要变化为陆战兵种中的重甲骑兵的出现，并迅速成为主战兵种。而水军在两汉的基础上继续发展，达到了新的规模与水平。与新的兵种变化相适应，在钢铁技术发展的前提下，与战争需要密切相关，一系列新的武器装备应运而生。如最早有记载的投石装备就是在官渡大战中曹军使用过的，叫做霹雳车。

为了取得军事胜利，正确的战略指导是必不可少的条件，战略是对于战争的全局思考，由此形成了不同的军事思想。这段时间军事思想发达的重要表现包括兵书的层出不穷和军事人才的不断涌现。如重要的军事家有三国时的曹操及他的屯田理论和就地取给，就近取给的"因粮于敌"思想，有蜀国的诸葛亮和他"以粮为本"、重视军队后勤保障和在前线与后方发展生产、广植财力、多渠道筹措军用物资的军事、经济思想，还有袁准重视农业生产的"富民强兵"思想，在客观上都具有维护农民阶级利益和发展经济的作用。这些思想要么是"富国"，要么是"强兵"，或者兼而有之。这对满足当时战争的需要、促进军事经济的发展起到了积极作用。

少数民族入主中原和在边境各地进行割据是导致整个魏晋南北朝分裂割据的一个重要原因，但同时又是一个各族人民相互融合相互发展的重要契机。各民族当时所处的发展阶段相差很大，同一民族前后状态也相差很大，经过了魏晋南北朝时期，经历了各民族的大融合，原来文明程度低的民族都跨进了更高的文明阶段，原来文明程度高的民族又吸收了新的血液，中华的文明显示出了不同的特点。从此阶段民族融合的历史中可以看到，是文化而不是血统对于民族融合起了关键作用，民族的冲突歧视都是暂时的。陈寅恪先生曾经指出："汉人与胡人的区别，在北朝时代文化较血统更为重要，凡汉化之人即目为汉人，胡化之人即目为胡人，其血统如何，在所不论。"虽然北方长期处于少数民族的统治之下，但是正如马克思所讲"野蛮的征服者总是被那些他们所征服的民族的较高文明所征服，这是一条永恒的历史规律"。多个民族的相互融合为中华文明注入了新鲜的血液，整个魏晋南北朝以少数民族的汉化为主要趋势而兼及南方汉族与少数民族的融合。

（三）少数民族内迁

魏晋之际，在北方汉族人口锐减的情况下，少数民族的内迁形成高潮。内迁的民族主要包括匈奴、羯、鲜卑、氐、羌等。从总体上来说，他们与当地的汉族混居，关系逐渐密切，经济、文化的交流增多，许多少数民族已经学会汉语，改从汉姓，正在朝着汉化的方向发展，这是历史发展的趋势。比如，对传统文化的接受，少数民族贵族对儒学文化表现出浓厚的兴趣。匈奴贵族刘渊，从小师事汉族士人崔游，学习儒家经典、孙吴兵法；对《史记》《汉书》和诸子，也无不综览。他作为质子居住在洛阳多年，周旋于西晋上层社会，与一些官僚士族过从甚密，基本上已经汉化了。少数民族内迁后在黄河流域建立了许多政权，不管哪个民族居统治地位，基本上都采用汉魏以来的政治制度，都采取与汉族地主阶级合作的政策，并基本接受了汉族的政治制度。刘渊为了取得汉人的支持，自称是汉朝皇帝的外甥，建国号汉，祭祀汉高祖以下三祖五宗，以"绍修三祖之业"为己任。北魏孝文帝是十六国以来长期实行民族融合政策的集大成者，他不仅继承了此前民族融合的成果，而且以更加广泛，更加深刻的改革把民族融合推向一个新的高度。从此，北方各族人民逐渐稳定于中原的农业经济生活，南北文化风尚和习俗逐渐趋于一致，南北政权的民族差别也逐渐泯灭了。孝文帝改革之后，中原地区的民族融合已经基本完成。

进入魏晋南北朝时期，随着大批北方少数民族进入中原并建立政权，促进北方民族融合的同时，北方的汉人也大批南迁，促进了与南方少数民族的融合。自从304年匈奴人刘渊起兵建国，洛阳、长安相继失守，晋室南移，司马睿称帝建康后，北方世家豪强和一般汉人就纷纷大批移居江南。史称："洛阳倾覆，中州士女避乱江右者十六七。"此后在十六国混战更迭过程中，北方汉族又陆续南迁。宋、齐、梁、陈各朝也均有大批淮南、江北之众南渡。从居住区域与移民主体来看，南迁的劳动力和先进的生产技术和工具，北方的移民与南方人民共同开发江南。加之江南地区社会相对北方而言比较稳定，致使江南的经济、文化发展较快，特别是南朝都城建康及东南沿海地区更成为全国的文化中心和经济发达地区。经过魏晋南北朝，以黄河流域为中心的华夏文明逐渐向长江流域转移。

（四）汉人外迁

魏晋南北朝时期一个值得我们注意的迁移现象是中原汉族人口大量流入东北和凉州，与鲜卑、匈奴及氐、羌杂居。还有一部分汉民为了逃避战祸和受凉州战败西奔的统治者的威胁，移居高昌等地。《北史·高昌传》载："国有八域，皆有华人。"再就是魏晋南北朝以来，西域在"丝绸之路"上的地位显得更为重要。随着内地与西域之间贸易关系的发展，为了商业利益，也有不少汉族商人西迁。这些西迁的汉人受当地少数民族生活习俗的影响，生活习俗逐步胡化，但总的来讲，这仅仅是存在于历史中的一个非主流现象。

魏晋南北朝时期的民族迁徙和流动，构成了民族间交往以至融合、同化的一条重要途径，历久不息、奔流不止，不仅促进了中华民族文化的融合和形成，也促进了中华民族在血缘上的融合和形成，为隋唐社会经济的繁荣奠定了基础。少数民族在汉化的过程中文明进程上升不少，同时在少数民族的影响下，汉族在衣、食、住、行等许多方面也都发生了变化，如汉族原来是席地而坐的，此时推广使用北方传来的"胡床"，为汉族家具的丰富提供了借鉴。中原的文学艺术也在这个时期补充了质朴刚劲的"胡歌""胡乐"等因素。

三、思想文化

（一）文化文学与科学成就

中国古代小说有两个系统，即文言小说系统和白话小说系统。魏晋南北朝时期，只是文言小说。这时的小说可以统称之为笔记体小说，采用文言，篇幅短小，记叙社会上流传的奇异故事，人物的逸闻轶事或其只言片语。在故事情节的叙述、人物性格的描写等方面都已初具规模。作品的数量也已相当可观。但就作者的主观意图而言，还只是当成真实的事情来写，而缺少艺术的虚构。它们还不是中国小说的成熟形态。中国文言小说成熟的形态是唐传奇，白话小说成熟的形态是宋元话本。

从魏晋开始，历经南北朝，包括唐代前期，是中国文学中古期的第一段。综观这段文学，是以五七言古近体诗的兴盛为标志的。五古在魏晋南北朝进入高潮，七古和五七言近体在唐代前期臻于鼎盛。魏晋南北朝期间，文学发生了巨大的变化，文学的自觉和文学创作的个性化，在这些变化中是最有意义的，正是由此引发了一系列其他的变化和发展。这期间宫廷起着核心的作用，以宫廷为中心形成文学集团。集团内部的趋同性，使文学在这一段时间内呈现出一种群体性的风格，另一段时间又呈现为另一种风格，从而使文学发展的阶段性相当明显。

文学集团内出现了一些杰出的作家，如曹植、阮籍、庾信，但成就最高的陶渊明却不属于任何集团，他以超然不群的面貌高踞于众人之上。魏晋南北朝文学对两汉文学的继承与演化，在五言古诗和辞赋方面痕迹最明显。文人在学习汉乐府的过程中将五言古诗推向高峰；抒情小赋的发展及其所采取的骈俪形式，使汉赋在新的条件下得到发展。文学自觉的标志从人物品评到文学品评从文体辨析到总集的编辑文学理论体系的建立新的文学思潮魏晋南北朝的文学理论和文学批评，相对于文学创作异常地繁荣，（魏）曹丕《典论·论文》、（西晋）陆机《文赋》、（梁）刘勰《文心雕龙》、（梁）锺嵘《诗品》等论著以及（梁）萧统《文选》、（陈）徐陵《玉台新咏》等文学总集的出现，形成了文学理论和文学批评的高峰。

从魏晋南北朝时期的文学理论和文学批评的论著中，可以看到一种新的文学思潮，这就是努力将文学从学术中区分出来，进而探寻文学的特点、文学本身的分类、文学创作的规律，以及文学的价值。在汉代，儒家诗都占统治地位，强调诗歌与政治教化的关系，诗歌被视为"经为妇、成孝敬、厚人伦、美教化、移风俗"（《诗大序》）的工具。至于诗歌本身的特点和规律并没有引起应有的重视。魏晋以后，诗学摆脱了经学的束缚，整个文学思潮的方向也是脱离儒家所强调的政治教化的需要，寻找文学自身独立存在的意义。这时提出了一些崭新的概念和理论，如风骨、风韵、形象，以及言意关系、形神关系等，并且形成了重意象、重风骨、重气韵的审美思想。诗歌求言外之意，音乐求弦外之音，绘画求象外之趣，各类文艺形式之间互相沟通的这种自觉的美学追求，标志着一个新的文学时代的到来。魏晋南北朝的文学创作，就是在这种新的文艺思潮的影响下展开的，同时它也为这种文艺思潮提供了赖以产生的实践依据。这个时期文学创作的一个显著特点是：服务于政治教化的要求减弱了，文学变成个人的行为，抒发个人的生活体验和情感。赋，从汉代的大赋演化为魏晋南北朝的抒情小赋，便是很有代表性的一个转变。五言古诗在汉末蓬勃兴起，文人的个人抒情之作《古诗十九首》被后人奉为圭臬。此后曹植、王粲、刘桢、阮籍、陆机、左思、陶渊明、谢灵运、鲍照、谢朓、庾信，虽然选取的题材不同、风格不同，但走的都是个人抒情的道路，他们的创作也都是个人行为。其中有些政治抒情诗，抒写政治生活中的愤懑不平，也并不带有政治教化的目的。至于梁陈宫体诗，虽然出自宫廷文人之手，也只是供宫廷娱乐之用而已。诗人们努力的方向在于诗歌的形式美，即声律、对偶、用事等语言的技巧，以及格律的完善。正是在这种趋势下，中国的古诗得以完善，新体诗得以形成，并为近体诗的出现做好了各方面的准备。唐诗就是在此基础上达到了高峰。

（二）三教互相渗透

尽管魏晋南北朝时期中国文化的发展趋于复杂化，但儒学不但没有中断，相反，却有较大发展。孔子的地位及其学说经过玄、佛、道的猛烈冲击，脱去了由于两汉造神运动所添加的神秘成分和神学外衣，开始表现出更加旺盛的生命力。就魏晋南北朝的学术思潮和玄学思潮来说，都在一定程度上反映了当时一部分知识分子改革、发展和补充儒学的愿望。他们不满意把儒学凝固化、教条化和神学化，故提出有无、体用、本末等哲学概念来论证儒家名教的合理性。他们虽然倡导玄学，实际上却在玄谈中不断渗透儒家精神，推崇孔子高于老庄，名教符合自然。此时期虽然出现儒佛之争，但由于儒学与政权结合，使儒学始终处于正统地位，佛道二教不得不向儒家的宗法伦理作认同，逐渐形成以儒学为核心的三教合流的趋势。

第七讲　隋　朝

隋朝（581 年—618 年）是中国历史之中，上承南北朝、下启唐朝的一个重要的朝代，史学家常把它和唐朝合称隋唐。隋朝源自 581 年隋文帝杨坚受禅建立隋朝，至 619 年隋恭帝杨侗禅让王世充，隋朝灭亡为止，国祚 38 年。581 年北周静帝禅让给杨坚，北周亡，杨坚定国号为"隋"。在政治制度方面，隋朝确立了三省六部制，制定出完整的科举制度，弱化世族垄断仕官的能力。在军事上，继续推行和改革府兵制度；经济上，实行均田制和租庸调制减轻农民生产压力，另一方面采清查户口措施，以增加财政收入。这些政策成就了隋初的开皇之治。为了巩固隋朝发展，隋文帝与隋炀帝兴建举世闻名的隋唐大运河以及驰道，建立大兴城和东都。外交方面，隋朝的盛世也使得高昌、倭国、高句丽、新罗、百济与内属的东突厥等受影响，外交交流以日本的遣隋使最为著名。

一、历史发展

（一）隋朝建立

北周虽然灭北齐后国力兴盛，但是北周宣帝奢侈浮华，沉湎酒色，政治腐败，还同时拥有五位皇后。外戚杨坚乘机将北周重臣外遣，朝政逐渐由他掌握。大象二年（580 年）6 月 8 日北周宣帝病死，刘昉、郑译矫诏以杨坚为总知中外兵马事，扶持年幼的北周静帝宇文阐，以大丞相身份辅政。相州总管尉迟迥、郧州总管司马消难与益州总管王谦等人不满杨坚专权，联合叛变反抗杨坚。但被杨坚所派的韦孝宽、王谊与高颎等人平定。大定元年（581年）二月，北周静帝禅让帝位于杨坚，杨坚登基为帝，即隋文帝，建国隋，定都大兴城，北周亡。

（二）南下灭陈

隋文帝意图南灭南朝陈，采纳高颎的策略：干扰南朝陈的农业生产，破坏陈国的军事储积，使陈国损失惨重，而又疲惫不堪。隋文帝于隋与突厥之战胜利后，开皇七年十月废除西梁国。隔年发动灭陈之战，隋文帝命晋王杨广为行军元帅、秦王杨俊、河清公杨素为副帅、高颎为参谋、王韶为司马，兵分八路攻陈。

杨素率水军从巴东顺长江东下，与荆州刘仁恩军联合占领延州（今长江西陵峡口、湖北枝江附近江中）等上游陈军防御。由公安东援建康之中游陈军也被杨俊军阻于汉口一带，为下游隋军创造有利条件。下游隋军主力乘陈朝欢度元会（即春节）之机分路渡江。行军总管韩擒虎、贺若弼两军钳击建康，与宇文述军包围建康。开皇九年（589年）二月，隋军进入建康城，俘陈后主，陈亡。开皇十年（590年）九月，隋派使臣韦洸等人安抚岭南，冼夫人率众迎接隋使，岭南诸州悉为隋地，隋朝统一天下。

（三）开皇之治

开皇之治是隋文帝在位开皇年间时开创，当时社会民生富庶、人民安居乐业、政治安定。隋文帝杨坚倡导节俭，节省政府内不少开支、废除了不必要的杂税并设置谷仓储存食粮。杨坚成功地统一了历经数百年严重分裂后的中国，从此中国在大多数的世纪里都保持着他所建立的政治统一。

政治方面，隋文帝统一中国后，一面躬行俭朴，一面采取了许多有利于巩固政权的措施。由于他明白到"古帝王没有好奢侈而能持久的"之道理，所以由他辅政时开始，就提倡生活节俭，宫中的妃妾不作美饰，一般士人多用布帛，饰带只用铜铁骨角，不用金玉。文帝曾想用胡粉和织成的衣领，居然搜遍宫殿，都找不到。这种躬行节俭，使人民的负担相应得到减轻，而且有利于各项措施的推行。

任用官员不限门第，唯才是举，通过考试以取士。文帝本人又躬身节俭，整饬吏治，曾派人巡视河北五十二州，罢免贪官污吏二百余人，又裁汰地方冗员约十分之三。他还宽简刑法，删减前代的酷刑，制定隋律，使刑律简要，"以轻代重，化死为生"。

经济方面，仿北魏的均田制，实行均田法，定丁男分田八十亩、永业田二十亩。妇女则分田四十亩。又减免赋役，轻徭薄赋，与民休息。如改成丁年龄为二十一岁，受田仍是十八岁，服役少三年。又改每岁三十日役为二十日，减调绢一匹（四丈）为二丈等。此外文帝下令重新编订户籍，以五家为保，五保为闾，四闾为族。开皇初有户三百六十余万，平陈得五十万，后增至八百七十万（唐朝最强盛的"开元之治"时期，全国有户820万，是唐朝的最高值）。为积谷防饥，故广设仓库，分官仓、义仓。官仓作粮食转运、储积用，义仓则备救济之需。文帝又致力建设，在原长安城东南营建新都大兴城；开凿广通渠，自大兴引渭水至潼关，以利关东漕运。学术文化方面，文帝大力提倡文教，广求图书。他有鉴于长期战乱，官书散佚，所以下诏求天下之书，凡献一书缣一匹。经一、二年，图书大备，整理后凡得三万余卷。为广置人才，废除九品中正制，开始采用分科考试的方式选拔官员，也促进了教育、文学的发展。为明全国教化，恢复华夏文化之正统，文帝下诏制订礼乐，以提升国家的文化素质。

军事方面，鉴于南北朝晚期，突厥藉强大的军事力量，不时侵扰北周、北齐。故隋立国后，隋文帝便派兵攻打突厥，后来更采用离间分化策略，使突厥分为东西两部，彼此交战不已，隋则得以消除北顾之忧。正由于上述措施的推行，隋在文帝统治的最初二十多年间，政治清明，人口增加，府库充实，外患不生，社会呈现了一片繁荣，历史称为"开皇之治"。开皇时期，政治清明，国力强盛，是隋朝的极盛时期。

（四）盈满之国

隋炀帝初期国力仍然兴盛，隋炀帝迁都洛阳，开凿以洛阳为中心的隋唐大运河、修驰道与筑长城，带动关中地区与南北各地区经济与贸易发展；并对四周国家展开征讨威服，扩张隋朝版图。然而，由于隋炀帝急功好利，使得这些作为对社会反而造成破坏。由于长安位处偏西，粮食供应困难。604 年隋炀帝派杨素、宇文恺于洛阳兴建东都，以掌控关东与江南经济，在洛口、回洛等地兴建大粮仓以备荒年时所使用。由于每月要役使民丁两百万人，隋炀帝又注重宫城完善奢华，因此消耗了大量的人力物力。为了沟通江南经济地区、关中政治地区与燕、赵、辽东等军事地区的运输与经济发展，隋炀帝推动隋唐大运河的建造。大运河带来许多好处：将中国重要水系连接起来，形成运输网络；带动沿岸城市的发展，然而，由于隋炀帝急促兴建大运河，为人民带来很多负担。掘河的民夫，经久不息地劳动，加上疾病侵袭，死亡人数占全部一半以上。605 年隋炀帝开凿通济渠的同时，带后宫、诸王、卫队等大量人群沿运河巡视南方，沿途之上，花费许多资金，征调许多人民。607 年隋炀帝巡视北方时，征调北方人民经太行山开凿驰道达并州，并向附属的突厥启民可汗要求突厥民众协助开凿驰道。早在隋文帝时期，在朔方、灵武等地修筑长城。608 年隋炀帝出巡榆林时动员壮丁百余万人，于榆林至紫河（今内蒙古、山西西北长城外的浑河）开筑长城以保护突厥启民可汗。在政治制度上，隋炀帝改革官制与租调制度，并开始设进士科，最终形成科举制，这些都创新典章制度。

大业前期是公认的隋朝全盛时期，即使《隋书》也将前七年和后七年分开来写，以示区别。

（五）群雄并起

隋炀帝多次发动战争劳民耗财，最终引起统治危机。611 年山东、河南大水成灾，淹没四十余郡，王薄率众于长白山（山东章丘）发动民变，抵制隋炀帝东征高句丽，唱出著名的《无向辽东浪死歌》。当时民变范围大多集中在山东地区，不久被隋军镇压。613 年刘元进据吴郡，自称天子，同年被灭。直到杨素的儿子杨玄感于黎阳（今河南浚县东北）举兵叛变，达官子弟纷纷参加，隋朝统治阶级正式分裂，带动全国各地纷纷叛乱。

河南地区有翟让、李密的瓦岗叛军。616 年翟让在李密建议下，攻破要塞金堤关（河南荥阳东北），打下荥阳诸县。617 年瓦岗军又攻破距东都洛阳的粮食存库兴洛仓。由于李密擅长作战，翟让让位给他。李密自封魏公，建国魏，以洛口为根据地。随后占领回洛仓，直逼洛阳城下。然而内部纠纷猜忌使得李密杀翟让等人，最后投降越王侗。

河北地区有窦建德的叛军，616 年窦建德领导河北叛军转战河北各地，占据冀州大部分地区，两年后自封夏王，建国夏。

江淮地区以杜伏威、辅公祐较强。613 年两人在齐郡（今山东）举兵叛乱，随后南下到江淮地区发展。617 年占领高邮，切断江都（今江苏扬州）与北方的联系。杜伏威自称总管，以辅公祐为长史。

（六）走向灭亡

隋廷在此局势下迅速的土崩瓦解。早在 616 年，隋炀帝命越王侗留守东都，自己率众前往江都。他下令筑丹阳宫，准备迁都丹阳（今南京）。跟随他的大臣卫士大多是关中人，不愿意长居江南，加上江都粮尽，人人北逃关中。618 年 4 月 11 日，宇文化及、司马德戡与裴虔通等人发动兵变，弑隋炀帝，拥立隋炀帝侄子杨浩为帝。不久宇文化及又弑秦王浩自封许帝，建国许。隔年被唐将李神通与夏王窦建德联合剿灭。公元617岁5月，太原留守、唐国公李渊在晋阳起兵，十一月占领长安，拥立隋炀帝第三个孙子代王杨侑为帝，改元义宁，即隋恭帝。李渊自任大丞相，进封唐王。618年6月12日，李渊逼迫隋恭帝禅位，618年6月18日，李渊正式称帝，建立唐朝，为唐高祖。中原地区得知炀帝死讯后，618年6月22日，洛阳留守"七贵"拥立隋炀帝次孙越王侗为帝，即隋哀帝；619年5月23日，王世充废隋哀帝，两个月后弑之，隋朝亡。公元620年，东突厥的处罗可汗派人迎接萧后及隋炀帝的孙子杨政道来东突厥，立政道为隋王，把留在东突厥境内的中原人交给政道管治，建立"大隋"，史称后隋，"有众万人，置百官，皆依隋制，居于定襄"。公元630年，唐朝出兵灭亡东突厥，另外分兵攻破定襄，后隋灭亡。

二、政治文明

（一）中央制度

隋文帝杨坚即位后首先做的一件大事就是废除北周附会《周礼》六官所建立的官制，代之以新的职官制度："置三师、三公及尚书、门下、内史、秘书、内侍等省，御史台、太常、光禄、卫尉、宗正、太仆、大理、鸿胪、司农、太府、国子、将作等监，左右卫、左右武卫等府。"以强化中央集权和恢复汉族王朝官制的传统。尚书、门下、内史三省制是隋代中央官制的核心。三师、三公虽然地位崇高位居一品但实际上只是荣誉职务。隋代尚书省的地位很高，《隋书·百官志》说"尚书省，事无不总"，反映了它作为最高国家行政机关的地位与权力。

（二）地方制度

隋代地方上分为州、郡、县三级，后于开皇三年废除郡的行政设置，以州直接统县。隋代州的长官每年年底都要进京述职，称为朝集使。朝廷则派司隶台官员或别使巡省地方。

（三）科举制度

南北朝时期为了选拔有用人才已萌生出"举明经"等科举制度，但是魏晋以来的九品中正制仍然继续实施。隋朝时，587年隋文帝正式设立分科考试制度，取代九品中正制，自此选官不问门第。科举制度初期设诸州岁贡，规定各州每年向中央选送三人，参加秀才与明经科的考试，606年隋炀帝增设进士科，科举制度正式形成。当时秀才试方略、进士试时务策、明经试经术，形成一套完整的国家分科选才制度。当时以明经最为高级，进士试居次。当时选士制度只称为秀才科，与唐之科举仍有一段距离。秀才科可谓科举的开端，亦为不完善的考试制度，对实际取士作用不大，但已改变了门第垄断官职的局面。科举制度顺应了历代庶族地主在政治上得到应有的地位的要求，缓和了他们和朝廷的矛盾，使他们忠心拥戴中央，有利于选拔人才，增强政治效率，对中央集权的巩固起了积极的作用。

（四）法律制度

北周律法有时松，有时严，不好掌握，导致刑罚混乱。隋文帝即位后，于581年命高颎等人参考北齐北周旧律，制定法律。583年又让苏威等人加以修订，完成了《开皇律》。《开皇律》以北齐《河清律》为底本、参考北周和南朝梁的律典，简化律文，博取南北法律优点而成。

史称："刑网简要，疏而不失"，规定对十恶者要严惩不贷。《开皇律》分十二卷，500条，刑罚分为：死刑、流刑、徒刑、杖刑、笞刑五种二十等。废除了鞭刑、枭首、裂刑等酷刑，是唐代及其以后各代法典的基础。

三、军事文明

军事制度方面，隋朝分置诸卫，统率军府宿卫的制度源自西魏北周时的十二大将军制，设置司卫、司武官，统率府兵宿卫宫禁；又有武侯府统率府兵巡警京城，各置上大夫。

隋初沿北周之制，隋文帝设置中央管理机关为十二卫，此即十六卫的前身。十二卫分为左右翊卫、左右骁骑卫、左右武卫、左右屯卫、左右候卫和左右御卫。

十二卫负责戍卫与征战，戍卫分为内卫与外卫。有战事时，皇帝诏命行军元帅或行军总管为战时指挥官，组成作战组织。例如隋灭陈之战因为战区较大，行军元帅有杨广、杨俊及杨素，由杨广统一调度。隋与突厥之战时，任命李晃为行军总管。

隋与吐谷浑之战时，任梁远为行军总管。作战结束后，结束总管职务，交还军队给各地总管。大业三年（607年）隋炀帝将十二卫扩充成卫统府的制度，这是为了扩张军事力量、加强中央侍卫力量以及分散诸将权力。卫统府有十二卫四府，合称十六卫或十六府。新成立的四府为：左右备身府和左右监门府。

十二卫负责统领府兵与宿卫京城；四府不统府兵，左右备身府负责侍卫皇帝；左右监门府分掌宫殿门禁。十二卫率领外军，属于左右翊卫的骁骑卫军、左右骁卫的豹骑军、左右武卫的熊渠军、左右屯卫的羽林军、左右御卫的射声军和属左右候卫的佽飞军。左右翊卫兼领内军。内军指左右翊卫的亲、勋、翊三卫统辖的五军府和另属东宫的三卫三府之兵，均由达官子弟担任。

隋文帝又将全国各地划分为若干军事区域，设总管负责该地区军事，平时备边防患，战时奉命出征。总管设有总管府，分上中下三等。另外尚有四大总管：晋王杨广镇并州、秦王杨俊镇扬州、蜀王杨秀镇益州、韦世康镇荆州。隋朝共设有三十至五十多个总管，以长安为中心分为东西南北四大军区，驻守天下诸州以抵御外患。

并且以北部边疆地区为重点，镇守要害。军区共有：北及西北八府，主要防御突厥汗国；东北七府，防御突厥汗国和契丹；中西部八府，拱卫畿辅，扼守江源；东南九府，守南方形胜险固之地；另有防御吐谷浑的叠州，镇爨族之南宁；之后又增加遂、泸二府以防备当时的西南各部落。后来唐朝也继承这种做法，并且发展成"道"的军区或监察。

隋文帝对府兵制也有所改革。将北周官职品级制度和文臣武将都纳入同一个等级系统内。

590 年颁布关于将军户编入民户的命令，军人除了自己本身军籍，还可以同家属列入当地户籍，按均田制授田，免除租庸调，并按规定轮番到京城宿卫，或执行其它任务。

这个命令减轻中央朝廷经济负担，并且使军人能够和家属同住，也扩大朝廷兵源，堪称兵农合一。

第八讲 唐 朝（上）

　　唐朝（618—907 年），是中国历史上统一时间最长，国力最强盛的朝代之一。618 年由李渊建立，定都长安（今西安）。627 年，李世民登基后开创了"贞观之治"，唐高宗以后，武则天一度迁都洛阳 15 年以周代唐（690—705 年），史称武周，705 年唐中宗恢复大唐国号，还都长安。唐玄宗李隆基即位后，开创了全盛的"开元盛世"。安史之乱后，国力日趋衰败。907 年朱温篡唐，唐朝灭亡。唐朝共历 289 年，20 位皇帝。唐朝声誉远及海外，与南亚、西亚和欧洲国家均有往来。唐朝以后海外多称中国人为"唐人"。唐诗、科技、文化艺术极其繁盛，具有多元化的特点。

一、历史发展

　　隋大业十三年（617），隋太原留守李渊见隋政权即将崩溃，便杀掉副留守王威、高君雅在太原起兵。随后仅几个月就迅即占领了关中，攻下西京长安。立炀帝之孙代王杨侑为恭帝，实为傀儡。次年，炀帝崩，李渊便废掉恭帝，自立为帝，建国号唐，改元武德，李渊就是唐高祖。唐建立之初，仅有关中一隅和周围地带。其他各地为隋末以来各地的地方割据势力所充斥。唐王朝自武德元年（618）至贞观二年（628）十年间，先后消灭了河西、陇右地区的薛举父子和李轨、山西的刘武周和宋金刚、东都的王世充、河北的窦建德、江淮地区的杜伏威与辅公祏以及朔方的梁师都等割据势力，基本上完成了全国统一。

（一）玄武门之变

随着唐完成全国的统一，唐政府上层统治内部之间的矛盾开始尖锐。高祖李渊的次子秦王李世民在统一战争中军功显赫，地位渐升，逐步与太子建成之间产生矛盾，双方展开了一场旨在夺取皇位继承权的斗争。武德九年（626），太子建成和齐王元吉以突厥进犯为借口，共谋调动秦王府的兵将，力图剪灭秦王李世民的势力。李世民与谋臣长孙无忌、房玄龄等人识破其计，并抢先在宫城北门即宣武门设下兵士，射杀太子建成和齐王元吉，这就是历史上著名的"玄武门之变"。随后，李渊被迫立李世民为太子，同时下诏："自今军国庶事，无大小悉委太子处决，然后闻奏。"实权落入李世民之手。同年八月，高祖宣布禅位，太子李世民登上帝位，次年，改元贞观。李世民就是我国古代有名的唐太宗。

（二）唐太宗与"贞观之治"

唐太宗是一位具有雄才大略的封建帝王。在位共二十三年，期间他励精图治，锐意进取，整个社会的政治、经济、文化等各方面都取得了很高的成就。他即位后调整了社会生产关系，重视发展社会生产，政治比较清明，社会经济得到复苏，人口大量增加。史书记载："商旅野次，无复盗贼，囹圄长空，马牛布野，外户不闭。又频致丰稔，米斗三四钱。"其中虽不乏溢美之词，但足见当时社会经济的发展和政局的安定。史学家把这一时期称为"贞观之治"。

"贞观之治"的出现有着深刻的社会背景。首先是以唐太宗为首的一批君臣历经隋末农民战争，充分认识到民众的力量，吸取了隋亡的教训。从而制定了一系列有助于社会发展的政策。第二，经历了长期的战乱，人民渴望安定生产生活，以唐太宗为首的统治者做出了顺应民心的种种举措，取得了较好的成效。最后，自高祖以来社会经济的恢复也为"贞观之治"的出现奠定了基础。

（三）武周政治到"开元盛世"

贞观二十三年（649），唐太宗病逝，太子李治即位，是为唐高宗。高宗承太宗时期的"贞观之治"局面，国力强盛，朝中拥有一批杰出的文臣武将。因此在高宗统治前期社会政局较为安定，经济发展，取得对突厥和西域地区一系列对外战争的胜利。高宗晚年体弱多病，权力逐步转移到了武则天手中。武则天，并州文水（今属山西）人。早年为太宗朝才人，太宗死后，她一度出家为尼。高宗即位后召其入朝并立为昭仪，不久再册立武则天为皇后。武则天是一位"素多智计，兼涉文史"的女子，学识才能过人。唐显庆五年（660），高宗"风眩头重，目不能视"，武则天开始参与处理政事，逐步形成了高宗与武则天共掌朝政的"二圣"格局。弘道元年（683），高宗病逝，朝中大权尽落入武则天之手。武则天先后废掉了其所立的李显和李旦两位皇帝，宣布临朝称制。载初元年（690），武则天自立为帝，改国号为周，定都洛阳，成为我国历史上唯一的女皇帝。武则天在位 15 年，期间采取了修《姓氏录》和武力打击等一系列措施打压士族势力，抬高庶族地位。她还广开言路，选拔了一批杰出的人才，例如名相狄仁杰、张柬之和将帅张仁愿、郭元振等。后来唐玄宗时期的许多名臣姚崇、宋璟等人也都是武则天所选拔而来的。另外，武则天首创武举，用于选拔优秀的军事人才。武则天同样重视农业生产，规定以农业生产作为地方官员考核的标准。

由于采取了以上种种措施，武周时期的政治、经济、文化等继续向前发展，并取得了一系列显著的成效。武则天时期也采取了一些比较消极的政治举措，她为剪灭异己，以授官鼓励告密，任用酷吏周兴、来俊臣、索元礼、万国俊等制造了诸多冤案。武则天还放手任官，造成官吏队伍膨胀。她个人笃信佛教，广建寺观和各种佛像，加重了普通百姓的负担。到了武则天晚年时期，社会矛盾逐步开始尖锐，自然灾害频繁发生，国家陷入了衰退之中。

（四）开元盛世

武则天晚年身染重病，宰相张柬之等人联合御林军发动政变，拥立中宗李显复位。武则天于705年底病死洛阳。中宗昏庸怯懦，政权落入皇后韦氏和其女安乐公主之手。景龙四年（710），皇后韦氏毒死中宗，立太子重茂为帝。韦后以皇太后的身份听政，并欲仿武则天做皇帝，阴谋加害相王李旦。李旦之子李隆基与其姑母太平公主合谋杀韦后、安乐公主及其党羽，废掉少帝重茂，扶植李旦登上帝位，是为睿宗。随后，睿宗立隆基为太子，曾拥立有功的太平公主逐渐与太子矛盾尖锐。先天元年（712），睿宗禅位太子隆基，是为唐玄宗。太平公主欲加害玄宗，实现其政治野心。不料玄宗先发制人，率禁军杀太平公主党羽，太平公主被赐死。至此，武周末年以来动荡的政治局面结束，整个社会重新稳定下来。玄宗即位后，针对时弊，任用名相姚崇、宋璟等人，以贞观为榜样采取一系列有效的社会改革，取得较好的效果。他安抚王室贵族，同时又严格执法，抑制部分权贵，限制佛教的发展，兴修水利，发展生产，重视教育文化的发展。经过上述的改革措施，唐玄宗开元年间，国家经济繁荣、政治清明、社会稳定，国力日臻鼎盛，史称"开元之治"。这是继"贞观之治"后唐朝的第二个盛世局面。

（五）"安史之乱"

唐玄宗早年曾励精图治，但到了后期逐渐怠于政事，沉湎酒色。任用奸相李林甫和杨国忠，朝政日趋腐败。天宝年间，一度繁荣昌盛的唐王朝面临着巨大的危机，社会矛盾开始激化。"安史之乱"的爆发，使得唐王朝逐步由盛转衰。天宝十四年（755）十一月，身兼范阳、河东、平卢三镇节度使的安禄山，以诛杀杨国忠为名，在范阳起兵叛乱，揭开了长达八年之久的"安史之乱"的序幕。叛军迅速南下，河北、河南许多州县相继沦陷，东都洛阳也落入叛军之手。次年，安禄山在洛阳称帝，自称大燕。紧接着潼关失守，通往关中的大门被打开。玄宗携带杨贵妃及众臣仓皇西逃，随行人马至马嵬驿（今属陕西）时，随行士兵发生哗变，杨国忠被杀，玄宗被迫缢杀杨贵妃。随后，玄宗入蜀；太子李亨北逃朔方，在灵武被宦官李辅国等人拥戴登基称帝，是为唐肃宗。

肃宗即位后，先是调动西北部边防驻军，然后向回纥借来一部分精兵，全力反击叛军。与此同时，叛军"每破一城，城中衣服财物妇女皆为所掠，男子壮者使之负担，羸弱老幼皆以刀槊杀之"。叛军的种种暴行激起广大人民的激烈反抗，至德二年（757），叛军内部也逐步出现分裂，安禄山被其子安庆绪所杀。安庆绪后来又被安禄山部将史思明所杀，史思明再被其子史朝义杀死。叛军内部的分裂削弱了自身力量，唐肃宗启用了大将郭子仪等人与借来的回纥兵，经过长期的战斗，至代宗广德元年（763），史朝义自杀，余部向唐政府投降，才基本平定了历时八年之久的"安史之乱"。"安史之乱"给唐造成了极为严重的消极后果。首先，唐中央集权遭到了削弱。许多地区只是名义上的归降唐朝，安史叛将把持了部分军事重镇，日益形成了藩镇割据的局面。在边境地区，唐朝也面临着严峻的形势，特别是吐蕃乘机占领了西域和河陇地区，给唐朝边防带来巨大压力。经济上造成的危害也是巨大的，北方富庶的经济遭到严重破坏，经济重心开始南移。

（六）藩镇割据

唐中央政府在平定"安史之乱"的过程中，举措失当，任命了一批安史叛将为地方节度使。他们虽名义上投降但实际上保存了相当的势力。另外，在平叛过程中，一些手握重兵的刺史也被封为节度使。因此，在"安史之乱"结束之后，唐政府各地形成了"方镇相望于内地，大者连州十余，小者犹兼三四"的藩镇割据局面。藩镇割据最明显的标志就是节度使的任命不通过唐中央政府，而是藩镇内部父子、兄弟传递或者军士拥立，唐政府只能接受既成的事实。而藩镇内部的赋税和户口等事务均由藩镇自行掌握，不由朝廷管辖。一些势力较大的藩镇经常与中央公开对抗，起兵作乱。其中最为骄横的就是"河朔三镇"即成德、魏博和卢龙三镇。其他的藩镇如东南藩镇则为唐中央提供了经济支持，边关的藩镇从武力上巩固了关中。中原藩镇具有遏制河朔藩镇和沟通江淮地区的作用。唐中央政府也曾为消灭藩镇展开了长期斗争，德宗时期，唐中央政府准备消灭藩镇，结果激起了"四镇之乱"，德宗时期的削藩最终归于失败。宪宗时期，一度对藩镇取得了军事上的胜利，平定了淮西之乱，许多藩镇如卢龙、成德等重镇也相继归附。但在宪宗死后不久，河朔三镇再次复叛，唐中央政府已无力与叛镇抵抗。这种藩镇割据的局面愈演愈烈，一直持续到了唐朝灭亡。

（七）宦官专权和"朋党之争"

唐朝的宦官专权"始于明皇，盛于肃、代，成于德宗，极于昭宗"。玄宗时期，宦官人数增加，许多宦官被任命为监军，宦官干政现象开始逐步出现。玄宗朝的高力士和肃宗时期的李辅国，代宗时期的程元振以及文宗时期的仇士良都是权倾一时的大宦官。宦官集团的出现，特别是在掌握了禁军统治权以后，权力日重，甚至连皇帝的废立都被宦官把持。唐朝后期的顺宗、宪宗和敬宗均死于宦官之手。穆宗后的八个皇帝，其中七个是宦官拥立的。宦官专权的局面一直持续到了唐末，直到昭宗天复三年（903）为朱温所灭。唐朝的"朋党之争"也被称为"牛李党争"，这是一场出身不同的官员之间的明争暗斗。"牛李党争"自宪宗朝开始，持续到宣宗朝，近四十年之久。牛党以牛僧儒、李宗闵为首，科举进士出身；李党则以李德裕、郑覃为首，出身门荫。两派之间长期明争暗斗，互相倾轧，为达到本派的目的，甚至不惜拉拢宦官势力，严重削弱了唐中央政府的实力。

（八）黄巢起义与唐的灭亡

"安史之乱"后，唐政府内忧外患加剧，政局动荡，统治愈加黑暗。经济上，大肆兼并土地，各级官吏贪污腐败，对人民横征暴敛。军事上，对内对外战争频繁，兵役繁重。咸通十四年（873），关东大旱，庄稼绝收。唐政府却依旧催粮要款，广大民众走投无路，被迫流亡各地。唐政府的腐朽统治使社会矛盾急剧尖锐，最终导致了黄巢起义的爆发。黄巢，曹州冤句（今属山东）人，盐贩家庭出身。早年曾参加科举，屡试不中，逐渐产生了对现实不满和推翻唐王朝的想法。乾符元年（874），濮州（今属山东）人王仙芝在长垣（今属河南）聚众起义。黄巢也响应王仙芝，聚众起义。次年，克曹、濮二州。一时间，社会各阶层都加入到反唐的洪流当中，形成了"一朝有变，天下离心，巢之起也，人士从而附之"的局面。后来王仙芝牺牲，黄巢成为起义军的领袖，自称"冲天大将军"。他采用流动作战的方针，率大军屡败唐军并于广明元年（880）自洛阳西克潼关，挺进关中，占领长安，建立了大齐政权。但是起义军没有乘胜追击唐政府的残余势力，给了其反扑的机会。中和三年（883），唐政府集结了十余万军队对起义军展开攻势，起义军不敌，被迫撤出长安。次年六月，黄巢在泰山狼虎谷战死，起义归于失败。黄巢起义虽败，但却加速了唐的灭亡。在镇压黄巢起义的过程中，许多藩镇势力渐长。唐中央政府也逐步被一些强藩所控，以致"王室卑微，号令不出国门"。天祐元年（904），被唐廷封为河南宣武节度使的黄巢起义军叛将朱全忠掌握了唐朝的军政大权，逼迫唐昭宗迁都洛阳，后又将其废掉，立其子李柷为傀儡皇帝。三年后，朱全忠废掉李柷自立为帝，国号"梁"，史称后梁，定都开封。唐王朝正式灭亡。唐自618年建国，907年灭亡，历时289年。

二、政治文明

唐袭隋规，沿用三省六部制，但有所发展。唐朝三省分别是中书省，长官为中书令；下省，长官为侍中；尚书省，长官为尚书令，下辖吏部、户部（唐朝为避讳太宗李世民而改隋朝的民部为户部）、礼部、兵部、刑部和工部。唐朝的三省六部制逐渐运作成熟，中书省负责起草诏令，门下省负责审核，尚书省负责执行。这样一套行政运作体系大大提高了决策的正确性，避免了一些重大决策的失误，也有利于加强中央集权。唐朝仍然设御史台为最高监察机关，长官为御史大夫。下设台院、殿院和察院，负责中央与地方的监察工作。此外，唐中央政府还设有太常、光禄、卫尉、宗正、太仆、大理、鸿胪、司农、太府等九寺和国子、将作、都水、少府、秘书等五监，统称为"九寺五监"，管理国家各项具体事务。

（一）唐朝中央与地方的行政体制

隋朝以后，为加强皇权，逐步分割宰相的权力，确立了三省长官都为宰相的体制。唐朝基本延续了这一体制，但作了局部的修改。唐高祖武德三年（620），改门下省的纳言为侍中，内史省为中书省，内史令为中书令，尚书省的长官为左右仆射，侍中、中书令和左右仆射并称为宰相。唐高宗以后，以"同中书门下平章事"或"同中书门下三品"来行宰相之职，即那些三省的长官如未加"同三品"或"同平章事"就会失去原来的宰相地位。唐朝宰相制度有一些突出的特点，首先是宰相任命方面基本上都是任人唯贤，多从科举中的进士中选拔宰相。其次，唐朝宰相有较大的权力，参与了国家大政方针的制定和实施，甚至参与皇帝、皇太子和皇后的废立等国家大事。唐朝魏徵、房玄龄、杜如晦等人多次向唐太宗进谏，说明宰相的权力有着举足轻重的作用。

唐朝的地方行政制度沿袭隋朝，实行州县二级制，唐玄宗年间曾一度改州为郡。唐太宗年间，为了便于对地方官吏工作进行巡查和监督，唐中央根据全国的山川形势，将天下分为关内、河南、河北、山南、陇右、河东、剑南、淮南、江南以及岭南十道。唐玄宗时期进一步将全国划分为十五道，这十五道是在太宗时期所划分的十道的基础上，将山南分置为东、西二道，关内道长安附近增置京畿道，河南道洛阳附近增置都畿道，江南分置江南东道、江南西道和黔中道，总共十五道。道在最初只是一个监察区域，不是一个独立完善的行政实体。中唐以后，随着藩镇和地方势力的增长，道逐渐实体化。因此，唐后期的地方行政体制实际上已经逐步演变为道（藩镇）、州、县三级制。

（二）唐朝的选官制度

唐朝对科举制进行了一些革新。当时科举制分为两大类：一类是常举，即定期进行的考试，包括秀才、明经、进士等八科，其主要内容是帖经，较易考取；进士的内容以诗赋为主，不易考取。故有"三十老明经，五十少进士"之说。由于进士科注重诗赋，科举制也促进了唐诗的繁荣。常举最初由吏部考功员外郎主持，到了唐玄宗开元二十四年（736）以后，改由礼部侍郎主持，这从侧面反映了唐政府对科举制的逐步重视。制举是某种临时性的需要，由皇帝主持的考试，考试时间不定，科目也是临时所设，如较为重要的有贤良方正科、直言极谏科、博学宏辞科等，制举在科举中处于次要地位。武则天时期，曾创殿试和武举。殿试是科举中最高级别的考试，武则天曾亲自主持，使得科举制得到加强和巩固。武举是一种选拔军事人才的考试，由兵部主持。

　　唐朝科举取士的人数仍然十分有限，大批官员并非由科举产生，而是通过门荫入仕。门荫制是给当朝五品以上高官的子孙以做官的特权，门荫制在唐朝发展已经成熟，有一套完整严密的规定。两唐书中对门荫入仕有着详细的记载，一般是三品以上大官可以荫及曾孙，五品以上可以荫及孙。唐朝许多著名的宰相如褚遂良、姚崇、李吉甫等人都是门荫出身。"流外入流"是指一般的吏职人员（流外）通过中央政府的"铨选"之后，获得担任职事官（流内）的机会。在唐朝，"流外入流"始终是低级官员及一部分中级官员的主要来源。

（三）军事制度

　　唐朝的府兵制发展更为完善，中央设有左右卫、左右武卫等机构，地方上设立军府，又称折冲府，分上、中、下三等。在军府设置上，以"内重外轻"为指导思想。当时设置的军府，仅关中地区就有 261 个，拥兵 26 万，约占军府总数和兵力的 40%，而其他地区，军府设置比较稀疏，甚至有的偏远地区都不予设置。这样的设置有利于加强中央集权，同时可以拱卫京师。一旦战事出现，中央临时从各军府调集军队并临时任命将帅统辖军队作战。战争结束后，"兵散于府，将归于朝"，将士分离，防止将士长期结合形成将帅拥兵的现象，有利于加强中央集权和维护中央政府的权威。

　　府兵制是与均田制相互结合的一种兵制，均田制瓦解后，府兵制也失去了赖以生存的基础。府兵制规定兵士在出征时武器、衣物都必须自备，当均田制瓦解后，农民土地越来越少，已经无力承担沉重的兵役。加上唐朝中后期对外战事频繁，府兵的服役期限越来越长，处境也急剧恶化，人们纷纷逃避兵役，视兵役为畏途，唐政府不得不开始用钱募兵，以弥补兵源不足。府兵制开始走向末路，募兵制逐步兴起。唐玄宗开元年间，唐政府开始招募宿卫京师地区的兵士，称为"长从宿卫"，后改名为"彍骑"，随后边镇戍兵也开始实行招募制，这些被招募的戍兵被称为"长征健儿"，由边防将帅长期统帅。这些"彍骑"和"长征健儿"都是政府雇佣的长期服兵役的职业兵。募兵制实行后，由于边境上战事的需要，唐政府赋予了将帅很大的权力。边防重镇的军事势力迅速上升，形成了节度使拥兵自重的局面。节度使是唐朝开始设立的地方军政长官。因受职之时，朝廷赐以旌节，故得名。节度使拥兵数量众多，将士训练有素，又有实战经验，使得唐初"内重外轻"的军事格局被打破，为后来的"安史之乱"和藩镇割据埋下了隐患。

中华文明

揭秘

下

丁宥允◎编著

中国出版集团

现代出版社

图书在版编目(CIP)数据

中华文明揭秘(下)/ 丁宥允编著. —北京：现代
出版社,2014.1
ISBN 978-7-5143-2142-5

Ⅰ.①中… Ⅱ.①丁… Ⅲ.①文化史–中国–青年读物
②文化史–中国–少年读物 Ⅳ.①K203–49

中国版本图书馆 CIP 数据核字(2014)第 008619 号

作 者	丁宥允
责任编辑	王敬一
出版发行	现代出版社
通讯地址	北京市安定门外安华里 504 号
邮政编码	100011
电 话	010 – 64267325 64245264(传真)
网 址	www.1980xd.com
电子邮箱	xiandai@cnpitc.com.cn
印 刷	唐山富达印务有限公司
开 本	710mm×1000mm 1/16
印 张	16
版 次	2014 年 1 月第 1 版 2023 年 5 月第 3 次印刷
书 号	ISBN 978-7-5143-2142-5
定 价	76.00 元(上下册)

目 录

第八讲 唐 朝(下)

第九讲 五代十国时期

第十讲 宋 朝

第八讲　唐　朝（下）

三、民族关系

（一）突厥

1. 灭东突厥

唐朝建立后，突厥贵族不断向内地袭扰，甚至两度率兵侵犯关中，进逼长安。在这种形势下，唐太宗采取了积极防御的策略。629 年（贞观三年），唐太宗乘突厥内部分裂时，派李靖、李勣等统兵十余万分道出击，唐军给东突厥以沉重的打击，促使其灭亡。

东突厥亡后，唐政府在东起幽州、西至灵州（宁夏灵武县西南）一带，设置了顺、祐、长、化四个都督府，以安置内附的十多万突厥人。唐政府又把颉利可汗所统辖的今内蒙古地区，东面置定襄都督府，西面置云中都督府，下面设六个州，任用原来的突厥酋长为刺史，来管理当地的突厥部落。当时，突厥人迁居长安的近万家，突厥贵族被唐朝任命为将军、中郎将等五品以上官吏的达百余人。

2. 战西突厥

西突厥所控制的西域地区，有许多以城郭为中心的小国。立国在今新疆天山南麓的高昌（吐鲁番）、焉耆、龟兹（库车）、于田（和田）、疏勒（喀什噶尔），是当时较著名的五个地方政权。

在唐朝灭东突厥后，高昌王麹文泰曾到长安朝见唐太宗，焉耆王也遣使以通往来。但他们这种跟内地联系的友好要求，遭到了西突厥的阻挠。因此，唐朝在灭东突厥之后，开始和西突厥展开争夺西域的斗争。

628 年（贞观二年），西突厥可汗统叶护在内乱中被杀，西突厥汗国发生分裂，在碎叶川（吹河）西南方者为弩失毕五部，在东北方者为咄陆五部，双方攻伐不休，削弱了西突厥的力量。635 年，唐派兵降伏了以青海为中心的吐谷浑，打通了向西域用兵的道路。

640 年（贞观十四年），唐军在侯君集等的率领下攻取高昌，以其地为西州，又置安西都护府于交河城（吐鲁番西雅尔和卓）。唐军又占浮图城（新疆吉木萨尔），在此设庭州。642 年至 648 年，唐军在接连打败西突厥后，又攻取焉耆、龟兹等地。天山南路各国纷纷摆脱西突厥的控制，归附唐朝。唐迁安西都护府于龟兹，统领龟兹、焉耆、于田、疏勒四镇，称"安西四镇"，四镇为唐经营西域的军事基地，对西域的统一起重要的保障作用。

（二）回纥

回纥即今之维吾尔族祖先。隋末，药罗葛时健俟斤被回纥部众推为君长，时健死后，其子菩萨继立。647 年，唐朝以回纥部为瀚海都督府，委任回纥酋长吐迷度为怀化大将军、兼瀚海都督。但吐迷度在部落联盟内部却称可汗，署官吏，建立起汗国来。后突厥汗国时，攻占了铁勒族的住地，回纥等部经唐朝允许，迁徙甘、凉间居住，受唐朝保护。后突厥政权衰落后，回纥首领骨力裴罗联合其他部落起兵反抗，摆脱了后突厥的控制，并在 744 年称可汗。唐玄宗册封他为怀仁可汗。745 年，怀仁可汗灭后突厥汗国，尽有突厥故地，成了漠北的强国。

回纥的国家制度，兼采突厥和唐制。可汗的子弟称特勒，别部领兵者称设，大臣有叶护、俟利发、达干、吐屯等，这是突厥制度。它还设置内宰相三人，外宰相六人，又置都督、将军、司马等，这是唐制；回纥可汗在九姓铁勒等部设立都督，加以管理。回纥汗国初期是奴隶制国家，在唐朝的强大影响下，到 8 世纪时，它已明显地进入封建社会。

回纥政权一直和唐朝保持着密切关系，每一任可汗都要经过唐朝的册封。安史之乱爆发后，回纥曾两次派兵帮助唐朝平定叛乱，加速了安史集团的灭亡。唐朝从 757 年（至德二年）起，每年送给回纥绢二万匹。回纥每年还要向唐朝运送几万匹马，以换取内地丝绢、茶叶等货物。回纥从唐朝得到的大量绢、茶等物品，除自用外，有很大一部分远销到中亚各地，这对其经济发展起了重要作用。安史之乱以后，吐蕃占据了西域和河西，唐朝和西域的经济交流遭到阻隔。由于回纥对唐友好，唐朝和西方商人多改道经回纥进行交易，因此，回纥一时成为陆上东西交通的枢纽。在这种情况下，回纥的商业呈现出空前的活跃，其商人到内地经商者常以千计，他们在内地置资产、店铺，有的和汉族通婚，久居不归。

回纥汗国内部充满着矛盾。黠戛斯和回纥连续交战二十多年。9 世纪 30 年代末，回纥地区连年发生疾疫，又大雪成灾，严重地破坏了其经济。同时，回纥统治阶级的内部又不断自相残杀。840 年，回纥将军句录莫贺勾引黠戛斯十万骑入侵，破可汗城，回纥汗国灭亡。

回纥汗国灭亡后，部众四散。一支迁移到河西走廊定居，一支进入吐鲁番，一支迁至天山北路及葱岭以西地区。后两支定居新疆的回纥，发展成今天的维吾尔人。

（三）吐蕃

西藏高原原来的居民称孟族。战国以后，有些羌族部落，如发羌、迷唐等部，逐渐迁移到今西藏地区。他们和当地人民相融合，繁衍发展，形成了吐蕃族。

建立吐蕃王朝的是活动在雅隆河谷的牦牛部，统一牦牛部各部落的叫弃聂弃赞普。"赞普"是雄强丈夫的意思，以后成了吐蕃君长的尊称。从弃聂弃开始，吐蕃确立了酋长世袭制度，第八世赞普布袋巩甲以后，吐蕃社会获得了较快的发展，逐渐由原始社会过渡到奴隶社会。

629 年，年仅十三岁的松赞干布继赞普位，他削平了叛乱，统一了西藏。松赞干布还进行了多方面的改革。他迁都到逻些（拉萨），从此逻些成为西藏政治、经济和文化的中心。他参照唐朝的中央官制和府兵制度，建立了从中央到地方的政治军事制度。为了适应经济和政治的需要，松赞干布时开始采用历法，规定统一的度量衡，依据于田、天竺等文字创造了吐蕃文（以后发展成今天的藏文），又制定了残酷的法律。

松赞干布以后，吐蕃与唐朝进行了激烈的角逐。663 年，吐蕃灭吐谷浑，又侵入西域，不仅完全控制了西域，而且夺走了河西和陇右地区。763 年（广德元年），吐蕃一度攻陷唐都长安。在 8 世纪下半叶，吐蕃的国力达到了鼎盛阶段。

（四）南诏

唐朝时期，在今天的云南省地区居住着一个乌蛮族部落，他们过着畜牧生活。公元 7 世纪开始，乌蛮逐步向洱海（今属云南）地区迁移，征服了当地的民族，先后建立了六个较大的部落，称为"六诏"，其中的蒙舍诏（今属云南）因位于其余五诏之南，又被称为"南诏"。公元 8 世纪前期，南诏首领皮逻阁在唐朝的支持下，渐渐统一了其余各诏，建立了统一的南诏国，成为我国西南地区一个较为强大的民族政权。开元二十六年（738），唐玄宗封皮逻阁为云南王。

南诏建国后，与唐的关系时好时恶，双方多次兵戎相见。天宝十年（751），唐与南诏关系不合，南诏转投吐蕃；贞元十年（794），在唐政府的努力下，南诏复叛吐蕃归唐，双方恢复了以前的关系。到了 9 世纪初，唐与南诏关系再度恶化，双方发生了多次战争，互有损失。唐末，南诏内部矛盾激化，王权旁落。唐天复二年（902），南诏权臣郑买嗣推翻南诏建立了太长和政权，南诏灭亡。

四、对外交往

（一）丝绸之路

丝绸之路唐朝的对外交通很发达，当时，陆路交通以长安为中心，北路经今蒙古地区到叶尼塞、鄂毕两河上游，往西达额尔齐斯河流域以西地区。西路经河西走廊，出敦煌的玉门关西行，经今新疆境内有三条路可通中亚、西亚、巴基斯坦和印度，这就是著名的"丝绸之路"。

西南路经西川到吐蕃，可达尼泊尔和印度；或经南诏、缅甸到印度。往东经河北、辽东可到朝鲜半岛。

（二）海路交通

海路交通方面，去日本有三条路：一是由登州（山东蓬莱）出发，渡渤海沿辽东半岛东岸和朝鲜半岛西岸到日本，二是由楚州（江苏淮安）出淮河口沿山东半岛北上，东渡黄海经朝鲜半岛到日本；三是由扬州或明州出海，横渡东海直驶日本。

到南亚诸国的海路，从广州经越南海岸，在马来半岛南端过马六甲海峡到苏门答腊，由此分别到印度尼西亚的爪哇、斯里兰卡和印度。到西亚的海路，主要是从广州出发，经东南亚越印度洋、阿拉伯海至波斯湾沿岸。

在唐代，还初步开辟了到埃及和东非的海上交通。这些交通线，由于沿线的出土文物和沉船打捞而不断得到证实。以上事实说明，唐朝时期的中国是亚非各国进行经济文化交流的一个中心。

（三）日本交往

1. 日本"遣唐使"

唐朝时期，中国和日本的友好往来和文化交流达到空前繁荣的时期。这时日本社会正处在奴隶制瓦解、封建制确立和巩固的阶段，对唐朝的昌盛极为赞赏，因此向唐朝派遣的使者、留学生和学问僧数量很多。

631 年（贞观五年），日本派出了由留学生和学问僧组成的第一次"遣唐使"。到 838 年（开成三年）止，日本派出遣唐使共十三次，另有派到唐朝的"迎入唐使"和"送客唐使"共三次。唐初，日本派出的遣唐使团一般不超过二百人，从 8 世纪初起，人数大增，如 717 年、

733 年和 838 年派出的三次遣唐使，人数均在 550 人以上。

1970 年在西安发现的日本银币，很可能就是遣唐使带来的。日本奈良东大寺内正仓院所存放的唐代乐器、屏风、铜镜、大刀等珍贵文物，就有一部分是遣唐使带回去的。为了吸收中国的文化成果，日本选派了不少留学生来唐学习，他们被分配到长安国子监学习各种专门知识。如阿倍仲麻吕（汉名晁衡），长期留居中国，擅长诗文。在唐历任光禄大夫、秘书监等职。他与著名诗人李白、王维等人有着深厚的友情，常作诗相酬赠。日本留学生回国以后，对中国文化的传播起了十分重要的作用。

2. 空海与鉴真和尚

日本来中国学习的学问僧共约九十余人，其中最著名的是空海。他于 804 年（贞元二十年）来中国，在长安青龙寺向惠果学密宗，回国时带回一百八十多部佛经，在日本建立了密宗。他还对中国的文学和文字有深刻的研究，在中日文化交流方面作出了重要贡献。中国僧人也不断东渡日本，沟通中日两国的文化，其中贡献最大的是鉴真和尚。

鉴真，俗姓淳于，扬州人。他对于律宗有很深的研究，在扬州大明寺讲律传戒。他应日本圣武天皇的约请东渡日本，经过六次努力，历尽艰险，双目失明，终于在 754 年（天宝十三年）携弟子到达日本，时已年近七旬。鉴真把律宗传到日本，同时还把佛寺建筑、雕塑、绘画等艺术传授给日本。日本现存的唐招提寺，就是鉴真及其弟子所建，它对日本建筑有重要的影响。鉴真精通医学，尤精本草，他虽双目失明，但能以鼻嗅分辨各种药物，对日本医药学的发展，作出了贡献。

3. 日本政治与教育

在政治方面，645 年（贞观十九年），日本参考隋唐的均田制和租庸调制，施行班田收授法和租庸调制；仿照隋唐的官制，改革了从中央到地方的官制；参照隋唐律令，制订了《大宝律令》。

在教育方面，天智天皇时期在京都设立大学，以后学制逐渐完备，各科学习的内容基本上和唐朝相仿。

4. 语言文字

在语言文字方面，8 世纪以前，日本使用汉字作为表达记述的工具。留学生吉备真备和学问僧空海在日本人民利用中国汉字的标音记意基础上，创造了日文假名字母，吉备真备用汉字楷体偏旁造成"片假名"，空海采用汉字草体造成"平假名"。这些新体文字的发明，大大推动了日本文化的发展。同时，日文的词汇和文法也受到汉语的影响。

5. 文学艺术

在文学方面，唐代丰富多彩的文学，深为日本人所欣赏。唐朝著名作家的诗文集相继传入日本，其中形象鲜明、语言通俗的白居易诗，尤为受到喜爱。而留学生晁衡、吉备真备、橘逸势等人对中国的诗文都有很深的造诣。

在艺术方面，唐朝的音乐、绘画、雕塑、书法、工艺美术等也纷纷传入日本。日本吸取了唐朝的乐制，并派留学生来中国学习唐乐。日本宫廷还请唐乐师教授音乐，唐朝的不少乐书、乐器陆续传入日本。唐朝的绘画也深受日本人的喜爱，唐人绘画经日本画家仿效摹绘者，称为"唐绘"。

在科学技术方面，唐朝先进的生产技术、天文历法、医学、数学、建筑、雕板印刷等陆续传入日本。中国式的犁和大型锄传入日本并开始普遍使用。日本仿照唐的水车，制造了手推、牛拉、脚踏等不同类型的水车。唐朝的《大衍历》《宣明历》，也被日本所采用。中国著名的医学著作《素问》《难经》《脉经》《张仲景方》《神农本草》和

《诸病源候论》《千金方》等书先后传入日本，他们结合自己的医疗经验，创建了"汉方医学"。7世纪以前，日本没有固定的都城，694年（延载元年）兴建了第一个都城藤原京。710年（景云元年），修建了平城京，794年（贞元十年）修建了平安京。这些城市的设计、布局都是摹仿唐长安城的。建筑所用砖瓦的纹饰也和唐代略同。

6. 生活习惯

在生活习惯方面，唐人打马毬、角抵、围棋等体育活动，亦先后传入日本。

茶叶于奈良时期传入日本，到平安时已兴起喝茶之风。唐服传入日本，亦为日本人所喜爱。

在节令方面，端午节饮菖蒲酒，七月十五日盂兰盆会，九月九日重阳节，都由唐朝传入日本。当时中日关系之密切，于此可见一斑。

（四）越南交往

唐朝时，在越南中部立国的还是林邑。623年和625年，林邑王范梵志两次遣使来唐通好。

625年，唐高祖曾举行盛宴欢迎林邑使者，并赠送使者锦、彩等丝织品。贞观时，林邑也一再派使者送来驯象、五色带、朝霞布及火珠等物。高宗、玄宗时期，林邑仍经常遣使来唐。749年（天宝八年）曾送来真珠一百串、沉香三十斤、驯象二十只。

至此以后，林邑改称环王国，仍和唐朝通好。终唐之世的近三百年中，林邑使臣来唐达十五次之多。

在长期的交往中，唐代的典章制度也传播到越南，产生了巨大的影响。

（五）真腊交往

真腊原是扶南的藩属，6 世纪后期它以武力推翻了扶南王朝，建立以吉蔑族为核心的高棉王国。617 年（大业十三年），真腊国建立不久，便派出使者到中国通好。唐朝时，两国邦交进一步密切。623 年（武德六年），真腊派使者来唐。628 年（贞观二年）又同林邑一起派使者来唐，唐太宗回赐了很多礼品。以后，真腊国的使者屡次携礼物来聘问。

当时，真腊也是与唐朝有重要通商关系的国家之一，双方的贸易联系相当频繁。

（六）中朝交往

唐初，朝鲜半岛上仍然是高丽、百济和新罗三国的鼎立局面，他们都遣使和唐朝往来。唐太宗在平定东突厥和高昌后，以高丽联合百济进攻新罗为借口，于644 年（贞观十八年）出水、陆十万大军进攻高丽，第二年败回。唐高宗时，继续对高丽用兵。

660 年（显庆五年），唐先灭百济。666 年（乾封元年），唐又派兵攻高丽，两年后攻下平壤，灭高丽。唐朝在高丽设置了都督府、州、县等行政机构。以后由于新罗的反抗，唐朝的势力退出朝鲜，新罗于675 年（上元二年）统一了朝鲜半岛。

新罗统一以后，和唐朝的友好关系继续发展。新罗商人来唐贸易的很多，北起登州、莱州（山东掖县），南到楚州、扬州，都有他们的足迹。新罗商人给唐朝带来了各种土特产品，从唐朝贩回丝绸、瓷器、茶叶、书籍等物品。

新罗还经常派大批留学生到长安学习。在唐朝的外国留学生中，以新罗人为最多。840 年（开成五年），学成归国的新罗学生一次就达百余人。新罗留学生不少人参加过唐朝的进士科举考试，有人进士及第后，还留在唐朝做官。

唐朝文化对新罗的影响是多方面的和巨大的。675 年，新罗开始采用唐朝的历法。639 年至 749 年，新罗相继设立了医学、天文和漏刻博士，来研究唐朝的医学、天文和历法。8 世纪中叶，新罗仿效唐朝的政治制度改建其行政组织，788 年，新罗也采用科举制来选拔官吏。朝鲜原来没有文字，7 世纪末，新罗学者薛聪创造了"吏读"法，用汉字作为音符来标记朝鲜语的助词、助动词等，帮助阅读汉文，对文化的普及起了推动作用。当时，新罗使臣把茶种带回国，从此朝鲜开始种茶。唐末五代时，雕板印刷术也传到了朝鲜。

在长期的友好往来中，朝鲜文化对唐朝也产生了一定的影响。高丽乐继续受到唐人的欢迎。在长安居住着不少朝鲜音乐家，他们对中朝文化交流作出了贡献。当时，在唐朝进口的货物中，以新罗的数量最大，这都丰富了中国人的生活。

（七）中印交往

今天的印度、巴基斯坦和孟加拉，唐时统称为天竺。唐初，中天竺王尸罗逸多（戒日王）征服了天竺五部，以后就不时遣使来通好，唐太宗也一再派出使者报聘。当时两国的贸易往来极为频繁。孟加拉、印度半岛东西两岸，经常有中国商船泊港；印度的商船也经常到广州、泉州来贸易。唐朝输往印度的商品有麝香、丝织品、瓷器及铜钱等。从印度输入的物品有宝石、珍珠、棉布、胡椒等。

长期的友好往来促进了中印的文化发展。在文学方面，由于佛教经典的翻译，中国产生了与佛教有密切关系的变文。在艺术方面，敦煌、云冈、麦积山以及洛阳龙门石窟的壁画和雕塑，都保留着印度北部犍陀罗艺术风格的影响。此外，印度和巴基斯坦的天文、历法、医学、音韵学、音乐、舞蹈、绘画、建筑等也陆续传入，对中国产生较大的影响。

与此同时，在 7 世纪末叶，中国的纸经中亚传到了印度，以后又经尼泊尔传去了造纸术。从此，印度结束了用白桦树皮和贝叶写字的时代。

在唐代中印文化交流史上，两国的佛教徒做出了卓越的贡献。其中最著名的是中国的高僧玄奘和义净。

玄奘俗姓陈，河南缑氏（河南偃师县南）人。627 年，他从长安启程去天竺游学。途经今天的新疆及中亚各国，饱经风霜，历尽艰险，最后到达了巴基斯坦和印度。他游学十九年，走遍了天竺各地。

645 年（贞观十九年），玄奘结束了历时十九年、跋涉五万余里的伟大行程，回到长安，带回了梵文佛经六百五十七部。他在长安慈恩寺专心译经，二十年间译出佛经七十五部，一千三百三十五卷。这些佛经后来在印度大部分失传，中文译本就成了研究古代印度文学、科学的重要文献。在印度留学时，玄奘把秦王破阵乐介绍到了印度。回国后，他又把老子《道德经》译成梵文，送往印度。此外，玄奘还将这次所经历的各地区的风土、人情、物产、信仰和历史传说等等，撰写成《大唐西域记》十二卷，成为研究中古时期中亚、印度半岛等国的历史、地理和中西交通的宝贵资料。

继玄奘之后，中国另一位佛教大师义净，于 671 年（咸亨二年）搭波斯船从广州出发，浮海赴印度。先在那烂陀寺钻研佛学十年，后又到室利佛逝、末罗瑜（在苏门答腊）搜罗并抄写佛经，滞留南洋又一年。他先后周游三十余国，历时二十五年，于 695 年回国，共带回经书四百部。归国后在洛阳翻译佛经十二年，译出佛经二百三十卷，还写了《南海寄归内法传》和《大唐西域求法高僧传》二书，记录了南亚很多国家的社会、文化状况。这些记载也是研究 7 世纪时印度、巴基斯坦和南洋各国的可贵资料。

（八）昭武九姓国

唐朝时，在今中亚锡尔河以南至阿姆河一带，有称为"昭武九姓国"的康、安、石、曹、米、何、史、火寻和戊地九国。相传九国的祖先是月氏人，为匈奴所迫，迁居此地，故总称昭武九姓。

这些国家善商贾，很早就和中国通商。唐平西突厥后，他们名义上内附于唐，实际上唐朝并不管他们的内政，这就便利了他们和唐朝的交流。当时在中国的外商，以这些国家的为最多。

在西安、洛阳出土了许多昭武九姓中曹、石、米、何、康、安诸姓的墓志，他们有的为唐立了军功，有的担任过唐的军政职务。石国、康国的胡腾舞、胡旋舞和柘枝舞也传入长安，为唐人所喜爱。说明昭武九姓国与唐朝关系是很密切的。

五、文化

（一）文学思想

唐朝最令人瞩目的文学成就可算唐诗。自陈子昂和"初唐四杰"起，唐朝著名诗人层出不穷，盛唐时期的李白、杜甫、岑参、王维，中唐时期的李贺、韩愈、白居易，晚唐时期的李商隐、杜牧是其中的几个代表。他们的诗作风格各异，既有对神话世界的丰富想象，又有对现实生活的细致描写，既有激昂雄浑的边塞诗，亦有沉郁厚重的"诗史"，还有清新脱俗的田园诗。这些诗作共同构成了中国文学成就的杰出代表。后世宋、明、清虽仍有杰出诗人出现，但律诗和古诗的总体水平都不如唐朝诗人，使得唐诗成为了中国古诗不可逾越的巅峰。《全唐诗》收录数量最多的大城市为长安、洛阳、越州。

唐朝的文化、制度、社会特点几乎全部承袭隋朝，唐朝的李家皇亲和隋朝的杨家皇亲更有亲戚关系，唐朝在一定程度上是隋朝的伸展，故历代史学家常把它和隋朝合并成"隋唐"。

（二）美术文化

张萱绘《虢国夫人游春图》由于吸收了西域特征与宗教色彩，唐朝艺术与前后朝代都迥然不同。初唐的阎立本、阎立德兄弟擅画人物。吴道子则有"画圣"之称呼，他兼擅人物、山水，并吸收了西域画派的技法，画面富于立体感，有"吴带当风"之说。张萱和周昉以画侍女图为主，他们的著名作品有《捣练图》《虢国夫人游春图》和《簪花仕女图》等。诗人王维擅长水墨山水画，苏轼称他"画中有诗"。

唐朝的壁画事业特别发达。莫高窟与墓室壁画都是传世精品。唐朝的雕刻艺术同样出众。敦煌、龙门、麦积山和炳灵寺石窟都是在唐朝时期步入全盛。龙门石窟的卢舍那大佛和四川乐山大佛都令人赞叹。昭陵六骏、墓葬三彩陶俑都非常精美。其中雕刻家杨惠之被称为"塑圣"。

唐朝时期，书法家辈出。欧阳询、虞世南都是初唐著名书法家。欧阳询的楷书笔力严整，其名作有《九成宫醴泉铭》。虞世南楷书字体柔圆。颜真卿和柳公权是唐朝中后期的著名书法家。颜真卿的楷书用笔肥厚，内含筋骨，劲健洒脱，其代表作有《多宝塔碑》《颜氏家庙碑》；柳公权的字体劲健，代表作有《玄秘塔碑》，世人称颜柳二人书法为"颜筋柳骨"。张旭和怀素则是草书大家。

（三）宗教文化

唐朝前期的宗教政策比较宽容，中国传统两大宗教——道教和佛教都有较大发展。唐朝以道教为国教，王公贵族皆以道士为荣，并以《老子》《庄子》《文子》《列子》等道教经典开科取士。唐朝初年，高僧玄奘远赴天竺（现在的印度）取经657部，唐朝因此兴建了大雁塔来保存这些佛经。玄奘在翻译佛教经典时期为了符合当时唐朝国情，大量吸收道教术语，佛教经典的大量翻译以及中国僧人自身思想体系的逐渐成熟使得中国佛教在此时期得到了稳固的发展，中国佛教的各主要宗派大多在此时期形成或成熟。其他宗教如伊斯兰教，景教（基督教聂斯脱利派）和祆教也随着国际交流传入中国。唐武宗时对佛教采取高压政策，史称会昌灭佛，使得除禅宗等少数宗派外，其他佛教派别从此一蹶不振。

（四）科学技术

天文学家僧一行在世界上首次测量了子午线的长度；药王孙思邈的《千金方》是不可多得的医书；868年，中国《金刚经》的印制是目前世界上已知最早的雕版印刷。中国的造纸、纺织等技术通过阿拉伯地区远传到西亚、欧洲。

第九讲 五代十国时期

唐亡后，在中原地区先后兴起了后梁、后唐、后晋、后汉和后周五个政权，在这五个政权周围的西蜀、江南、岭南河东等地也相继存在着十个小的政权，历史上把这些政权统称为"五代十国"，五代十国是唐末以来藩镇割据进一步扩大化的结果，这一时期诸国纷争，给普通百姓带来了灾难。但在长期的纷争过程中也孕育着统一的因素，五代后期的后周逐步强大，周世宗顺应历史潮流，锐意进取，渐渐具备了统一的条件，整个社会也由分裂走向了统一。

一、历史发展

（一）五代的嬗递

五代十国时期，大小统治者的激烈混战使社会经济、文化受到极大影响。在五个朝代中维持时间最长的后梁也只有十七年。

后梁：唐王朝在黄巢起义的沉重打击下分崩离析，名存实亡。而叛变投唐的黄巢起义军将领朱全忠（朱温）于903年朱全忠再起反心，挟持唐昭宗并诛宦官数百人，彻底翦除持续一百多年的宦官势力。904年，朱全忠杀昭宗，另立李柷为太子即位，是为哀帝。905年朱全忠又大肆贬逐朝官，并将崔枢等被贬的朝官三十余人全部杀死于白马驿，历史称之为"白马驿之祸"。在政治上的阻力全部扫除后，朱全忠遂于907年废哀帝自立，改国号梁（史称后梁），是为梁太祖，都于开封。至此唐朝完全灭亡。由此中国历史也再一次进入了大割据的军阀混战时代。公元912年6月，朱温第三子朱友圭杀父朱温自立称帝。913年2月，朱温第四子朱友贞讨逆之名又杀兄自立，称梁末帝。

后唐： 908年沙陀部人李存勖继其父李克用（唐昭宗封为晋王）之位，任河东节度使，袭封晋王，后攻破幽州，尽并卢龙及河北之地，923年称帝，建后唐，称庄宗，同年攻占开封梁末帝死，后梁随即灭亡，庄宗遂定都洛阳。926年后唐魏州发生兵变，庄宗被乱兵所杀。太祖李克用养子李但遂入洛阳，称后唐明宗。明宗死后，933年明宗第三子李从厚嗣位，称闵帝。后为李从珂部下所杀。934年明宗养子李从珂乃即位，936年大将石敬瑭叛后唐，引契丹兵败唐军，攻洛阳，李从珂自焚身亡。

后晋： 936年李克用部将石敬瑭反唐，借契丹兵攻入洛阳，灭后唐称帝，国号晋，称高祖。割燕云十六州与辽，对辽主称臣子。942石敬瑭卒，其侄石重贵嗣位称出帝。946年，辽兵攻入卞，出帝被掳至辽建州，后晋亡。

后汉： 沙陀部人刘知远曾与石敬瑭合谋反唐。后唐灭亡后，为河东节度使世居太原。947年后晋亡，他便改国号汉，后定都于汴，称高祖。948年高祖第二子刘承佑嗣位，称隐帝。950年李守贞等藩镇发生叛乱，隐帝命郭威平之，帝忌郭威，欲杀之，郭威遂反，隐帝为溃军所杀，后汉亡。

后周： 950年后汉大将郭威以邺都留守起兵入汴，951年灭后汉，即帝位，建后周，称太祖，后于954年卒。同年柴荣以太祖养子嗣位。959世宗病死，其子柴宗训嗣位，称恭皇帝。960年正月，辽兵南侵，殿前都点检赵匡胤率军出御，在陈桥策动兵变，建宋代周，恭帝在位仅六个月。

（二）十国的兴衰

前蜀：前蜀是唐"蜀王"西川节度使王建在成都建立的。907年，朱温建梁后，王建不服后梁统治，建国号"大蜀"，史称"前蜀"，定都成都。王建在位12年，他励精图治，注重农桑，兴修水利，扩张疆土，实行"与民休息"的政策。前蜀拥有沃地千里、丰饶五谷的成都平原，又因长年没有战争，因此前蜀的经济、文化、军事得以迅速发展，成为强国。但918年王建死后，继承人王衍奢侈无度，残暴昏庸。公元925年，后唐伐蜀，蜀军战败，成都沦陷，前蜀灭亡。

后蜀：公元925年，后唐灭前蜀，孟知祥因功被任命为节度使。公元934年，孟知祥趁后唐发生内乱时自立，国号蜀，史称"后蜀"，定都成都。孟知祥只当了7个月皇帝就去世，由其子孟昶继位。孟昶继位之初励精图治，扩展疆土，后蜀一度国势强盛，并得享三十年的和平。但也由于蜀境承平日久，孟昶在位后期开始贪图逸乐、不思国政，朝政变得十分腐败。公元965年，宋军攻蜀，蜀军主力在剑门关大败，宋军趁势进攻成都，孟昶出降，后蜀灭亡。

吴：南吴的创始者杨行密在892年被唐封为淮南节度使，902年被封为吴王。公元905年，杨行密逝世，其子杨渥继位，但他喜好游玩作乐，又排挤功臣宿将。张灏、徐温因故发动兵变，杨渥被架空权力，并在908年被杀，由其弟杨隆演继位。公元919年，杨隆演正式即吴国国王位，改元武义。由于徐温继续独掌大权，杨隆演仍然无法控制局面，在920年郁郁而终，由其子杨溥继位。杨溥在927年正式称帝，大权依然在徐氏手中。937年，杨溥让位于徐温养子徐知诰，南吴灭亡。

南唐：南唐的奠基人是南吴大将徐温。杨渥继承杨行密之后，任用自己的亲信，排挤旧将。907年，徐温和张颢借此发动兵变，架空了杨渥的权力，并在908年将其暗杀。杨渥死后，张颢企图自立，而徐温想继续立杨氏为后。最终，徐温推杨隆演继位，张颢感到不满，两人遂发生冲突。冲突的结果是徐温杀掉张颢，独揽大权，吴主只是傀儡而已。

徐温一开始让其子徐知训掌握大权，但徐知训经常凌辱杨氏和部将，918年最终被部下朱瑾所杀。徐温的养子徐知诰平定叛乱，遂开始执政。927年，徐温去世，徐知诰自此成为南吴的实际统治者。徐知诰生活俭朴，尊重杨氏和手下部将，逐渐得到民心。937年，徐知诰见时机成熟，便篡吴称帝，国号为齐，史称徐齐。939年，徐知诰宣称自己是唐王室的后裔，恢复原来的李姓，改名为李昪，改国号为唐，史称南唐。李昪采取与民休息的政策，跟邻国和好，南唐国力强盛。

943年，李昪去世，由其子李璟继承皇位。李璟积极用兵，在945年攻灭闽，又抓住南楚内乱的机会于951年将其灭亡。不久，南楚旧将刘言起兵反抗，使得南唐又失去了对湖南一带的控制，连年用兵使南唐国力受到很大消耗。李璟一直采取联合契丹来压制后周的政策，最终导致双方兵戎相见。957年，后周世宗南征南唐，李璟大败，割让长江以北十四州给后周，并且去掉自己的帝号，只称江南国主。961年，李璟去世，太子李煜即位。李煜虽然是一个出色词人，但却不是一个出色的君主。973年，宋主赵匡胤召李煜入朝，李煜拒绝，赵匡胤遂进攻南唐。975年，宋军攻陷金陵，李煜被俘，南唐灭亡。

吴越：吴越的建立者为唐镇海、镇东节度使钱镠，首都杭州，盛时疆域为约为今浙江全省、江苏南部、福建东北部。开平元年（公元

907 年）后梁封钱镠为吴越王，故该年为吴越建国之年。后唐长兴三年（公元 932 年）钱镠卒，子钱元瓘继位。后晋天福五年（公元 941 年），钱元瓘去世，其子钱弘佐继位。辽国会同十年（公元 947 年），钱弘佐去世，其子年纪尚幼，故由其弟钱弘倧继位。但钱弘倧欲限制将领权力，结果内牙统军使胡进思在当年十二月发动政变，改立钱弘倧的弟弟钱弘俶继位。公元 978 年，钱弘俶向北宋献出土地投降，吴越灭亡。

闽： 闽国的建立者王审知与其兄王潮在唐昭宗年间逐渐控制福州一带，王潮被授为威武军节度使。898 年王潮去世，由王审知继承。909 年王审知被后梁封为闽王。王审知出身贫苦，故能节俭自处，在位时省刑惜费，轻徭薄赋，与民休息，并称臣于中原，使闽国迅速发展。925 年王审知去世，长子王延翰继立。王延翰个性骄傲荒淫，残忍凶暴，结果在 926 年被王延翰之弟王延钧及王审知之养子王延禀杀掉。王延钧继承闽王位，在 933 年称帝。935 年王延钧被其子王继鹏所弑，王继鹏夺位。王继鹏个性猜忌，屡杀宗室，结果在 939 年朱文进、连重遇的兵变中被杀，由其叔王延曦继承。王延羲一向暴虐，朱文进、连重遇两人认为王延羲有加害之意，遂在 943 年刺杀王延羲。朱文进自称闽王，但不久就被王审知的另一个儿子王延政击败。945 年，南唐抓住闽国内乱机会进攻，南唐军攻陷福州，王延政投降，闽国亡。

楚： 南楚的创立者马殷在 896 年被唐封为武安军节度使。907 年后梁建立，马殷主动向中央称臣，被封为楚王。马殷采取"上奉天子、下抚士民、内靖乱军、外御强藩"的政策，使楚国国势强盛。927 年，后唐正式封马殷为楚国王，马殷改潭州为长沙府，作为国都，并在长沙城内修宫殿，置百官，建立了一个名副其实的独立王国。930 年马殷去世，由其子马希声继位。932 年马希声去世，其弟马希范继承。947 年马希范去世，将领排除马希范诸弟中年龄最长的马希萼，而拥护马希广继立。此举导致马希萼的不满，楚国内乱爆发。950 年马希萼攻打长沙，马希广战败，马希萼自立为楚王。但马希萼自得位后志得意满，纵酒荒淫。部下王逵、周行逢反抗，占据朗州，拥护马殷长子马希振之子马光惠当节度使。数月后，徐威等将领兵变，拥护马希崇为武安留后，南楚大乱。南唐抓住南楚内乱的机会，于 951 年进攻楚国，攻占长沙，南楚灭亡。

南汉：南汉的奠基者是唐清海军节度使刘隐，唐亡后臣服后梁。刘隐率兵平定了岭南，又从南楚手中夺取了容、邕两管。他重用岭南士人，为日后建国打下了基础。911 年刘隐去世，由其弟刘岩继位。刘岩在削平岭南其他地方割据势力后，于 917 年称帝，建国号汉，史称南汉。刘岩与邻国和好，又兴办学校，提倡教育，在国内推广科举制度，使南汉国力蒸蒸日上。

942 年，刘岩去世，其子刘玢继位。但刘玢贪图享乐，不思治国。结果境内发生反抗起义，南汉国力开始走下坡路。943 年，刘晟杀兄自立，虽然他从南楚手中夺取了不少地盘，但他却是一个残暴的君主，大肆屠杀皇族和部下，使南汉每况愈下。958 年，刘晟病逝，由其子刘𬬮继位。刘𬬮亦是昏暴之主，南汉在他手中彻底腐坏堕落。结果在971 年宋军进攻时，南汉无力抵抗，刘𬬮投降，南汉灭亡。

荆南：荆南的建立者高季兴为朱温部下，907 年朱温称帝后被封为荆南节度使，其首府为江陵。后梁灭亡后，高季兴继续向后唐称臣，在 924 年被李存勖封为南平王。后唐灭前蜀时，高季兴曾表示要帮助后唐进攻，但实际并未兑现承诺。后唐明宗继位后，高季兴却向后唐索要前蜀土地。明宗李嗣源大怒，发兵征讨荆南。所幸因为江南雨季到来，唐军粮草不济，高季兴才摆脱被灭亡的命运。929 年高季兴逝世，其子高从诲上台后，重新修复与后唐的关系，于 934 年被封为南平王。

荆南地小国弱，因贪图赏赐，几乎向所有附近称帝的政权称臣，而且还抢夺其他政权的贡品。各国称高季兴和高从诲为"高赖子"。948 年高从诲逝世，其子高保融继位，继续侍奉中央政府。960 年高保融去世，其子高继冲年幼，故以高保融之弟高保勖继承。962 年高保勖去世，由高继冲继承。963 年宋军南征时路过江陵，高继冲见宋军兵威深感恐惧，遂投降于宋，荆南灭亡。

北汉：北汉的开国君主刘崇是后汉高祖刘知远的弟弟，任河东节度使、太原尹。951 年，郭威灭汉建周。刘崇占据河东十余州在太原称帝，国号汉，史称北汉。

北汉是十国中最弱的国家之一，所以刘崇结辽为援，奉辽帝为叔皇帝。公元 954 年，刘崇试图趁周世宗刚继位的机会进攻后周，结果被后周打得惨败，国力大衰。刘崇于同年逝世，其子刘承钧继位，继续侍奉辽国的政策，称辽主为父皇帝。公元 968 年，刘承钧病逝，养子刘继恩继位，不久被供奉官侯霸荣刺杀。刘继恩之兄刘继元继位，残忍嗜杀，亦动辄将忤逆他的臣属灭族，北汉江河日下。969 年宋太祖赵匡胤亲征北汉，宋军久攻不下退兵。但宋军在 979 年卷土重来，宋太宗赵光义亲征，宋军势不可挡，刘继元向辽军求救，辽国援军亦被击退，刘继元被迫投降，北汉亡。

二、政治军事制度

（一）政治

唐中叶以后，宦官专权，神策军两护军中尉与两枢密使号称"四贵"，往往侵夺相权，威逼皇帝。唐亡前夕，朱温诛戮宦官，开始用朝臣充任枢密使。后梁初，曾改为崇政院使，后唐恢复旧名。以后，除后晋曾短期废置外，历朝相沿设置。枢密使通常由皇帝最亲信的臣僚充当，又大多为武将，皇帝经常与其商议军国大事，有时由枢密院直接下令任免藩镇。其时，同中书门下平章事虽居宰相之位，但枢密使的权势凌驾于宰相之上（宰相有时也兼任枢密使）。由于战事频繁，因此，军事机要成为枢密院的主要职司。宋代中书和枢密对掌文武二柄，就在五代开端。当时，其他政权大抵也都置有枢密使或相当于枢密使的官职。

唐初，财务主要由户部下辖的户部、度支、金部、仓部四司分管。中唐以后，户部、度支、盐铁三司分管租税、财务收支和盐铁专卖、物资转运事务，常由非户部的官员分别以判、知或使的名义分管。

唐昭宗在位时，以宰相崔胤兼领三司使，才开始出现三司使的官名。后唐曾设置租庸使，管辖三司，又曾命大臣一人判三司事，最后正式设置三司使和副使的专职，掌管中央财务。地方财政也听从三司指挥。以后历朝相承不废，北宋前期三司理财的体制也是沿袭五代的。

（二）军事

唐亡前夕，朱温诛戮宦官，解散了宦官所领的神策军。以后，朱温以宣武军节度使称帝，即以宣武镇兵为禁军，设置在京马步军都指挥使。后唐改为侍卫亲军，置马步军都指挥使，是为侍卫司。后周又增置殿前司，也有马步军都指挥使。后来又置殿前都点检，位在都指挥使之上，而侍卫司分置马军和步军两指挥使，不置都指挥使。

三、经济文明

（一）农业

　　唐朝后期至五代十国时期，中原地区的经济因为长期的战乱、天灾而残破不堪，河北、河南、山东与关中一带都是战乱区。例如943年后晋出帝时，春夏有旱灾，秋冬有水灾，蝗虫大起，境内竹木叶都被蝗虫吃光；再加上军事上人为的决黄河水，水浸汴、鄂各州，使北方的生产遭到极大破坏。相对的，自汉魏六朝以来，比较平稳的江南、湖广与巴蜀地区的经济持续发展而十分兴盛，成为中原人民投奔的地方。在加上华南地区被细划分数国，各国为了提升经济力莫不细心经营，这使得十国的经济力远胜于重武力的五代。

　　虽然五代战乱不堪，但仍有不少君王提振经济。后梁太祖称帝后重视农业，他任张全义为河南尹，以恢复河南地区的生产。908年又令诸州灭蝗以利农桑。后唐明宗执政期间，提倡节俭，兴修水利，关心百姓疾苦，使百姓得以喘息。到后周时，后周太祖郭威为了减轻农民压力，于952年直接将兵屯的营田赐给佃户，以提升税收；并且废除后梁太祖朱温实行的"牛租"，使农民免除牛死租存的负担。到后周世祖时，建立均田制，按实际占有田亩征税。这不同于隋唐前期的旧制，而是同两税法之后普遍实行税产是一致的。

　　南方十国提倡经济发展，并且重视兴修水利，防水治害。例如吴越、南唐奖励农桑；闽及南汉促进海外贸易；前蜀和后蜀亦能发展农耕丝织，此均能令南方的经济得到发展。巴蜀地区在唐朝就十分富庶，有"天府之国"之誉称。经历战乱后，在前蜀王建与后蜀孟知祥、孟昶父子的经营下，政治相对稳定。他们又注重兴修水利，广泛耕垦，在褒中一带还兴办了屯田，使得农业生产比较发达。后蜀时期，"百姓富庶""斗米三钱"，米便宜到一斗三文钱。而两广地区也让不少人迁居，五十年来，南岭以南无事，使得南汉府库逐渐充实。

吴与南唐、吴越所在的两淮、江南与太湖地区在隋唐时期十分繁荣，是唐朝的粮食重镇。历经庞勋之变与黄巢之乱后也逐渐回复，当地朝廷支持大规模开垦荒地，并且修筑水道。吴和南唐在丹阳疏浚练湖，在句容疏浚绛岩湖，在楚州筑白水塘，在寿州筑安丰塘，少者溉田数千顷，多者溉田万顷以上。吴越王钱镠在钱塘江修筑钱塘江石塘以防海潮侵袭，并且疏浚西湖、太湖和鉴湖等，又募民开垦荒田，免征田税，使杭州一带成为江南富裕之城。而福建地区在唐朝后期经济力不强，王潮、王审知兄弟领有闽国后，他们劝民农桑，在连江县车湖周围筑堤，可灌溉田四万余顷。南唐和吴越的农民还修建了一种圩田，即围田。旱则开闸引水灌田，涝则关闸拒水，把低洼的涝地变成良好的耕田。而湖广之地，在东晋南朝以来也十分兴盛。马殷据湖南建国楚国后，不断提升湘中、湘西的粮食产量。在周行逢据有湖南时，人民"率务稼穑，四五年间，仓廪充实"。这些都使得长江中下游一带成为"赋出于天下，江南居十九"的余粮区，到宋朝更有"苏常（或湖）熟、天下足"的说法。

南方除了粮食作物兴盛之外，在茶叶、丝绸与棉花等经济作物也十分兴盛，且进入专业化的地步。当时茶叶除了种于山区之外，也有建立于平地丘陵制之上。根据《四时纂要》记载当时江南茶园十分发达。五代时，楚国茶叶、植桑养蚕与棉花十分兴盛，带动楚国的商业与贸易发展。闽国发展经济产物茶叶，又奖励海上贸易，大举提升当地的经济。

（二）手工业

诸国混战虽然严重破坏了社会经济，但社会生产仍未中断。即使在华北地区，后梁建国初和后唐明宗在位时，都曾分别采取某些恢复生产的措施。后周时，手工业如纺织、造纸、制茶、晒煮盐等生产也有所发展。

瓷器制造和雕版印刷业的成就尤为突出，南方和北方都有精制的秘色瓷器，也都出现了雕版印刷。

（三）对外贸易

由于诸国林立，兵祸连年，商贸往来受到了严重影响。如蜀国法令规定："不许奇货东出"后周规定贩运食盐不得逾越漳河。但是，通商贸易、互通有无是大势所趋。华北需要的茶叶经常通过商人南来贩运，南方茶商的行踪也远至河南、河北，他们贩卖茶叶，买回缯纩、战马。江南人所需的一部分食盐也依赖华北供应。北方诸国从契丹、回鹘、党项向西边各少数民族买马。南方的吴越、南唐、楚、南汉等国以进贡方式和北方进行贸易。吴越、闽国与北方的贸易主要是通过海路。

对外贸易也很兴旺，东自高丽、日本，西至大食，南及占城、三佛齐，都有商业往来。明州、福州、泉州、广州都是外贸重要港口。吴越、吴国和南唐从海外输入"猛火油"使用，还从海道再输往契丹。

四、文化

（一）史学

史学取得了重要的成绩。《旧唐书》是这一时期撰成的最重要的史学著作。唐代原有吴兢、韦述编撰的前朝国史，历朝实录也比较完备。但由于安史之乱和藩镇战争，历朝实录多有亡佚，特别是武宗以后六十年的实录未能流传下来。这使唐史的修撰遇到困难。五代时，首先重视了搜集唐史料的工作。后梁末帝下诏征集唐代的家传以及公私章疏；后唐明宗设三川搜访图籍使到成都一带搜寻唐实录，并明令保护唐人碑碣，这就为《旧唐书》的编撰做了重要而及时的准备。后晋天福六年（941）至开运二年（945），刘昫、张昭远等人撰成《唐书》二百二十卷（今本为二百卷），后世称为《旧唐书》。尽管历来认为《旧唐书》有不少缺点，主要是对原始材料缺乏加工，唐宪宗以前多照抄国史、实录，而唐穆宗以后系编纂杂说、传记，但也因此保存了大量唐代的原始资料，受到后世史学家的重视。此外，王仁裕撰《开元天宝遗事》记载唐玄宗时的朝野逸事，王定保撰《唐摭言》详述唐代贡举制度，尉迟偓撰《中朝故事》记载唐末四朝的旧闻，刘崇远撰《金华子》记叙唐末朝野故事，孙光宪撰《北梦琐言》记载唐及五代士人逸事，等等。这些五代十国时期的撰著都有不同程度的史料价值。

（二）诗词

五代十国是词的重要发展时期。西蜀和南唐词人较多，水平也较高，从而成为两个中心：西蜀有韦庄、欧阳炯等人，他们的作品后来由赵崇祚等收入《花间集》；南唐有冯延巳、中主李璟、后主李煜等人，李璟父子的作品，后人集刻为《南唐二主词》。李煜是这一时期最重要的词人。晚唐五代的词大都是描写统治阶级的享乐生活，题材庸俗，境界狭窄，风格柔靡。花间派的作品就是这种风格的代表。李煜前期的作品也是如此，但他在国亡被俘以后写的词，或慨叹身世，或怀恋往昔，形象鲜明，语言生动，把伤感之情写得很深挚，突破了晚唐以来专写风花雪月、男女之情的窠臼，在内容和意境两方面都有创新，为北宋词的发展开拓了新的领域。

（三）绘画

五代十国的著名画家有后梁的荆浩、关仝，南唐的董源、巨然、徐熙，后蜀的黄筌等人。荆浩擅长画崇山峻岭，关仝师承荆浩而有发展，擅长画关河之势，两人并称为"荆、关"，是五代时北方山水画的主要流派之一。董源、巨然擅用或浓或淡的水墨描绘江南景色，两人并称为"董、巨"，是五代北宋时南方山水画的主要流派之一。黄筌擅画宫廷的珍禽异卉，徐熙擅画江湖上的水鸟汀花，两人并称为"黄、徐"，当时有"黄家富贵，徐熙野逸"的谚语，形容两人作品的不同风格。此外，顾闳中所画《韩熙载夜宴图》，亦为传世的艺术珍品。

（四）雕版印刷

唐朝末年，雕版印刷比较发达的西蜀，印刷品主要是占卜书、字书等。后唐时，开始刻印"九经"。长兴三年（932），明宗命国子监以西京的石经为根据，校正"九经"，抄写作注，雇雕字匠人刻版印卖。这项工程用了二十年时间，直到后周广顺三年（953）六月才刻印完毕。从此，刻本"九经"广为流传。后蜀也专门印制，导致"蜀中文学复盛"。后汉时，又将《周礼》等未刊的"四经"刻版印行。刻印"九经"促成儒学经典的普及，有利于文化的传播。

第十讲 宋 朝

历经了唐朝的辉煌，五代十国的动荡，当历史的车轮驶向宋朝时，华夏文明迎来了一个新的开端。宋朝有北宋和南宋之分。宋王朝一直被认为是个柔弱的王朝，因为与国威远播的唐朝相比，它可谓是望尘莫及。宋不但不能对其周边国家造成强大的威慑，相反自己却处于一种朝不保夕的恐慌之中。然而有一些史学家则认为宋朝是个重要的王朝。陈寅恪说过："华夏民族之文化，历数千载之演进，造及于宋之世。后渐衰微，终必复振。"他之所以这样认为，是因为宋朝有着前朝所无法比拟的发达的经济，且其科技文化也成就突出，在中国古代文明中占据着十分重要的地位。

一、历史发展

（一）北宋的建立及其统一中原的战争

960 年春，后周的禁军统帅殿前都检点赵匡胤在开封东北的陈桥驿被众兵士"黄袍加身"，代周称帝，建国号为宋，定都开封。此即"陈桥兵变"。赵匡胤即宋太祖，而他所建立的宋朝史称"北宋"。北宋建立之时，外部环境十分恶劣，北有强大的辽及其控制下的北汉，南方林立着后蜀、南平、楚、吴越、南唐、南汉和闽等诸多割据政权；其内部形势也不容乐观，有心怀不轨的后周节度使李筠、李重进之流。面对这样的局面，宋太祖用了三年时间平息了内部的叛乱，巩固了其在中原的统治，然后制定了"先南后北、先易后难"的统一方针。

963 年正月，宋太祖出兵湖南，开始了他的统一征程。他用了十三年的时间先后灭掉了楚、后蜀、南汉、南唐等割据政权。宋太祖曾三次发兵北汉，但都未获得成功。976 年 10 月，宋太祖赵匡胤驾崩，其弟赵光义即皇帝位，是为宋太宗。太宗继续着太祖未完成的统一大业。978 年先后征服漳泉（闽）与吴越，基本上统一了南方。同时他用了三年的时间进攻北汉，并于太平兴国四年（979）正月迫使北汉归降。至此，除了北方辽控制下的燕蓟十六州以及西北的高昌、龟兹和西南的吐蕃、大理之外，宋朝将原"五代十国"重新纳入自己的版图之内。中国从"安史之乱"至"五代十国"的分裂割据局面得以结束，一个统一的中央集权国家得以建立。

（二）北宋中央集权的加强

"五代十国"的分裂混乱给宋初统治者以警惕，他们思考着怎样才能使自己建立的宋王朝长期而稳定地统治下去。对于中唐以来分裂割据、战乱不断的根源，宋初宰相赵普认为是"节镇太重，君弱臣强"。为了达到长治久安的目的，宋太祖采取了一系列措施来加强中央集权，其核心举措是"削夺其权，制其钱谷，收其精兵"。

首先，加强中央的军事权。宋太祖赵匡胤是通过发动兵变夺得的帝位，他深知军权的重要性，在他即位之初，一些禁军将领所拥有的强大的兵权令他深感不安。为了防止陈桥兵变的重演，建隆二年（961），宋太祖设酒宴请石守信、王审琦、高怀德等禁军将领。酒酣处，"上曰：'人生如白驹之过隙，所以好富贵者，不过多积金银，厚自娱乐，使子孙无贫乏尔。汝曹何不释去兵权，择便好田宅市之，为子孙立永久之业，多置歌儿舞女，日饮酒相欢，以终其天年。君臣之间两无猜嫌，上下相安，不亦善乎?"众将听完，"明日，皆称疾，请解军权"。这就是历史上有名的"杯酒释兵权"，宋太祖就这样轻而易举地解除了石守信等人的军权，从而把军队的最高统帅权牢牢掌握在自己的手中。

同时宋太祖对禁军进行了改革。他淘汰了禁军中的残弱者，并命令各地长吏将本地的精兵选出来，'用于补充中央禁军。这一措施使得各地精锐尽入中央，地方再也没有与中央对抗的优势兵力。改革禁军的措施之二是禁军不再设最高统帅，改由"三衙"，又称"三司"（殿前都指挥使、侍卫马军都指挥使、侍卫步军都指挥使）统领。同时设置枢密院，统管全国军政。"三衙"长官统称为"三帅"，由皇帝任命，负责军队的管理和训练，有领兵权而无调兵权和发兵权。枢密院则恰恰相反，"有发兵之权，而无握兵之重"。这样，"三衙"和枢密院相互独立，互不统属且相互制约，从而有利于皇帝的直接控制。

除了领兵权与发兵权相分离外，宋朝还对禁军实行"更戍法"。即不断更换士兵的戍守地点，通常每三年更换一次，但将领并不随之调动。从而造成"将不识兵，兵不识将"的局面。这些举措虽然消除了地方将领拥兵自重、威胁中央的可能，但也为后来宋朝对外战争的连连失利埋下了伏笔。在兵力的布置上，宋朝采取"守内虚外"的政策，即禁军的一半戍守京师，另一半戍守全国各地，造成了一个"强干弱枝"的局面。

其次，加强中央的行政权。宋以前，宰相位居"一人之下，万人之上"，权力极大。宋太祖即位后，大大削弱了宰相的权力。他把相权一分为二，分为中书和枢密院。中书为最高行政机关，枢密院为最高军事机关，这就分割了宰相的军事权。稍后，设"参知政事"为副相，逐渐使其地位和职权与宰相相近，以分割宰相的行政权。此外，设三司统管全国财政。这样，宰相、枢密院、三司共同对皇帝负责，相权所剩无几。地方官吏的权力也大为削弱，宋太祖规定各州郡长官只负责本州事务，而其"支郡"（节度使所管辖的除其驻地以外的州郡）归中央管辖。朝廷选派文臣担任该地区的知州、知县。随后，建隆四年（963），在知州之外又设"通判"，用来监督牵制知州。

科举制度历经隋唐的发展日益成熟，已成为统治者笼络人才、巩固统治的一项重要举措。宋朝在继续推行科举制度的同时，又对它进行了一些改革和完善。宋朝大大增加了科举取士的名额。太祖在位时，共开榜15次，取进士188人。到太宗时，开榜仅8次，共取进士1487人。不仅如此，录取者的待遇较之以前也有很大的提高。为了避免徇私舞弊的现象，北宋创立了"糊名""誊录"制度，使科举考试更加公平、公正。为了杜绝官员们通过科举考试结成错综复杂的关系网，宋太祖后期，举人通过"省试"后还必须要通过皇帝亲自主持的"殿试"才算合格。这样，新中的举人就是"天子门生"而不再是那些主考官的门生。

宋朝还实行官、职、差遣相分离的制度。"官"用来表示官位和俸禄的高低；"职"指文官的荣誉头衔，并无实际职务；"差遣"则指官员们担任的实际职务。这一制度的实行，一方面有利于统治者选拔贤能人才身居要职，维护中央的选拔管理权，但另一方面造成了管理的混乱和官僚队伍的迅速膨胀。

最后，加强中央的财政权。自中唐以来，地方财政大权几乎都由藩镇把守，他们把收缴的财富一大部分供自己享用，只向朝廷供奉其中的一小部分。宋太祖即位后，着力改变这种状况。他下令规定：各地所收的财赋留一部分充当地方政府的必要开支，其余的悉数上交中央，不得私自留用。宋初将全国划分为十五路，陆续在各路设转运使司即"漕臣"，掌管地方的财政收入并监察地方的管理，以保证地方对中央的足额上供。同时设提点刑狱司、安抚使司、提举常平司分管地方的司法、军事以及生产等事务。此外还禁止地方政府互通贸易，经商获利。

宋初所采取的一系列加强中央集权的措施对巩固统一、稳定政局起到了积极的作用，但随着时间的推移，其弊端日益显露，给宋朝带来严重的统治危机。

（三）北宋中期的社会矛盾及其变法

宋初实行"不立田制"和"不抑兼并"的土地政策。即：允许土地买卖，不限制地主阶级占有土地的数量。这一政策使"富者有弥望之田，贫者无立锥之地"，并且成为北宋社会矛盾的根源。北宋农民的赋税负担也是极为沉重的，宋朝在沿用唐朝两税法的同时，还采用了"支移"和"折变"的苛法。"支移"是指官府借口需要，强迫农民把所要缴纳的税粮送往他处，途中所需费用自付；"折变"是指官府借口需要将征收之物换成其他的物品征收。不仅如此，宋朝的农民还要缴纳丁口税，服劳役。

繁重的苛捐杂税再加上对外战争的失利，迫使农民的反抗斗争不断。993 年有王小波、李顺义起义，他们不但建立了农民政权，还发行了"应允元宝"和"应运通宝"两种货币，1430 年有山东的王伦起义，京西的张海、郭邈山起义和湖南的瑶民起义。1407 年又爆发了河北的王则起义。这些起义虽先后都遭到镇压，但极大地震撼了北宋的统治者。

北宋中期社会问题严重的另一个表现是"三冗"和"两积"，即：

冗兵、冗官、冗费和由此带来的积贫、积弱。宋朝为了应对严重的边患，军队数量猛增，从太祖时期的 20 万增至仁宗时期的 140 多万。军队数量虽多，但素质很低，战斗力十分低下，是为"冗兵"。官、职、差遣相分离的制度致使宋朝官僚机构重置，官僚队伍膨胀。再加上科举取士的增加及恩荫制度造成宋朝官僚机构臃肿庞大，官吏泛滥，出现"冗官"现象。庞大的军费开支和官吏的俸禄再加上每年要向辽、西夏进贡的钱物，使宋朝的财政出现危机。国库从略有盈余到收支相抵再到财政赤字，是为"冗费"。"三冗"使北宋社会呈现积贫、积弱的状态。为了改变这一状况，许多有识之士开始呼吁变法，进行改革。于是便有了历史上著名的"庆历新政"和"王安石变法"。

1. 庆历新政

庆历三年（1043），范仲淹任参知政事，富弼、韩琦为枢密副使。范、富二人联名上书宋仁宗《答手诏条陈十事》，陈述改革的意义及内容：明黜陟、抑侥幸、精贡举、择官长、均公田、厚农桑、修武备、减徭役、覃恩信、重命令。这十项内容大体可分为三个方面：整顿吏治、发展经济和加强军备。"庆历新政"的重中之重放在了整顿吏治上，改革者希望通过提高官僚队伍的整体素质，进而达到克服统治危机、稳定封建统治的目的。

新政的推行触及了大官僚、大地主的既得利益，遭到他们的极力反对。1045 年初，范、富、韩等人相继被排挤出中央政府，"庆历新政"宣告失败。"庆历新政"没能改变北宋积贫积弱的状况，相反，它在某种程度上使北宋的社会矛盾更加激化。在这种局势下，王安石带着他的变法思想和变法举措登上了历史舞台。

2. 王安石变法

王安石的改革变法呼声由来已久。早在嘉祐四年（1059），王安石就曾上书宋仁宗要求变法，但未被采纳。1067 年，宋神宗即位。他很想有番作为以改变北宋积贫积弱的局面，于是力排众议，启用王安石进行变法。

1069 年，王安石开始逐步颁行新法，并推向全国。新法的内容可概括为三个方面："富国""强兵""育才"。"富国"方面的举措主要有：均输法、青苗法、农田水利法、募役法、市易法、方田均税法和免行法。"强兵"方面的举措有：保甲法、保马法、设置军器监和将兵法。"育才"方面的举措有：改革科举制度，对太学实行"三舍法"和编纂并颁行《三经新义》。由于王安石变法是在熙宁年间推行的，因此又叫做"熙宁新法"。王安石变法的主要目的在于"富国强兵"，其中的一些举措也确实收到了不错的效果。如青苗、募役等法，大大增加了国库的收入；农田水利也促进了宋朝农业的发展。强兵方面的措施也在一定程度上提高了军队的素质和战斗力。总之，王安石变法的推行使北宋的国力有所增强。

然而王安石变法并非一帆风顺。他所推行的新法沉重打击了大地主、大商人以及一些大官僚的既得利益，遭到他们的强烈反对，再加上后期改革派内部的分裂，新法的推行更加困难。但在宋神宗的支持下，并未中断，然而元丰八年（1085）宋神宗去世，年仅十岁的哲宗即位，改元元祐，由反对新法的太皇太后高氏把持朝政。高太后很快任用司马光入朝执政，逐步废除新法，并将变法人士相继排挤出中央政府。史称"元祐更化"。

1093 年，哲宗亲政，改元"绍圣"。他一方面重新启用原变法官员，另一方面沉重打击守旧大臣，史称"哲宗绍述"。但哲宗的举措并未达到理想的效果，北宋的社会矛盾依然尖锐。王安石变法虽然失败了，但仍不失为中国 11 世纪的一次伟大改革。

（四）北宋的灭亡与南宋的建立

宋王朝从严格的意义上来说并不能称为一个大一统的王朝，因为在它周边先后建立起来的辽和西夏同宋形成鼎立之势。北宋与辽、西夏都发生过多次战争，但相互之间也有和平共处之时。不论战与合，都对双方的政治、经济、文化的发展产生了重要的影响。

太祖建宋之初制定的"先南后北"的政策也包括了对辽所占领的燕蓟地区的征服。然而他还未来得及实现自己的宏图伟业就已驾鹤西去，收复燕蓟的重任就落在了其继任者太宗的肩上。979 年，北汉降。太宗认为此时是收复燕蓟十六州的最佳时机，于是御驾亲征，趁胜北伐。战初还比较顺利，但在进攻幽州（今属北京）时受阻，久攻未克。太平兴国四年（979）七月，辽军在高粱河大败宋军，就连御驾亲征的宋太宗也负箭逃命，宋军损失十分惨重。高粱河之战后，辽又数次南下，但未能最终占据上风，双方相持不下。

982 年，辽景宗耶律贤去世，12 岁的辽圣宗即位，由萧太后执掌实际权利。太宗认为此时辽政局不稳，正是收回燕蓟地区的有力时机。于是雍熙三年（986）春命宋军兵分三路向辽进发，结果再次惨败。史称"雍熙北伐"。两次对辽战争的失败，使太宗放弃了收复燕蓟十六州的计划，逐渐采取"守内虚外"的政策，对辽只作消极的防御。

宋对辽的消极态度使辽的气焰更加嚣张，辽军多次南下大败宋军。1004 年，辽军进逼澶州。宋真宗在宰相寇准的坚持下御驾亲征，使宋军士气大振。宋辽双方相持不下，最终议和。合约规定：宋辽疆界不变，两国为兄弟之国，但宋每年向辽缴纳银十万两，绢二十万匹，成为岁币，史称"澶渊之盟"。"澶渊之盟"是宋朝用屈辱换来的和平，但另一方面，也促进了宋辽经济文化的交流与发展。

　　西夏是由党项人建立的一个少数民族国家，早在唐朝时就与中原王朝有联系，其"李"姓乃唐太宗所赐。982 年，李继捧朝见宋太宗。向宋献出夏、银、静等州，并携眷留居开封，以示其归顺之心。他这一举动遭到其族弟李继迁的反对，李继迁转而向辽称臣，被封为夏国王。宋真宗时，李继迁遣使求和。1004 年，其子李德明即位，臣服于宋、辽两国。1031 年，李元昊即位。1038 年，李元昊正式称帝，都兴庆府（今属宁夏），国号大夏，史称西夏。

　　元昊称帝后不断向宋发动战争，双方均损失惨重。1044 年，双方订立合约，李元昊取消帝号，在名义上向宋称臣，宋册封其为夏国主。宋每年给西夏银 7．2 万两，绢 15．3 万匹，茶 1．5 万公斤，称岁赐。并在沿边重开榷场进行贸易。此后宋夏两国虽仍有战争，但总的来说是以和为主。和平期间，两国的经济文化也都得到了发展。

　　当宋朝的统治者在应对不断加深的统治危机和民族危机时，另一个少数民族势力——女真族悄然崛起。女真族原名黑水靺鞨，居住在黑龙江一带。唐朝时，隶属于渤海国，辽建立后，臣服于辽。辽为了方便统治把一部分女真人迁到辽阳以南过定居生活，他们被称为"熟女真"。其他的仍生活在原处继续过着渔猎生活，被称为"生女真"。10 世纪时，生女真的完颜部逐渐强大。1115 年，完颜阿骨打称帝，都会宁（今属黑龙江），建立起奴隶制国家——大金。

　　当女真的势力逐渐强大时，北宋却迎来了它统治最为黑暗、腐朽的时期。1100 年正月赵佶即位，是为宋徽宗。宋徽宗有着极高的艺术天赋，他擅长书法丹青，喜爱古玩花石，对音乐也有颇高的鉴赏力，然而，这一切并不能成为他治国的才能。他身边的一些奸佞之辈便投其所好，使徽宗整日沉溺于声色犬马之中，不理政事。当时，最为奸佞的有六人：蔡京、王黼、朱勔、李彦、童贯和梁师成，号称"六贼"。

蔡京为相长达17年之久，倡导"丰亨豫大"，使宋徽宗生活在极度的奢侈中。崇宁元年（1102）徽宗命童贯在苏杭设立造作局，专门为其打造一些奢侈品。崇宁四年（1105）徽宗又命朱勔在苏州设立应缝局，专门搜罗东南地区的奇花异石，然后运回开封。这种专门运送花石的船队，每十条编为一纲，称为"花石纲"。花石纲危害百姓二十年，致使民不聊生，民怨四起。北宋末年先后兴起了轰轰烈烈的方腊起义和宋江起义，两次起义虽然都被镇压下去，却使宋朝的统治处于风雨飘摇之中。

当金逐渐强大时，开始进行抗辽斗争。1120年，金、宋两国签订了"海上之盟"，商定共同攻辽。盟约规定：金军攻取辽的中京大定府（今属内蒙古），宋军攻取辽的南京析津府（今属北京）和西京大同府（今属山西）。宋答应灭辽后，将原来输给辽的岁币转输给金；金则答应将燕蓟还于宋。1125年，金灭辽。辽灭亡后，金不但没能兑现自己签订"海上之盟"时的承诺，反而把进攻的矛头直接指向北宋。1126年，金军直逼开封城下，宋徽宗忙将皇位传于太子赵桓，自己却逃亡到南方。桓为宋钦宗，改元靖康。靖康二年（1127）四月，金军虏获徽、钦二帝及后妃、大臣、宗亲等3000余人北撤，同时带走了大量珍宝，如浑天仪、皇室礼器、针灸铜人等。北宋就此灭亡，史称"靖康之难"或"靖康之变"。

金军在撤离开封以前，册立原北宋宰相张邦昌为"大楚"皇帝，统治黄河以南地区，但遭到北宋旧臣的极力反对，被迫退位。1127年5月，宋徽宗的另一个儿子康王赵构在南京应天府（今属河南）即位，改元建炎。后又迁都临安（今属浙江）。这个重建的宋王朝史称南宋，赵构即宋高宗。

南宋基本上延续了北宋后期吏治腐败的局面。高宗时，有秦桧专权，秦桧独相17年。在此期间，他打击政敌、排除异己，扶持自己的亲党势力。在对金的态度上，他与宋高宗狼狈为奸，向金乞和，迫害主战将领。绍兴二十五年（1155），秦桧死，高宗在朝臣的舆论压力之下，罢黜了一批秦桧的亲党，同时也平反了一些冤案，但这并不能从根本上改变南宋的吏治状况。

绍兴三十二年（1162）六月，宋高宗禅位于宋孝宗，自己当起了太上皇。宋孝宗在位 27 年，是南宋政治比较稳定的时期，他吸取秦桧专权的教训，采取措施限制了宰相的权力。同时为岳飞平反，并启用一些坚持抗金的大臣。虽然孝宗的举措使北宋社会较之以前有起色，但他的北伐还是以失败告终。孝宗以后，南宋政局一片混乱。先后有韩侂胄、史弥远、贾似道等人专权。另一方面，民间的起义此起彼伏。冲击着南宋一直都不稳固的统治。

（五）南宋与金的对峙

宋高宗即位之初，任用李纲为相，摆出一副抗金的姿态。然而不久，他就逐渐倒向主和派黄潜善、汪伯彦等人，向金乞和，李纲随即被罢免。1128 年，金军南下攻宋，宋高宗逃到海上，金军追踪失利，被迫北撤。在经建康（今属江苏）附近的黄天荡时，遭遇韩世忠部水师的阻击，双方相持 40 余天，金军才最终得以撤归。1140 年，完颜宗弼再次大举南侵，南宋军民奋起反抗，先后有刘琦指挥的"八字军"取得"顺昌之役"的胜利和岳家军取得的郾城大捷。正当形势对宋朝十分有利之时，宋高宗却仍坚持向金妥协的政策，下令撤兵。岳飞被迫班师回朝，不久就以"莫须有"的罪名惨遭杀害。1141 年宋金两国签订"绍兴议和"，主要内容是：宋向金称臣，宋每年向金输银25 万两，绢 25 万匹；宋、金东以淮河中流，西以大散关（今属陕西）为界，并割让唐、邓二州以及商、秦二州的大半给金。

　　孝宗即位后发动北伐，然又遭失败。1164 年，宋、金两国再次签订和约，内容为：宋、金两国的关系由君臣之国改为叔侄之国；每年宋向金输银 20 万两，绢 20 万匹，两国疆界不变，史称"隆兴议和"。与"绍兴议和"相比，在"隆兴议和"中，宋的地位有所提高。

　　"隆兴议和"之后，宋、金之间保持和平 40 余年。到了宁宗朝，权臣韩侂胄又积极谋划北伐。开禧二年（1206）北伐开始，最后的结局仍是失败。嘉定元年（1208）宋、金再次重订合约：宋金由叔侄之国改为伯侄之国；岁币增至银 30 万两，绢 30 万匹，另付给金军"犒军费" 300 万两，史称"嘉定议和"。当宋、金两国不断开战时，蒙古族在漠北草原迅速崛起壮大。并开始南侵。1234 年宋蒙联军攻破蔡州，金朝灭亡。

（六）南宋的灭亡

　　南宋与北宋有着极其相似的命运。当金朝灭亡后，蒙古的铁骑便踏上了南宋的国土。起初，蒙军的主要目的在于西征，并未全力攻宋。蒙哥即位后，开始集中兵力进攻南宋。1258 年，蒙哥御驾亲征，进攻四川，但战事受阻，他也死在军中。蒙哥死后，忽必烈夺得汗位。他采取南宋降将刘整的建议，派大军围攻襄、樊二城，南宋军民浴血奋战五年最终痛失二城。襄、樊二城的沦陷致使蒙军可沿长江顺流而下，直接威胁南宋统治的中心地带。

　　1274 年，度宗死，恭帝即位。是年秋，蒙军奔临安而来，并于 1276 年攻破临安，掠走恭帝及宗室百官。漏网的官员文天祥、张世杰、陆秀夫拥立度宗的儿子为端宗，继续抗元，但不久端宗病死，文天祥也战败被俘。被俘后，文天祥面对高官厚禄无动于衷，并留下了"人生自古谁无死，留取丹心照汗青"的千古名句，为后世所敬仰。

在端宗病逝、文天祥被俘后，张世杰与陆秀夫又立度宗的另一子赵爵为帝，退至崖山。1279 年，元军向崖山发起猛攻。陆秀夫见突围无望，抱幼帝跳海身亡，南宋至此灭亡。

二、经济文明

宋朝的经济繁荣程度可谓前所未有，农业、印刷业、造纸业、丝织业、制瓷业均有重大发展。航海业、造船业成就突出，海外贸易发达，和南太平洋、中东、非洲、欧洲等地区 50 多个国家通商。南宋时期对南方的开发，促成江南地区成为经济文化中心。

（一）农业

宋代大兴水利，大面积开荒，又注重农具改进，农业发展迅速。许多新形田地在宋朝出现，例如梯田（在山区出现）、淤田（利用河水冲刷形成的淤泥所利用的田地）、沙田（海边的沙淤地）、架田（在湖上做木排，上面铺泥成地）等。这大幅增加了宋朝的耕地面积。至道二年（996 年），全国耕地面积为三百一十二万五千两百余顷，到天禧五年（1021 年）增加到五百廿四万七千五百余顷。各种新的农具在宋朝出现，代替牛耕的踏犁，用于插秧的鞅马。新工具的出现也让农作物产量大幅成长。一般农田每年可亩收一石，江浙地区一年可达到二至三石。北宋时宋真宗从占城引进耐旱、早熟的稻种，分给江淮两浙，就是后来南方的早稻尖米，又叫占城米、黄籼米。长江流域和珠江流域农业发展迅速。一些北方农作物粟、麦、黍、豆来到南方。棉花盛行种植于闽、广地区。茶叶遍及今苏、浙、皖、闽、赣、鄂、湘、川等地。种桑养蚕和麻的地区也在增加。南宋时太湖地区稻米产量居全国之首，有"苏常熟，天下足"之称。甘蔗种植遍布苏、浙、闽、广、等省，糖已经成广泛使用的食品，出现世界上第一部关于制糖术的专著：王灼著《糖霜谱》。

（二）手工业

宋朝哥窑——米色釉贯耳瓶北宋的主要矿产包括金、银、铜、铁、铅、锡、煤等。北宋时期金属矿藏达到两百七十余处，较唐朝增加一百余处。仁宗时期，每年得金一万五千多两、银廿一万九千多两、铜五百多万斤、铁七百廿四万斤，铅九万多斤、锡卅三万斤。

宋朝的丝、麻、毛纺织业都非常发达。西北地方流行毛织业，四川、山西、广西、湖北、湖南、河南等地麻织业非常发达。到了南宋时期，广东雷州半岛地区和广西南部成为棉纺织业的中心。两浙和川蜀地区丝织业最发达。宋朝政府还在丝织业最发达的地区设立织锦院，也就是官办的丝织作坊。而相关的印染业也因此发达起来。

宋朝官窑、民窑遍布全国。时有河北曲阳定窑、河南汝州汝窑、禹州的钧窑、开封官窑、浙江龙泉哥弟窑、江西景德镇景德窑、福建建阳建窑等七大名瓷窑，和分布在各地的许多大小瓷窑，所产宋瓷通过海上丝绸之路远销海外，如日本、高丽、南洋、印度、中西亚等地区。其中钧瓷以神奇的窑变特色和每年36件的稀有产量而位居宋瓷之冠。北宋的瓷器，不论在产量还是制作技术上，比前代都有很大提高。当时，烧造瓷器的窑户，遍布全国各地，所造瓷器各具特色。官窑（河南开封）、钧窑（河南禹州）、汝窑（河南汝州）、定窑（河北曲阳）和哥窑（浙江龙泉），是北宋五大名窑。官窑的产品，土脉细润，体薄色青，略带粉红，浓淡不一；钧窑土脉细，釉具五色，有兔丝纹；

汝窑则胭脂、朱砂兼备，色釉莹澈；定窑以白瓷著称，并能制红瓷，其产品十分精美；哥窑盛产青瓷，产品被誉为"千峰翠色"。真宗景德年间，在江西新平设官窑，所造进贡瓷器的器底书"景德年制"四字，这就是后来驰名中外的景德镇瓷器。在瓷器上雕画花纹是北宋时的新创，划花用刀刻，绣花用针刺，印花用板印，还有锥花用锥尖凿成花纹，堆花用笔蘸粉堆成凸形，再施白釉。宋瓷不仅是生活日用品，而且是精美的工艺美术品。北宋瓷器大量运销国外，在亚非各地都有大量出土，证明瓷器是当时的重要输出品。时至今日，宋瓷已成为中国古代著名的艺术品，而享誉海内外。

宋朝时期，主要的造纸材料包括丝、竹、藤、麻、麦秆等。四川、安徽、浙江是主要的造纸产地。四川的布头笺、冷金笺、麻纸、竹纸，安徽的凝霜、澄心纸、粟纸，浙江的藤纸等都闻名于世。甚至还有纸被、纸衣、纸甲等。纸张的大量生产与活字印刷术为印刷业的繁荣提供了基础。宋朝的印刷业分三大系统，官刻系统的国子监所刻的书被称为监本，而民间书坊所刻的书被称为坊本，士绅家庭自己刻印的书籍属于私刻系统。东京、临安、眉山、建阳、广都等都是当时的印刷业中心。当时坊刻书中以浙江最好，称浙本，四川次之，称蜀本。福建的刻书以量取胜，称建本，其中尤以建阳麻沙镇最多，世称麻沙本。社会上流行刻书的风气。其中以临安国子监所刻的书品质最好。宋朝的刻书以纸墨精良、版式疏朗、字体圆润、做工考究、传世稀少、价值连城而闻名于后世。

宋朝造船技术水平是当时世界之冠。宋神宗元丰元年（1078年），明州造出两艘万料（约600吨）神舟。1974年福建泉州出土一艘宋代古船，有13个隔水舱，一两个隔水舱漏水，船也不会沉。隔水舱技术，经马可·波罗介绍，传入欧洲。宋朝的主要造船厂分布在江西、浙江、湖南、陕西等地区。虔州、吉州、温州、明州都是重要的造船基地。太宗时期，全国每年造船达到三千三百余艘。到了南宋，由于南方多水加上海上贸易日益发达，造船业发展更快。临安府（今杭州）、建康府（江宁府，今南京）、泉州、广州、潭州、衡州等成为新的造船中心。广州制造的大型海船木兰舟可"浮南海而南，舟如巨室，帆若垂天之云，舵长数丈，一舟数百人，中积一年粮"。南宋时代还出现了车船、飞虎战船等新式战舰。

（三）金融商业

宋朝商业繁盛，通行的货币有铜钱、白银。太宗时期，每年铸币八十万贯。到神宗熙宁六年，已达六百余万贯。由于商品进口，宋朝大量铜钱、白银外流，造成硬通货短缺。真宗时期，成都十六家富户主持印造一种纸币，代替铁钱在四川使用，是为"交子"。这是世界上最早的纸币。仁宗后改归官办，并定期限额发行。徽宗时期，改交子名为钱引，并扩大流通领域。南宋于1160年（高宗绍兴三十年）改为官办"会子"，会子主要有东南会子（也叫行在会子），湖北会子和两淮会子。但是为防止铜钱北流，宋朝政府规定在与金交界处仍然只能使用铁钱。与交子不同，会子是以铜钱为本位的，面值有一贯（一千文）、两贯和三贯三种，后增印两百文、三百文与五百文小面额钞票。干道五年定为三年一界，每界发行一千万贯，以旧换新。

（四）会子危机

第一界会子的发行额仅三百万贯。到干道四年仅七年的时间，发行额增加到七百万贯。之后固定在一千万贯。尽管会子的加印与隆兴北伐有关，但是由于作为本位的金属货币没有相应追加，币值增长指数已经达到 300% 以上。到理宗淳祐六年，会子发行额增加 65 倍。会子虽与铜钱可自由兑换，但由于会子不断贬值，两者汇率也急遽走低。宁宗宣布十一、十二、十三界会子同时流通后，会子之多犹如决堤之水，物价飞涨犹如脱缰野马，出现了会子挤兑铜钱的现象。嘉定二年，会子换界。政府规定新旧会子以一比二的比例兑换，同时严禁不按比例兑换会子，否则抄家，并鼓励打小报告互相揭发。这无异于宣布会子已经信用破产。但是这依然没能阻止拒收会子的风潮，会子也进一步贬值。严重的通货膨胀导致社会无论中下层都损失惨重。迫不得已，政府发还抄没的家产，并筹措一千四百万贯来回收旧会子。嘉定五年后危机才渐渐平息。从此之后，会子换界已无法正常进行。政府一旦发生财政危机，就会以滥印钞票饮鸩止渴。理宗亲政后，由于十六及十七界会子数量巨大，险些再度造成通货膨胀。端平入洛之后，会子与铜钱的汇率从端平初年暴跌廿五个百分点。十八界会子发行量更加大。米价涨到每斗三贯四百文，是孝宗年间的 11 倍。淳祐七年，理宗颁诏，十七、十八界会子永远使用。希望借此来抑制物价上涨。但是两百文的十八界会子却连一双草鞋都买不到，会子已与废纸无异。景定五年，贾似道规定十七界会子须在一月之内全部换成十八界会子，并将会子改为"金银见钱关子"，宣布关子与会子的兑换比例为一比三。结果通货膨胀更恶性发作。

（五）海外贸易

由于西夏阻隔了西北的丝绸之路，加上经济中心的南移，从宋朝开始，东南沿海的港口成为新的贸易中心。唐朝时期全国仅广州一地设有市舶司，负责外贸事务。宋朝先后在广州、临安府（杭州）、泉州、密州板桥镇、嘉兴府（秀州）华亭县（今松江）、镇江府、平江府（苏州）、温州、江阴军（今江阴）、庆元府（明州，今宁波）、嘉兴府（秀州）澉浦镇（今海盐）和嘉兴府（秀州）上海镇（今上海市区）等地设立市舶司专门管理海外贸易。泉州在南宋晚期更一跃成为世界第一大港和海上丝绸之路的起点。宋朝海外贸易分官府经营和私商经营两种方式，其中民营外贸又占大宗。元丰三年，宋朝政府制定了一部《广州市舶条法》，是中国历史上第一部贸易法。而各个外贸港口还在城市立设立"蕃市"，专卖外国商品；"蕃坊"供外国人居住；"蕃学"供外商子女接受教育，政府还专门制定了蕃商犯罪决罚条。广州和泉州城内仍然有许多藩客墓，成为当时海外贸易繁荣的佐证。

与中国通商的国家有：占城、真腊、三佛齐、吉兰丹、渤泥、巴林冯、兰无里、底切、三屿、大食、大秦、波斯、白达、麻嘉、伊禄、故临、细兰、登流眉、中里、斯伽里野、木兰皮等欧亚地区 58 个国家。宋朝出口货物包括丝绸、瓷器、糖、纺织品、茶叶、五金。进口货物包括象牙、珊瑚、玛瑙、珍珠、乳香、没药、安息香、胡椒、琉璃、玳瑁等几百种商品。宋朝从大量进口货物通过市舶司获得的税收，从北宋皇祐（1049 年—1054 年）的 53 万贯，治平（1064 年—1067 年）63 万贯，到了南宋绍兴（1131 年—1162 年）已达 200 万贯，约占全国财政收入的 6%，对宋代的繁荣起重要作用。

南宋时期，宋朝在与金和大理的交界处设立榷场来互通有无。宋朝出口药材、茶叶、棉花、犀角、象牙等，进口北珠、人参、毛皮、马匹等货物。民间也有大量的走私贸易。由于宋朝铜钱信用佳，被大量走私到东南亚和西亚，而当时的朝鲜和日本更停用自己的通货，改用宋钱。

三、文化与科技

(一) 文学

宋朝文学十足发达，诗、词、散文都有伟大成就。让宋朝散文走向兴盛并承接古文运动的大师是欧阳修。欧阳修的散文主旨明确、内容充实、平易自然，为宋朝散文的风格奠定基调。"三苏"之中，苏洵的文章以议论见长，文风雄奇劲简。苏轼的文章洒脱自然，清新豪放之中又带些忧郁，前后《赤壁赋》等文章确定他在文坛上不可撼动的地位。他的弟子也颇有出息，陈师道、黄庭坚、秦观、张耒、晁补之和李廌号称"苏门六君子"。南宋时期，苏轼的散文甚至成为科举考试的范文，时人言："苏文熟，吃羊肉；苏文生，吃菜羹"。而苏辙的文章疏于叙事而长于议论。曾巩忠实地追随欧阳修的风格，以记叙文和议论文为主。文风自然纯朴，少有华丽辞藻。王安石也以议论文为长，风格雄健自然。但是到了南渡之后，宋朝的散文就开始衰落，其后的文人都"无法同北宋六家相比"。杨万里的诗歌清新活泼，以天然风景为主；范成大的诗歌关心民生，诗风清丽秀婉；陆游的诗以爱国著称，他的诗对偶工整，后人言"好对偶被放翁用尽"。

宋诗虽不及唐诗，但远在明清之上，目前正在编撰的《全宋诗》收录宋诗作品达十六万多首之巨。与散文相同，欧阳修也开创宋朝的诗风，中国诗歌史上第一部诗话《六一诗话》就是其所著。王安石诗风工练，比欧阳修更讲究修辞技巧与典故运用。苏轼的诗变化多端，雄放洒脱。其吸收前朝所有诗人的手法，并长于各种诗体，尤其是古体与七言近体，可谓别开生面，奔放灵动，成为宋诗一代大宗。黄庭坚虽出于苏门，但却开创江西诗派，他的诗歌模仿杜甫，讲究炼字煅句，显得耐人寻味。之后又有"南宋四大家"，即杨万里、范成大、陆游和尤袤，也堪与"北宋三家"相比。

词是曲子词的简称，也称长短句。根据《全宋词》的记录，宋朝词人达到一千三百卅家，作品及残篇总计达到两万零四百多首。词是宋朝文学的标志性体裁。晏殊被称为宋朝词家初祖，其词和婉明丽。欧阳修的词也富于花间派之风格。柳永在宋词发展史上具有转折性的作用，他的慢词令人耳目一新，确定长调的地位，充实词的形式，丰富词的表现手法。作品广为大众喜爱以至于当时人言"凡有井水饮处，即能歌柳词"。其后，苏轼又对宋词进行彻底的革新，他创立豪放派，扩大词的选材范围，为后来的南宋爱国词奠定基础。周邦彦是格律派的始祖，其后的女词人李清照也属此列。在靖康之难后，忧患意识使得豪放派占据词的统治地位。其中以辛弃疾为大成。

此外，宋代"说话"（评书）非常流行，说话的内容就是话本。最著名的话本有《三国志平话》《新编五代史平话》《大唐三藏取经诗话》《大宋宣和遗事》等；一些明清白话小说也是根据宋朝的话本改编。

（二）学术

完成了儒学复兴，传统经学进入了"宋学"的新阶段，产生了新儒学即理学。促进了儒、道、佛三家相互交汇的深入发展。完成了古文运动。在唐宋散文八大家中，宋人占了六家。词达到全盛。话本在中国文学史上开辟了新的纪元。史学体裁多样，兴起了方志学、金石学；著作丰富，史家辈出，达到了中国古代史学发展的顶峰。书院制度的形成与发展。如书法、雕塑、石刻、绘画等，都达到了新的水平。佛教、道教亦有了新的发展。

（三）科技

两宋时期，在整个社会经济，文化全面发展的推动之下，科学技术也得到了长足的进步。两宋的科技成就，不仅成为我国古代科学技术史上的一个高峰，而且在当时的世界范围内也居于领先地位。别的且不说，就对整个人类文明发展产生重大而深远影响的我国古代四大发明，其中的三项——活字印刷、火药、指南针，就是在两宋时期完成或开始应用的。讲到两宋科学技术时，人们还常常提到沈括及他的《梦溪笔谈》。如李约瑟博士把沈括誉为"中国整部科学史中最卓越的人物"，而他的《梦溪笔谈》则是"中国科学史上的坐标"。

然而，在两宋时期的科学技术成就，决不仅仅是三大发明，沈括及其《梦溪笔谈》。如医学方面，医学从此前的三科分为九科，出现了世界上最早的法医学著作《洗冤录》。针灸有了很大发展。《经史证类备急本草》所收药物比《唐本草》新增476种。

数学方面，两宋时期可谓在中国古代以筹算为主要计算工具的传统数学的发展过程中，达到了登峰造极的地步，在许多方面都取得了极其辉煌的成就，这些成就都远远超过了同时代的欧洲。如高次方程的数值解法比西方早了近八百年，多元高次方程组解法和一次同余式的解法要比西方早五百余年，高次有限差分法要比西方早四百余年等等。贾宪、秦九韶、杨辉等数学家，堪称中国数学发展史上的杰出代表人物。至于天文、物理、化学等等，两宋的成就也令人瞩目。

第十一讲 元 朝

元朝（1206—1370），元朝从 1271 年建立，到 1368 年灭亡，前后共九十七年。元朝结束了自唐灭亡以来长达三百七十年的又一次大分裂时期，使中国再次实现了大统一。这为之后明清的长期统一奠定了基础。这时期各民族间的经济与文化交流得到更大发展，回族就是在元代形成的。元朝的地域异常辽阔，这基本上奠定了中国疆域的雏形。

元代大致分为三个时期，即初期、中期和后期。从元世祖忽必烈到成宗铁木耳是初期，这期间，采用汉族法律，初创了政治、经济和文化各项制度，呈现出向前发展的态势。从武宗海山到泰定帝也孙铁木耳是元代的中期，元代走向了衰落，社会矛盾日益激化，皇权斗争也日趋激烈，各地起义不断爆发。其间的"英宗新政"也仅是昙花一现，无法从根本上挽救元代的衰败之势，后来新政失败，英宗也死于非命。从明宗到顺帝是元代的后期，即元代末期，元末农民战争的爆发加速了它的灭亡。朱元璋参加了农民起义，后来成为起义领袖，逐渐扫平诸雄，重新建立了汉族的王朝——明，元朝则退出了历史舞台。

一、历史发展

（一）成吉思汗与大蒙古国

元朝的前身是蒙古贵族铁木真于 1206 年所建立的蒙古汗国，它是以蒙古贵族为主体的各族地主阶级的联合政权。最初蒙古高原地区的众多蒙古部落本为金朝的臣属民族，随着金朝的逐渐衰落，蒙古的势力也开始壮大起来。1204 年，蒙古族领袖铁木真通过残酷战争统一了蒙古高原各蒙古部落。1206 年，铁木真被各部落推举为"成吉思汗"，建立政权于漠北，国号"大蒙古国"，即大蒙古帝国。建立大蒙古国后，铁木真继续发动征服战争扩张其疆域，1217 年灭亡西辽，1219 年西征花剌子模，1227 年又灭西夏，建立了钦察汗国、察合台汗国、窝阔台汗国、伊尔汗国四大汗国。最后铁木真在对西夏的远征途中病逝，他领导的蒙古军队的对外战争具有征服性质，战争使蒙古部族对欧亚各国造成了空前的掠夺和杀戮，并在这些国家的废墟之上建立起了疆域空前广阔、人口规模和经济总量居世界第一、影响力空前的蒙古帝国。

（二）汗位的争夺与忽必烈建元

铁木真逝世以后，大汗蒙哥继位。当他于 1259 年在四川驾崩后，开始了忽必烈与阿里不哥四年的王位争夺战，直到 1264 年阿里不哥兵败投降，忽必烈取得王位。忽必烈的统治造成许多蒙古贵族的不满，拒绝归附忽必烈汗国，导致其他几个蒙古汗国的纷纷独立敌对。1271 年，忽必烈公布《建国号诏》法令，取《易经》中"大哉乾元"之意，正式改国号为"元"，并迁都大都（今北京）。这是蒙古帝国政权由世界性大一统帝国转为中原王朝的标志，建立了以中国（非现在意义之中国）为主要占领地的王朝，"大元"由此正式建立起来。此后在 1276 年，元军攻陷南宋都城临安（今属浙江）；1279 年，元军在崖山海战中消灭了南宋最后的抵抗，陆秀夫背着 9 岁的小皇帝赵昺投海而死，南宋灭亡，忽必烈统一了整个中国地区。

元朝的建立结束了宋、辽、夏、金以及吐蕃、大理等众多政权长期割据的局面，建立起多民族的统一国家，各民族之间的文化交流和融合加强，基本上奠定了中华民族的版图。元朝作为草原游牧民族并建立了国家，在其统治的汉族及其他以农业文明为主的地区，进行了生产方式的过渡与变革。建立初期，统治者励精图治，进行了多方面的改革，在本身的民族特点和汉民族特色之间协调发展，最终形成了颇具色彩的元朝文明。终元一代其社会各方面表现出来的最大特色为"国俗"与"汉法"的并存。

（三）元朝后期迅速走向衰落

首先是充满了残酷的皇室夺权战争，皇帝沦落为宫廷斗争的牺牲品。元朝继位的皇帝在后期多为幼子并早早夭亡。如元明宗仅在位8个月，30岁时就被毒死；元宁宗于7岁即位，仅在位43天就被害死。从1294年元世祖死，到1333年元顺帝即位，40年间，先后更换了10个皇帝，每一个皇帝的更换都有一番剧烈的争斗。这些残酷的统治阶级政权斗争瓦解了国家的统治力量、分裂了政权，使得国家的统治枢纽难以维持，国家机器无法正常运转。其次，元后期的统治危机还突出地表现为各级官吏的腐朽，当时"官皆污滥、民悉怨咨"，各级官吏张口谈利禄、闭口想金钱。他们为了获得利禄，拼命争夺权力、行贿巴结，一旦当官或升了官，则肆无忌惮地贪污或厚颜无耻地向老百姓搜刮，根本"不知廉耻之为何物"。当时向老百姓要钱的名目无奇不有："所属始参曰拜见钱，无事白要曰撒花钱，逢节曰追节钱，生辰曰生日钱……觅得钱多曰得手，漫不知忠君爱民之为何事也。"根本不把管理政事、发展生产放心上，当时有一位名叫孟端的人曾在河南行省的墙壁上写道："人皆谓我不办事，天下办事有几人？"再次，由于元朝一直实行蒙古制与汉制并行、各民族区别对待的"二元"政策，在这种政策统治之下，各民族之间充满了难以调和的民族矛盾，这也导致了元末统治的难以维持。

在泰定二年（1325）发生了河南赵丑厮、郭菩萨领导的起义；元惠宗至正十一年（1351）发生了刘福通红巾军起义。此时的元朝统治阶级内部却在为争权夺利而互相争斗，根本无心也无力控制各地的反叛起义。至正二十七年（1367），朱元璋开始北伐，在大将徐达、常遇春等的率领下，于1368年8月攻陷元大都，元顺帝仓皇北逃，元朝灭亡。由此，第一个由少数民族在中原建立的统一政权的元朝在建国97年后寿终正寝。

二、政治文明

（一）政治制度

1. 汉化政策和制度的确立

元朝建立后，有意识地保留了中原的一些封建制度，但关于采用什么政策来统治汉地的问题，从蒙古建国之初就有争论。元世祖即位后，围绕着采用汉法问题，斗争更为激烈。当时蒙古已统治中原地区，为了加强中央集权，巩固其统治，忽必烈不得不大量任用汉人，采用汉法。

所谓汉法，不仅仅是指中国传统的封建剥削方式，更主要的是它包括一整套先进的生产方式和与之相适应的全部上层建筑。它是与保守落后的蒙古"旧俗"相对立而存在、相比较而产生的一个概念。

汉法的采用，反映着当时蒙汉民族之间的相互影响达到的新高度。汉法的采用进一步促进了蒙古族封建化的速度，并使元王朝的统治取得了汉族地主阶级的支持。

2. 中央集权制度

元世祖为了贯彻汉法，巩固对全国的统治，在政治上加强中央集权。在中央设中书省总理全国行政事务，枢密院掌管军事，御史台负责监察。在地方上设立行中书省，简称行省。行中书省设丞相一人，掌管全省军政大事。行省下设路、府、州、县。当时全国共有十个行省，即岭北、辽阳、河南、陕西、四川、甘肃、云南、江浙、江西、湖广。至于山东、山西、河北和内蒙古等地则称为"腹里"，作为中央特区，由中书省直辖。行省制的确立，从政治上巩固了国家的统一，使中央集权在行政体制上得到了保证。这是中国政治制度史上的一项重大变革，对后世有巨大的影响。

在军事方面，元世祖实行军民异籍、军民分治的政策，使军职不得干预民事。虽然军职世袭的旧制被保留了下来，但军队的调遣、军官的任命，都由枢密院直接掌握。元朝军队分为蒙古军、探马赤军、汉军和新附军等。探马赤军是在蒙古灭金时组成，以蒙古人为主体，包括色目、汉人在内的一支先锋部队。汉军是以汉人地主军阀的武装为基础，经过整编而成的部队。新附军是南宋投降后改编的部队。蒙古军和探马赤军是骨干，主要驻防于京师和腹里，而汉军和新附军多驻江淮以南。

3. 民族压迫政策

元朝统治者为了削弱各族人民的反抗，维护蒙古贵族的特权，在建国之初就采取了民族压迫政策。元世祖时，把全国人分为四等：

第一等是蒙古人；

第二等是色目人；

第三等是汉人；

第四等是南人。

这四等人在法律上的地位、政治上的待遇和经济上的负担，都有不同的规定。如在法律上规定蒙古、色目和汉人犯了罪，分属不同的机关审理。蒙古人殴打汉人，汉人只能向司法部门申诉，不能还手。蒙古人酒醉打死汉人者，只要交出一份埋葬费，就算了事。汉人、南人不准集体打猎，不准举行宗教活动，不准执持弓矢等武器。在政府机关中，蒙古人任正职，汉人、南人只能充当副职。如地方上的官吏，以蒙古人充各路达鲁花赤，汉人充总管，回回人充同知，形成定例。同知、总管互相牵制，都要服从达鲁花赤的指挥。蒙古人由科举出身者，一正式委任就是从六品官，而色目、汉人、南人则递降一级。诸如此类等等制度，都有明显的民族压迫色彩。

4. 对各族上层的联合政策

元朝统治者制定民族歧视和民族压迫的政策，目的是为了巩固蒙古贵族的统治。但那些早期就投靠蒙古统治者的汉族地主，如真定董氏、易州张氏、大兴史氏、阳城郑氏等，元朝政府对他们都与蒙古贵族同样看待。元世祖就曾亲昵地称呼董文炳为董大哥；到了他的孙子成宗即位后，也称呼董文炳的二儿子董士选为董二哥。董文用"每侍燕，与蒙古大臣同列"。

按当时惯例，每年皇帝去上都时，枢密院官员除随行外，在京师大都要有一人留守。由于留守官员责任重大，从来不派汉人充任。至元二十五年时，元世祖破例让郑制宜做留守。

在取得江南后，元朝统治者又注意重用南方的汉族地主。至元二十四年诏命程钜夫为御史中丞。又下诏求贤于江南，过去诏令用蒙古文，元世祖还下令改用汉文。程钜夫乘机推荐了赵孟等江南名流，世祖都授与他们一定的职位，企图借此取得江南地主的拥护。

5. 各族人民的联合专政

对汉人、南人中一般的中小地主也采取笼络的办法。元世祖时，蠲免兵赋的儒户，多数是汉族地主阶级分子。通过汉族大地主的投靠，又笼络了一大批地主阶级的知识分子，重用了当时的名臣窦默、姚枢。姚枢又推荐了许衡。这样，汉族地主在元朝政府里形成一支不容忽视的力量。

元朝统治者不仅对汉族地主如此优容，对其他各族的上层，也都采取笼络的手段。早在蒙古国时期，成吉思汗就注意争取他们，如契丹旧族耶律楚材每天在成吉思汗左右，参与决策大政。按民族等级的规定，只有蒙古人才能担任达鲁花赤，而实际上畏兀人的世家子弟们任达鲁花赤的不少。李祯和高智耀都是西夏的贵族，元太宗命皇子阔出伐宋时告诫他："凡军中事须访（李）祯以行。"元世祖呼高智耀为高秀才而不名。回回人赛典赤一直为忽必烈所器重，让他去云南任行省平章，他死后，其子纳速剌丁继续守滇。对吐蕃等族上层也竭力拉拢，喇嘛首领八思巴等被封为"国师"。大理段氏的子孙如信苴日等，也都曾享受过特殊的优待。

由此可见，元朝政权的性质仍是以蒙古贵族为首、包括各族上层分子在内的封建统治阶级对各族人民的联合专政。

6. 平定诸王叛乱

海都是窝阔台汗的孙子，对大汗位落入拖雷系一直心怀不满。阿里不哥失败后，他占领窝阔台汗国领地，于 1268 年（至元五年）发动叛乱。被击败后，他又和察合台汗的孙子笃哇勾结在一起，骚扰火州（吐鲁番高昌故城）。1287 年（至元二十四年）海都又煽动东部诸王后裔乃颜、势都儿、哈丹等人发动叛乱。元世祖闻讯后，亲率两路大军前往镇压，消灭了叛乱势力。元世祖在平定东北诸王叛乱后，设置了辽阳行省，并在叛王封地内置万户府，用以削弱藩王的权力。这时海都在西北仍不断骚扰，1289年七月，世祖已经74岁，仍决定率兵亲征。海都闻讯远逃。世祖去世时，海都已被逐出阿尔泰山之北。1302年，海都败死。1306年，海都子察八儿投降，西北诸王的叛乱，至此全被平定。元世祖运用军事上的胜利，使中央集权进一步加强，这对巩固多民族国家的统一，起了一定的积极作用。

（二）管理政策

1. 加强对边疆地区的管理

管理边疆机构的设立。西藏和中原的联系，源远流长。当窝阔台次子阔端于1239年派遣道尔率兵进驻吐蕃后，喇嘛教萨迦派领袖萨班于1247年以66岁的高龄，应邀与阔端会晤。通过协商，代表西藏地方势力同蒙古建立了宗藩关系，派员向蒙古呈献了贡礼，西藏正式归蒙古管辖。

1253年（宪宗三年），萨班之侄喇嘛教萨迦派法王八思巴在六盘山会见了忽必烈。忽必烈即位后封八思巴为国师，并派他担任总制院的第一任长官。总制院后更名为宣政院。1279年八思巴卒，元世祖又追封他为大元帝师。元朝中央机构所设的宣政院，"掌释教僧徒及吐蕃之境而隶治之"。元朝政府在西藏设立乌斯、藏、纳里速·古鲁·孙等三路宣慰使司都元帅府，有都元帅、宣抚、安抚、招讨等使。乌斯即前藏，藏即后藏，纳里速·古鲁·孙即阿里三部。当时把前后藏分为十三个万户，万户长以上的官吏由中央直接任命。此外，还在西藏设置驿站，调查户口，征收赋税，屯戍军队。总之，从元朝开始，西藏地区已正式成为中国中央政府直接管辖的一个地方行政区域。

元世祖即位后，在云南设置了行省。行省之下，还设置了路、府、州、县。又设置若干军民总管府。元世祖派回回人赛典赤·赡思丁为第一任云南行省的最高长官"平章政事"。此后云南和内地的联系也更加密切。

元代，祖国大陆与台湾之间的政治关系有了新的发展。至元时，在澎湖设立巡检司，"隶泉州晋江县"。元朝通过澎湖巡检司管辖澎湖与台湾。这是中国政府在台湾地区正式建立的行政权力机构。

2. 边疆地区与中原联系的加强

元朝大统一的政治形势，促进了边疆各族和中原地区经济、文化联系的发展；各民族联系的加强，又巩固了空前统一的国家。由于当时大量汉族被签发到边地去开垦，边疆各族也大量迁入内地定居，宋、辽、西夏、金时期各少数民族偏守一隅的情况逐渐有了变化，相互间开始加强了沟通和联系。过去视为边陲绝域的地区都和中原成为同呼吸共命运的整体。原有的地域观念逐渐减弱。

元朝是中国统一多民族国家形成的重要阶段。中国的回族，就是在这个时期开始形成的。在元代"回回"一词最初是指由中亚、阿拉伯、波斯等地迁到中国的人。经过长期在内地与其他各族杂居，彼此互通婚姻，文化上互相渗透，逐渐在中国境内形成了具有独特生活习惯、宗教信仰、文化特点的新民族——回族。回族的形成，说明元朝时期中国民族融合已发展到了一个新的阶段。

3. 驿站和急递铺

元代的驿站制度，在窝阔台汗时代就具备了雏形。随着蒙古疆土的扩大，特别是征服了欧亚广大地区之后，日益显示出这个制度对巩固统一的重要作用。后来不断有革新和整顿。

元世祖定都大都后，驿站制度就在一个更大的规模上发展起来，以大都为中心修筑了四通八达的驿道，在全国交通线上设置了站赤（蒙语音译，意为管理驿站的人），以便"通达边情，布宣号令"。在当时，蒙古地区的驿站，专设通政院管辖；中原地区的驿站，则归兵部掌管。站赤分陆站和水站。陆站用马、牛、驴或车，辽东有些地方运输时用狗拉橇行于泥雪上，故又有狗站。水站则用船。据记载，全国站赤共有1400处，这个数字还不包括边远地区和四大汗国间的驿站。

和驿站相铺而行，专用以传递紧急文书的机构叫急递铺。每十里或十五里、二十五里设一铺，每铺置铺丁五人。铺丁一昼夜行四百里，用徒步奔驰，辗转传递军政机要文书。

元代的驿传制度对当时的波斯、俄罗斯、埃及和中亚、西亚诸国都产生了影响，在俄罗斯竟沿用了数百年之久。

三、经济发展

（一）农业的恢复和发展

在蒙古对金作战期间，北方劳动人民大量的死亡和逃散，生产力遭到严重的破坏。从成吉思汗到元世祖，一直存在着农牧争地的问题。在战争之后，北方农田大量荒废为牧场。

在中原和江南地区先进农业经济的影响下，蒙古统治者不得不放弃其落后的游牧经济和剥削方式，而采用"以农桑为急务"的政策。在元军攻宋的过程中，对农业生产的破坏较之北方要轻一些。这种"使百姓安业力农"的思想，还贯穿在其他许多行政措施和命令中。如考核地方官吏时，决定升迁的首要条件是"户口增、田野辟"。重农政策的结果，也使蒙古封建领主逐渐转化为封建地主。1261年（中统二年），忽必烈就设立劝农司，派出许多劝农使分赴各地整顿农桑。

1270 年（至元七年）二月又成立司农司，下设四道巡行劝农司。同年
十二月改司农司为大司农司，添设巡行劝农使、副各四员。由劝农司
到大司农司，反映出对农业的逐步重视。1286 年（至元二十三年），
诏以大司农司所定《农桑辑要》一书颁行各路。

在大力提倡垦殖的同时，又扩大屯田网，除军屯、民屯外，还有
军民和屯等形式。据历史记载，当时大漠南北的屯田是卓有成效的。
元初，民间有自发组织的"锄社"，"先锄一家之田，本家供其饮食，
其余次之，旬日之间，各家田皆锄治"，"间有病患之家，共力锄之"，
往往"苗无荒秽，岁皆丰熟"。元政府在此基础上发展为村社形式，
规定"诸县所属村，凡五十家立为一社"。社长组织居民垦荒耕作，
修治河渠，经营副业。这种村社是农村基层组织，成为恢复生产的一
种积极手段。

此外，在恢复和发展农业生产方面还采取了一系列其他措施，如
迁徙民户充实内地和西北地区，听民自买荒田旷土，延期课税，对贫
困的屯田户和迁民，给以牛具、农具和种粮；清理豪强侵占的土地和
民户，推行大规模的"籍户"（调查登记户口），释放部分奴隶从事农
业生产，以及兴修水利等等。

由于贯彻了重视农桑的政策，各地的农业生产都取得了不同程度
的恢复和发展。农业发展的表现，首先是水利灌溉业的发达。元初，
内设都水监，外设各处河渠司，以兴举水利，修理河堤。郭守敬作督
水少监时，曾亲自到华北、西北一带进行规划，增辟水田数万顷。宋、
金时的水利工程，在元朝都逐步得到了恢复。王祯《农书》中介绍用
于灌溉的水车就有 7 种，其中高转筒车可引水到二百余尺的高地，这
些工具在当时能够广泛应用，是和水利事业的发展分不开的。

第二，表现在粮食产量的提高上。到元世祖时期，陕西关中地区
的小麦"盛于天下"，关、陇、陕、洛出现了"年谷丰衍，民庶康乐"

的景象。长江以南地区产量更高，仅江浙一省的岁粮总数就占了全国岁粮总数的1/3 强。少数民族地区农业生产也有很大的发展，当时北至怯绿连河（克鲁伦河）、乞里吉思、谦谦州（均在今叶尼塞河上游一带），南至罗罗斯（四川南部）、乌蒙（云南昭通），均有屯田。

农业发展的成果还表现在：元代中国南北各地棉花种植的逐渐推广，也是当时农业生产上一项重要成就。这项成就和黎族、畏兀族等兄弟民族的共同努力是分不开的。由于南方农业的发展，南道棉的产区扩大得较快。与此同时，棉花在北方陕甘一带也普遍种植。当时大半个中国，已遍植棉花。

当然，在恢复与发展中，各地情况是不平衡的。由于封建统治机构的腐朽，在元世祖晚年，部分地区在水利、屯田、劝农等项工作上已出现了停滞和衰败的现象。到元代中后期，水利建设遭到了严重破坏，土地兼并加剧，加上旱、疫、蝗、水等自然灾害，农业生产进一步衰敝了。

（二）土地关系

在土地占有关系上，元代在北方基本上沿袭辽金旧制，在南方则保持南宋的陈规，没有多大变化。官田是政府掌握的土地，在北方主要是金时屯田军遗留下的土地，南方则包括南宋的入官田、内府庄田和南宋末年掠夺民田而设置的公田。元政府把这些官田的一部分作为军队屯田，一部分作为官吏职田，一部分用来赏赐王公贵族和寺观僧侣，剩余的由政府直接招佃耕种。私田是蒙古贵族、各族地主和一部分自耕农私人占有的土地。官田和地主占有的土地除一部分由农奴性质的驱丁耕种外，绝大部分是以佃耕的方式出租给农民。

佃户交租有分成租和定额租两种形式。元律规定，主户打死佃客，依"良人殴死他人奴婢例断一百七下"。从法律上可以看出当时佃户地位之低下。

蒙古贵族入中原后，除一般佃户外，还有所谓投下户。在徭役繁重的情况下，军、民、站户之应役者均以投附投下为避役之计。投下官吏亦乘机诱纳，元政府不得不屡屡申禁投下擅招民户。这种现象的产生，说明元朝北方劳动者的身份比北宋时期有所下降。

元朝初年，土地兼并的趋势仍然在继续发展。在北方，蒙古贵族和各族地主多用政治权势进行兼并。蒙古诸王贵族有食邑封地，有投下州，有赐田，数目都相当庞大，如元世祖一次赐一个大贵族益都田千顷。他还允许贵族们荐任其私人来监督赋税的征收。这样一来，利用特权霸占土地也就成为合法了。

色目和汉族的上层人物同样也可以利用其权势霸占土地，在南方，元灭南宋后，大地主基本上都保留了下来。如大地主瞿霆发占有民田和承佃官田达百万亩。又如松江曹梦炎"积粟百万，豪横甲一方，郡邑官为之驱使……北人目之日富蛮子"。南方地主在土地兼并手段上稍异于北方的，是先凭借财富来谋求政治地位，然后再依靠其权势来保护和兼并土地。

土地兼并的恶性发展，使阶级矛盾日益激化，社会危机迅速加深。

元代，有些劳动者沦为驱口。金时已有"驱口"一词，简称"驱"，指战争中"被俘获驱使之人"。元代沿用这个名称，但在南方则称奴或奴婢。他们当中除战俘外，还有因债务或犯罪所致，也有逼于租赋或饥荒而卖身为"驱"的。驱口另有户籍，称驱户、驱丁，和一般编民有别。非经放良或赎买，不能改籍。当时习惯上把驱口的占有者称为使长。使长对驱口有人身占有权。

在法律上，驱口"与钱物同"，是主人财产的一部分，主人可以随意买卖或馈赠。使长杀死驱奴，法律上仅杖八十七；如果驱口有罪，使长杀之，可免予处分。驱口一部分用于手工业生产和家内劳动，大部分则从事农业生产。从事农业劳动的驱口，既要向使长缴租，也要向政府纳丁赋，在剥削关系上近似佃户，是一种半农奴、半奴隶的特殊阶层。驱口以奴隶制的残余形态，保留在社会经济结构中，一直到元朝的灭亡。

（三）赋役制度

蒙古国时期的赋役采取"中原以户，西域以丁，蒙古以马、牛、羊"的征收办法。元世祖时曾按居民贫富划分为上、中、下三等户，每等再分三级，如上上、上中、上下等，称为三等九甲。登记户等的簿籍，叫做"鼠尾文簿"。科征赋税差役时，即以鼠尾簿为准。

元代的赋税制度，前期后期数经变化，主要有税粮和科差两项。税粮南北不同。北方分为丁税、地税。1280年（至元十七年）规定全科户丁税每年每丁纳粟三石，驱丁纳粟一石；地税每亩纳粟三升。南方则沿袭宋代旧制，一律按地亩分夏秋两税征收。秋税纳粮，夏税纳木棉、布帛、丝棉等物。其数量则根据土地肥瘠、产量多少而定。

科差行于北方者，包括丝料、包银和俸钞三项。丝料在太宗时原规定每两户出丝一斤，交给政府；每五户出丝一斤，输于本位（获得份地的封主）。到世祖时，交纳办法又有了改变，"其法每户科丝二十二两四钱，二户计该丝二斤一十二两八钱，其二斤即系纳官正丝……外将每户剩余六两四钱攒至五户满二斤数目付本投下支用，谓之二五户丝"。这样，人民的负担又增加了一倍。包银在宪宗时规定每户每年纳银四两，其中二两输银，二两折收丝绢颜色等物。俸钞规定每户每年纳钞一两，作为诸路官吏俸禄。南方科差有户钞、包银。江南户钞，规定一万户田租中输钞百锭，每户折交中统钞五钱，这是专供份地主人享用的附加税，相当于北方的五户丝。

元政府又把所属人口按其服差役的类别，交纳贡赋的品种，以及种族、宗教、职业等区别，分为民户、站户、军户、匠户、冶金户、打捕户、姜户、葡萄户、畏兀户、也里可温户等，称为"诸色户计"，分别承担不同的科差。

诸色户计包括不同的阶级各户的差役、力役，除特殊者外，多沿袭宋制。差役按里甲户等编派，平时有坊正、里正、主首、仓官、库子之类的差役；发生特殊情况时，又有开河、筑堤、运输、修城等力役，称为"杂泛差役"。由于差役的繁重，劳动人民的生活是很痛苦的，甚至于家破人亡。

（四）手工业

元朝统治者为了满足对军需武器和日用工艺品的需要，建立了规模空前的官办手工业。同时，元朝的民营手工业也有一定程度的增长。

官营手工业和匠户元朝中央和地方都有许多官办手工业的主管机关和作坊。这些官营手工业的生产规模都很大。元代大的官局拥有工匠二三千户，小的也有数十户，房屋数十间。官局内部分工比宋代更细，例如浙江四明织染局就有染房、络丝堂、机房、打线场等不同工序的作坊多处。这些手工业作坊的产品，主要是供给统治者消费，有些部门也兼营一些商品生产。

由于政府拘刷工匠，垄断原料，使各族手工业者聚集在一起，技术得到了交流和提高，加上不计成本，不求数量，因而创制出不少相当精美的产品。如武器、甲胄的精坚，丝织物的美妙，都驰名中外。在瓷器方面，在北京原大都遗址发掘出来的元代多种青花瓷器，造型优美，色彩清新，说明青花瓷的水平已达到接近成熟的阶段。

工匠和匠户制度。在官营手工业中实行工匠和匠户制度。蒙古统治者在其初期掠夺战争中，把从中亚各地和中原地区俘获的手工艺匠人集中起来，加以利用。这些工匠成为元代初期官手工业中的主要劳动力，他们的身份同于工奴。大规模战争结束后，元政府采取拘括户口的办法来控制工匠。工匠的户籍，编入另册，称为匠户。

元代匠户主要有两种，为军队生产，受军队管辖的是军匠；为各局院生产，受局院管辖的是官局人匠，总称系官人匠。此外，还有受各贵族王公直接管辖的，称投下匠户。匠户名义上不再负担其它科差，每月并向政府领取一些最基本的生活消费品，大致是每人米三斗、盐半斤。家属只供给四口，大口每月二斗五升，小口一斗五升，超过四口的，不予供给。由于长官的克扣，经常还不能够完全领到手。所以工匠们常是"衣食不给，致有庸力将男女质典者"。

匠户的职业是世袭的，非经放免，子孙不能脱籍。官局中的劳役完全是强制性质的，这就是所谓"匠不离局"。

在这种极端困苦的情况下，工匠们经常用逃亡和怠工等形式来进行反抗。由于工匠们的反抗，官手工业各部门，生产效率低，质量差，有时不得不采用差派民间工匠到官手工业中劳动的办法来解决技术、劳力缺乏的问题。

丝织业发展：元代官私手工业中的丝织业有很大发展。旧的丝织业中心如江、浙、四川等地，在元代都有较大的进步。官办的丝织业著名的有平江、杭州、成都三处的织锦院，院里织机各有数百台，工匠数千人，有挽综、纺纡等较细的分工。类似大小不等的织染局遍布全国，像福建提举司岁织缎也在三千匹以上。

私营手工业也有发展：如杭州、苏州私营丝织业作坊的规模与经营情况就是例证。据记载，元末至正年间（1341年~1367年），杭州"有饶于财者"，家有抒机四五具，雇工十数人，织工劳动"每夜至二鼓"，其中技艺较高的织工，且可获得"倍其值"的工资。可见在元代丝织业作坊中已有雇佣劳动出现。当时在丝织业技术上较前代有所革新。织锦刻丝方面许多名工巧匠的作品，绚丽多彩，各具风格。

棉纺织业发展：棉纺织业在元代也大放异彩。松江（上海松江县）乌泥泾是当时棉纺织业的中心。这个中心的形成，是和元初棉纺织革新家黄道婆的贡献分不开的。黄道婆是乌泥泾人，幼年"沦落崖州（海南岛）"，从黎族妇女中学得了先进的棉纺织技术。1295年前后她返回家乡，又把汉族地区丝麻纺织的经验用在棉纺织上，改进了从轧花到织布一系列的棉织生产工具。如原来弹花用小竹弓和手指，"厥功甚艰"，她改用大弓椎击法；原来纺纱用单绽纺车，她改为三绽纺车；在织染方面，还能错纱、配色、综线、絜花，织出各种美丽图案，适应了当时棉纺织业发展的需要，从而推动了松江一带棉纺织业的发展。当时有"松郡棉布，衣被天下"之谚。这是黎汉两族人民创造才能的集中体现。

制瓷业发展：元代的制瓷业在宋、金的基础上有所发展。南方的景德镇逐渐成为全国最大的制瓷中心，以生产高质量的青白瓷为主。色釉有青花、釉里红、红釉、蓝釉等品种，是这个时期的重要成就，其中尤以青花瓷最为突出。元政府在景德镇设浮梁瓷局，管理官窑，烧制进贡的御器。器内皆记枢府字号，故又称枢府窑。对民窑则加以课税。据记载，当时有三百多座瓷窑在生产。浙江有龙泉窑，产品以青瓷为主。北方制瓷业发展也很迅速。除钧窑、定窑继续在发展外，河南、河北在旧的基础上又增添了新窑，山西的蒲州、潞安、霍州都有一批新窑投入生产。随着各地瓷窑的兴建，瓷的产量在逐年上升，除供应国内的需要外，产品还远销日本、朝鲜、南洋和中亚各地。

矿冶业发展：元代的矿冶业也有发展。官办的铁矿冶炼业由于管理不善，生产力低，后来逐渐变成官督民办的形式。如元世祖时期河北沙河綦阳镇附近四个铁冶，原由 9950 户冶炼匠户承担，冶炼出来的全部产品价值还不如只抽冶户包银所得合算，当时官僚王恽建议把冶户解散为民，"罢去当差，许从诸人自治窑冶扇炼，据官用铁货，给价和买，深是官民两便"。就是要求变官冶为民冶的一例。

（五）商业发展

城市的繁荣大都被称为"汗八里"，当时不仅是大汗的京城，也是世界上著名的经济中心之一。从东欧、中亚，从非洲海岸，从日本、朝鲜，从南洋各地，都有商队、使团来到大都。在国内，西藏的喇嘛们每次往返均要运输许多货物，是宗教团体而兼有商队的性质；从东南沿海直航天津的海船也带来闽、广、江、浙的丝绸、瓷器和南洋的香料。大都城内流通的商品有粮食、茶、盐、酒、绸缎、珠宝等，也有单项商品集中经营的市场，如米市、铁市、皮毛市、马牛市、驼骆市、珠子市等。商业行会的组织中，有"行老"负责业务上的内外事务。

北方的重要城市，沿着陆路交通干线，有涿州、真定、大同、太原、平阳、奉元（西安）、开封、济南等；再向北则有上都、和林、镇海等城市，集中着大批汉族和西域商人。此外肇州（黑龙江肇源西南）也是东北重要城市。在西南方面则有成都、昆明、大理等城市，使西南少数民族的经济生活也都纳入了全国的商业网。再西一直通至西藏日喀则萨迦寺一带，并和尼泊尔取得贸易联系。

沿着运河和长江，一些旧有的商业城市更蓬勃发展起来，如杭州、平江、镇江、集庆（南京）、扬州等城是比较著名的。

此外，沿海城市有广州、泉州、福州、温州、庆元（宁波）、澉浦、上海等，其中除福州外，都是设有市舶司和提举司的对外开放的贸易港口。如泉州已成为对外贸易的第一大港，出口商品有瓷器、丝绸等，进口商品有丁香、豆蔻、胡椒、钻石、珠宝等。元人汪大渊的《岛夷志略》曾提到与泉州有往来的国家和地区近百个。

1270 年（至元七年），国内商税"以银四万五千锭为额，有溢额者别作增余"，至 1289 年（至元二十六年），商税已增至"腹里为二十万锭，江南为二十五万锭"，共计四十五万锭。不到二十年，增长了十倍。商税的增长固然说明了封建剥削的加重，但也反映出当时商业的繁荣。

（六）封建政府的专卖制度

元代国内外贸易沿袭前代的一套办法，由政府直接管理。它采用专卖的办法来垄断资源，控制市场。国内市场上的许多商品，从盐、茶、酒、醋到农具、竹木，无不由政府经营。官营专卖事业中最重要的是盐，盐课收入占了全国财政收入的一半以上。

在国际贸易上也实行官营专卖的办法，政府设立市舶提举司。市舶制度的建立使海外贸易处于政府的严密控制之下。1285 年（至元二十二年）又实行"官本船"的办法，即由元朝政府"具船给本，选人入番，贸易诸货。其所获之息，以十分为率，官取其七，所易人得其三"。通过这个办法垄断海外贸易，不许"别个民户做买卖的"下海，为此拨出十万锭做经费。后来，不许私商下海的办法虽然行不通，但"官本船"一直存在。民间商人因"通番贸易"而致富者亦不少。如嘉兴沈氏"因下番买卖致巨富"。

官营专卖事业，其目的是增加国家的财政收入，巩固封建统治。但由于对生产者和消费者都不利，反而产生了社会经济停滞萎缩的弊病，促使当时封建政权与人民之间的矛盾日益深化。

当时人民群众反抗专卖的办法，就是走私。这种官、民矛盾的激化，最后必然发展成武装斗争。

（七）钞币的流通

蒙古建国之初，就曾发行纸币。随着蒙古势力的扩张，纸币流通区域也在扩大，但金的交钞仍在使用。币值不一，地区之间彼此阻隔，不利于经济的交流和发展。到元世祖时，开始推行钞法，发行统一的货币。1260 年（中统元年）七月，印造交钞，以丝为本位；同年十月，又印制以银为本位的"中统元宝钞"，简称中统钞。中统钞每二贯可兑换白银一两。这种货币不受区域和时间的限制，可用来纳租税。

这样，中统钞就作为统一的货币畅通全国。1275 年（至元十二年）灭宋后，又废止了南宋流通的铜钱。随着政治的统一，也完成了货币的统一。1287 年（至元二十四年），为了整顿财政金融，又发行了一种至元钞，从五文到二贯共 11 种面额，与中统钞并行。以后在武宗至大、顺帝至正年间都曾一度变更钞法，并铸造过一些铜钱，但都行之不久。终元之世，只有中统、至元二钞作为主要纸币，并行流通。

顺帝至正间，为了筹集对付农民起义所需的军费而变更钞法，结果通货膨胀，纸币贬值。最后，演变到以物易物时，元朝也就灭亡了。

斡脱钱：早在成吉思汗时代，蒙古人在和西域各民族接触后，受其影响，出现了商业行为和高利贷。当时由中亚贵族出资交商人们经营的商业组织称为"斡脱"，此词在土耳其语中本有商队伙伴等含义。他们在为蒙古统治者采购消费品的过程中也常替他们经营一些商业或代放高利贷，因而获得其信任。斡脱们放出的高利贷叫做斡脱钱。

农民和手工业者为了维持生活和交纳赋税，有时被迫不得不求助于斡脱钱。斡脱钱当年本利相等，第二年把本利合起来生息，因此被称为"羊羔儿利"或"羊羔息",负债者经常"破家散族,至以妻子为质"。为了管理发放斡脱钱,元政府在 1272 年(至元九年)八月间设置了斡脱所,后来扩展成斡脱总管府,实际成为封建政权吸吮人民血汗的营利机构。

(八) 航运发展

海运大都是全国的政治中心,当地农产品又无法满足首都的需求,于是,京都的粮食不得不"仰给于江南"。元政府除了利用陆路交通和运河外,又开辟了一条海运航线。

元世祖派遣伯颜平江南的时候,就曾利用海运把南宋皇家图书馆所藏书籍全部运到大都。但大量运输粮食则始于 1282 年。这一年伯颜派人从海道运粮到直沽(天津),开始时用平底船 60 艘运粮 4.6 万石,以后每年增加,最多达到 360 万石。航道改过三次,自苏州刘家港开航,"当舟行风信有时,自浙西至京师,不过旬日而已"。

海运比陆运和内河航运要省费得多,不仅"民无挽输之劳,国有储蓄之富",而且便于在政治上控御东南。

大运河疏浚:大运河自隋唐迄宋,大运河主要是以洛阳为中心的一条南北运输线;经过元朝整修以后,大运河就成为以大都为中心的新型运河了。

1280 年(至元十七年),元政府利用汶泗诸河的水源,沿着山东丘陵地的西北边缘,向南开凿了济州河,从山东的济宁到东平开辟了一条人工河道。1289 年又开凿了一条会通河,从山东东平到临清,和旧运河(即御河)接通。到了 1291 年(至元二十八年),当时任都水监的科学家郭守敬建议,在金代运河的基础上,开凿一条通惠河,自大都至通州,利用北京西山泉水及白河水接济运河水量,总长 160 余里，这样从通州就可以顺白河到天津。济州河、会通河、通惠河这三条河道的修成，就从当时黄河所经的徐州，向西北直达卫河上的临清，打通了一条捷径。粮船可以从徐州直接北上，不必再绕道河南了，省去了六七百里的路程。

从此，北自大都，南至杭州的大运河贯通起来了，南北经济、文化的交流开始了一个新的时代，在政治上也起了巩固统一的作用。

四、文学艺术

（一）元曲

元代的元曲，是这个时期文学上最突出的成就。元曲包括剧曲和散曲两种。剧曲当时称为杂剧，在元代极为盛行。据统计，有姓名可考的剧作家有八十多人，作品有五百多种，保存到现在的还有一百六十多种。

在元以前，传统的文学体裁是抒情的诗歌和散文，而从元以后，文学作品的体裁出现了有情节、有人物、有说有唱的戏剧。

元初城市经济的逐渐复苏和繁荣，民族矛盾和阶级矛盾的激荡，儒学封建道德思想的约束在各少数民族文化冲击下的相对松弛，专业剧作家的出现，这些，都是杂剧兴起的有利条件。蒙古统治者对歌舞戏曲的爱好，更助长了这个文艺形式的发展。

在至元、大德时期（1264 年～1307 年），出现的著名剧作家有关汉卿、白朴、马致远、郑光祖等人，世称"元曲四大家"。他们的代表作品是关汉卿《窦娥冤》、白朴《梧桐雨》、马致远《汉宫秋》、郑光祖《倩女离魂》等。此外，王实甫的《西厢记》也是脍炙人口的名著。这些作品都不同程度地反映了当时的现实生活，歌颂了人民的反抗斗争，在艺术性和思想性上都有空前的成就。

（二）散曲

除元曲外，还有和杂剧中的曲牌一样而没有念白和折子的歌曲，称为散曲，是元代的民歌。其中包括成套的"套数"和"小令"，也出了一些有名的作者和优美动人的作品，据不完全统计，散曲作家中有姓名可考者有 187 人。

在南方，以南曲腔调演唱的温州杂剧等地方戏发展成为南戏，亦称传奇。著名的有四大传奇：《荆钗记》《白兔记》《拜月亭》和《杀狗记》。

杂剧、散曲和南戏（传奇）多方面地反映了当时的现实生活，是中国宝贵的文化遗产，对后来戏剧文学的发展和许多地方戏曲、剧种的兴起，都有深远的影响。

运用汉文从事写作的少数民族作家，在元代也很多，如回回人萨都剌、畏兀人小云石海涯（汉名贯云石，字酸斋）等，都以写散曲而驰名于时，对汉文的造诣很深。此外，回回诗人乃贤、丁鹤年等人，在当时也都有声誉。

（三）蒙、藏史诗

元代中国各民族的作家，运用自己民族文字或兄弟民族的文字，写出或翻译了不少的优秀文学作品。如作者不可考的《元朝秘史》（即《蒙古秘史》），不仅记录了蒙古的起源和成吉思汗、窝阔台汗时的历史，而且也是诗歌、口碑、传说等民间口头文学的汇编，是一部蒙古民族的史诗，也是蒙古族的可考的第一部历史文献。

藏族史诗《格萨尔王传》是一部藏族民间说唱体的英雄史诗，在元代写定，当时在全国广泛流传，为汉、藏、蒙等族所喜闻乐道。《米拉日巴传》的作者署名是后藏疯人海如嘎，成书约在 13 世纪后期，写僧人米拉日巴的一生，是研究藏族社会和文学的重要资料。这些少数民族文学杰作，都是中国各族人民共同享有的文化遗产。

（四）理学

蒙古灭金后，北方虽然有很多儒士，但理学思想的广为传播还是赵复被俘到北方之后的事。赵复，字仁甫，德安（湖北安陆）人，人称江汉先生，是朱熹门生谢梦先的学生。1234 年，他被蒙古军俘至燕（北京），受到忽必烈的召见。后来在燕京设立了太极书院，专门请他讲授程朱理学的书目、宗旨、师承关系，培养了一大批理学家。

许衡、刘因、吴澄被称为元代三大理学家。许、刘主朱学，吴则调和朱、陆二派。三家虽互有矛盾，但基本观点完全继承宋代理学，并无多少创造。儒学作为维护封建统治的官方哲学，在元朝同样受到最高统治者的称颂。元武宗给孔子加上了"大成至圣文宣王"的头衔。元朝统治者把儒学定为"国是"，从朝廷考试到州县学校的教学，一律以程朱对孔孟理论的注释为准，把朱熹的《四书集注》称为"圣经章句"。

尽管元朝统治者提倡理学和其他宗教思想，在元代思想界中仍然出现了一些反对理学的思想家。邓牧是其中突出的一个。

邓牧，字牧心，号文行，又自号"三教外人"，浙江钱塘人。南宋亡后，他隐居余杭大涤山中的洞霄宫，不仕元朝，是个有民族气节的思想家。他著有《伯牙琴》一书，猛烈抨击暴君酷吏。他指出，皇帝是最大的掠夺者和剥削者，大小官吏都是吃人的豺狼。他还描绘了一个理想国，在那里有皇帝也有官吏，但都是民选出来为群众办事的人，而不是特权阶级。在理想国里无战争，人人劳动，自食其力。

邓牧这种乌托邦思想，在当时是有积极意义的。由于时代和阶级的局限，他只能借用老聃的"小国寡民"的思想作为他的思想武器，终于陷入逃世的幻觉之中。

（五）宗教

从成吉思汗以来，蒙古统治者信奉传统的萨蛮教，但对其它各种宗教，也都采取宽容态度，只要不危及其统治，都予以保护和利用。

喇嘛教是佛教传入西藏后与西藏原有的本教相互影响、融合而形成的一个教派，在 11 世纪至 13 世纪期间，由于吐蕃新兴封建领主的支持，日渐兴盛。自元世祖起，元朝历代皇帝后妃都尊喇嘛为帝师，并亲自受戒。因此，喇嘛们受到特别的尊崇和优待。

佛教在内地的各宗派，在元代也都十分兴盛。元代刻的佛教大藏经在佛教经典的传布上是一件大事，后来的明藏、清藏，都是以此为基础而修纂的。

元代的道教，除了张天师的嫡系称为正一教外，还有全真教、真大道教和太一教等流派。全真教势力最大，教主丘处机（长春真人）曾应成吉思汗之召到过中亚等地，其弟子李志常据实写了一部《长春真人西游记》，是研究中西交通史的珍贵史料。

元代把基督教称为也里可温，亦称也立乔，意为信仰基督之人。元代中国的基督教有两派。一派是聂士脱里派，是随着波斯商人由泉州、广州各沿海城市传入内地的；另一派是天主教的圣方济各派，在

1292 年前后，教皇曾派遣意大利传教士约翰·孟德高维奴来北京传教，任第一任天主教总主教。元代基督教在全国各地都有信徒，在沿海城市和内地都有教堂。

伊斯兰教在元代也是随着阿拉伯人、波斯人和突厥人东来的。他们信奉伊斯兰教，散处各地，元人称之为"回回"。其传教士在元代官文书中称为答失蛮。此是波斯文音译，意为学者。

此外，摩尼教、婆罗门教、犹太教也都是在唐宋之际逐渐传入，而在元代也有所传播。摩尼教是波斯人摩尼在 3 世纪时创造的宗教，吸收袄教、基督教、佛教等思想资料而形成自己的教义，7 世纪末传入中国，也叫明教、末尼教、明尊教。元代泉州一带有摩尼教活动。婆罗门教在泉州曾建立寺院，俗称番佛寺。犹太教亦称为"一赐乐业教（即以色列的音译）"，在开封和大都都有他们的踪迹。《马可波罗行记》中就有关于犹太教徒的记载。

（六）乐器发展

元代在艺术上也是一个绚丽多姿的时代。蒙古早期的音乐很简朴，仅有锣、鼓、拍板、胡琴等乐器。成吉思汗根据西夏旧贵族高智耀的推荐，把西夏旧乐引入宫廷。窝阔台汗时又征用金太常遗乐于燕京。蒙哥汗时逐渐采用一部分中原音乐。

元世祖以后，宋朝的雅乐在祭祀中也被采用。而宴乐时则是汉、回回、西夏的乐队，同陈并奏。乐器中有经过中国音乐家改进的由阿拉伯等地传来的风琴，有从波斯传来的火不思（拨弦乐器），也有流行于波斯和阿拉伯一带的唢呐，还有胡琴、筝篌、琵琶、云璈等。元曲的兴起，和当时音乐的发展交流是有密切联系的。

（七）元代绘画

元代的绘画也有突出的成就。画家们从宋院画的束缚中解脱出来，有了运用画笔来表达个性、抒写思想的要求。风格上挥洒淋漓，重视笔墨情趣，追求意境深远。画面上加题跋、篆刻，把书法、文学、治印的艺术与绘画溶为一体，不论在形式上或内容上都开创了一个全新的境界。

元初的绘画，仍以山水画为主，画家以赵孟頫、钱选为大家。和赵同时代的高克恭（字彦敬，号房山），其先畏兀人，后占籍大同。他虽用五代董源、巨然的笔意，写林峦烟雨，但不泥于古人。发展到黄公望（字子久）、王蒙（字叔明）、倪瓒（字元镇，号云林）、吴镇（字仲圭）时，各家都另辟蹊径，别开生面，过去美术界习惯上称为元四大家。他们用水墨或浅绛描绘山水，有所创新，形成宋以后山水画主流，对明清山水画的发展有很大影响。

（八）壁画艺术

元代由于大兴土木，修筑宫殿寺观，所以壁画艺术也有很高的成就。如敦煌、安西榆林窟（万佛峡）等地保存的元代壁画，西藏日喀则德钦颇章宫里的壁画，山西芮城的永乐宫壁画，山西洪洞广胜寺元代杂剧的壁画等，不仅是艺术瑰宝，而且是具有重要史料价值的文物，见于记载的壁画画家有朱玉、李时等名手。

（九）雕塑艺术

在雕塑方面，元代的大师们，吸收了外来的技巧，继承了中原的传统，加以发扬光大，其特点也在力求表现出个性来。如刘元就是其中杰出的能手。刘元字秉元，河北宝坻人，幼年跟道士学中国的传统技法，后来又跟尼泊尔人阿尼哥学"画、塑、铸金之艺"，学塑"西天梵相"，神思妙合，称为绝艺。

五、科学技术

（一）数学

宋元时代，中国数学的研究走在世界的最前列，有着辉煌的成就。元代数学家朱世杰在1303年发表的《四元玉鉴》一书（三卷），就是一部代表作。朱世杰，字汉卿，号松庭，还著有《算学启蒙》三卷。他对于多元高次方程组的解法，高阶等差级数和招差术（有限差法）的研究都有独到之处。

元代手工业和商业的发展，水利工程和城市建筑的兴起，促使应用数学得到迅速的提高。旧式筹算已不适应速算的需求，于是在改革古代筹算的基础上，元代产生了珠算。由于算盘的使用和传播，中国数学进入了以珠算为主要计算工具的新时代。这对社会经济文化的发展无疑产生了积极的意义。

最晚在蒙哥时，中国数学界已接触到欧几里德的《几何原本》。此外，阿拉伯数学知识也传入中国。

（二）天文学

1267年（至元四年），元朝政府用西域人札马鲁丁修订历法。札马鲁丁根据回回历法制定出"万年历"，但不够准确。至元十二年灭宋之后，又命郭守敬、王恂和许衡等人重新修订一份新历。

郭守敬（1231 年—1316 年），字若思，顺德邢台人，是一位在天文、水利、数学等多方面有成就的科学家。他主张通过测验来编制新历，请求政府设监候官（专职测验人员）14 员，分往全国 27 个测验所，进行实测。经过这一番仔细实测之后，又继以精密计算和综合研究，在宋代《统天历》的基础上，于 1280 年（至元十七年）完成了历法的改造，命名新历为《授时历》。

郭守敬制定的《授时历》以 365.2425 日为一年，和地球绕太阳的周期实际相比只差 26 秒，同现在世界上公用的阳历（格里哥莱历）一岁周期相同。格里哥莱历系 1582 年制定，而郭守敬的《授时历》比它早 300 年。《授时历》施行了 364 年，是中国古代推算最精确和使用最久的历法。

郭守敬为了测验天象，创造了简仪、仰仪、高表、候极仪、玲珑仪、景符等十多件天文仪器。其中简仪所达到的精密度，在当时是十分先进的。

（三）地理学

元朝统一中国后，版图的广阔和交通的畅达，都是空前的。这种形势为地理学的发展提供了有利的条件。1280 年（至元十七年），忽必烈派遣懂得许多方言的女真人都实去勘察黄河河源。都实曾经三次到达吐蕃，是中国历史上少数民族的杰出旅行家之一。

都实西行踏勘的路线是，由现在的宁夏回族自治区启行，向南经过甘南藏族自治州，再到青海果洛藏族自治州，历时四个多月，终于发现了黄河源头"火敦脑儿"即星宿海。1315 年（延祐二年）翰林学士潘昂霄根据阔阔出的口述，写成了一部《河源志》。这篇纪录是中国现存有关河源勘察的最早报告，并纠正了《汉书·西域传》所述黄河源为伏流重源的非科学说法。

朱思本的《舆地图》，也是元代地理学上的一项重大成就。

朱思本，字本初，江西临川人。他曾利用奉诏代祀名山河海的机会，旅行各地。他总结了前人的经验，利用当时保存的图籍，依据本人的实际调查研究，前后用了整整十年的时间，编绘成一幅《舆地图》。虽然他的地图仍用计里开方的绘法，但精确度远远超过了以前的地图。图中还反映了当时河源探测的最新成就，达到较高的水平。朱思本还编写过一部八十卷本的《九域志》，今佚。

元代的地理著作还有周达观的《真腊风土记》和汪大渊的《岛夷志略》。《真腊风土记》一卷，记载了元朝与真腊的交往情况以及这个国家的风土人情。《岛夷志略》一卷。记载了当时中国与东南亚以及阿拉伯地区的海上交往，是一部极有价值的中西交通史资料书。

（四）元机械学

机械学在机械设计方面，王祯《农书》中载有用水力推动的纺织机械"水转大纺车"。欧洲到 18 世纪才有同类的设计。

金末元初山西万泉县木匠薛景石写了一部《梓人遗制》，这是中国第一部关于制造立织机、提花织机、罗织机等纺织机械的专著。此书因被选辑在《永乐大典》而保存下来。

1295 年前后，黄道婆又改进了从轧花到织布的一系列机械和技术。这些老农、工人、织妇们从劳动实践中取得的成就，是中国机械学中的珍贵遗产。

（五）农学

元世祖时由司农司编纂的《农桑辑要》，是中国 13 世纪前农业生产经验的总结，共七卷，是一部通俗易懂的普及读物。

王祯编著的《农书》是元代一部重要的农业科学著作。王祯字伯善，山东东平人。《农书》全书约 13．6 万多字，插图 281 幅，分为三大部分：《农桑通诀》，综述中国农业发展的全貌；《百谷谱》，分述各种农作物栽培的方法；《农器图谱》，对各种农具、水利机械、手工业加工工具等有详细的图谱并附说明。

这是一部从全国范围内对整个农业作系统研究的农学史上的巨著。

（六）医药学

元代的医药学在发展中国传统医学上取得了很大的成绩，在骨科、伤寒科、营养学、针灸学等方面有很多成就。

危亦林（1277 年—1347 年），江西南丰人，因家世业医，积数代经验，写成《世医得效方》十九卷，于 1345 年刊行，内容十分丰富，其中关于麻醉药物的使用记录，是现在世界上已知的全身麻醉的最早文献。

中医金元四大家之一的朱震亨，是浙江义乌人，著有《格致余论》《局方发挥》等书，主张临症时用药要灵活，"因病以制方"，反对当时医生们泥守"局方"的做法。其学说传入日本，形成日本汉医中的丹溪学派（朱震亨号丹溪）。

元代饮膳太医忽思慧编著的《饮膳正要》三卷，是一部讲究营养与食疗的著作，对养生、避忌、妊娠、食忌、高营养烹调、营养疗法、食物卫生等都有论述，记录了中国各民族在烹调方面的宝贵经验。

在元代，由于国内外交通的发达和对外关系的发展，促使各民族间和各国间的医药经验得到广泛交流。如1270年，新型医疗机构广惠司的设置，就是阿拉伯式医院组织的移植。1292年在大都和上都设立了回回药物院，并译出《回回药方》等医药专书，使回族的一些医药经验得以交流。同时，中国的医药也传入阿拉伯及亚非许多地区。

第十二讲　明　朝

　　明朝（1368 年－1644 年）是中国历史上最后一个由汉族建立的封建王朝。1368 年由明太祖朱元璋建立，历经十二世、十六位皇帝，国祚 276 年。明初定都于应天府，1421 年迁都至顺天府，而应天府改称为南京。因明朝的皇帝姓朱，故又称朱明。1644 年，李自成攻入北京，明思宗朱由检于煤山自缢，明亡。随后，满清入主中原。1662 年永历帝朱由榔被杀，1683 年清军占领台湾，明郑结束。明朝是中国继周朝、汉朝和唐朝之后的繁盛时代，史称"治隆唐宋""远迈汉唐"。大明，无汉唐之和亲，无两宋之岁币，天子御国门，君主死社稷，为后世子孙所敬仰。

一、历史发展

（一）大明开国

　　元朝末年，政治腐败，蒙古统治者争权夺利，包括汉族在内广大人民受到空前压迫，国库也日渐空虚。1351 年，朝廷征调农民和兵士十几万人治理黄河水患。"治河"和"变钞"成为民变的导火线，导致红巾军起义的爆发。

1351 年 5 月，韩山童、刘福通领导红巾军起义爆发。次年，郭子兴响应，聚众起义，攻占濠州。不久，贫苦农民出身濠州人朱元璋受汤和邀请投奔郭子兴，屡立战功，受郭子兴器重和信任，并娶郭子兴养女马氏为妻。之后，朱元璋离开濠州，发展自己的势力。1355 年，刘福通立韩林儿为帝，国号宋，年号龙凤，称小明王，以亳州为都城。郭子兴病故后朱元璋统率郭部，任小明王左副元帅。1356 年，率兵占领集庆，改名为应天府，并攻下周围一些军事要地，获得了一块立足的基地。朱元璋采纳朱升"高筑墙，广积粮，缓称王"的建议。1360 年，通过鄱阳湖水战，陈友谅势力遭到巨大打击。1361 年，小明王封朱元璋为吴国公。1363 年，陈友谅势力被完全消灭。1364 年，朱元璋自称吴王，史称西吴，与位于平江的东吴王张士诚相区别。1366 年小明王、刘福通被廖永忠沉于瓜步（今江苏六合东南）江中溺死，朱元璋将明年改为吴元年。1367 年，攻下平江，张士诚自尽，后又灭浙江的方国珍。1368 年正月初四（西历元月二十三日），朱元璋在应天称帝，建立明朝，改元洪武，后进行北伐和西征，同年攻占大都，元惠宗北逃。之后朱元璋又相继消灭四川的明升和云南的梁王把匝剌瓦尔密、辽东的纳哈出。又派兵八次深入漠北，大败北元。天下至此初定。

（二）洪武之治

明太祖即位后一方面减轻农民负担，恢复社会的经济生产，改革元朝留下的糟糕吏治，惩治贪污的官吏，社会经济得到恢复和发展，史称洪武之治。明太祖确立里甲制，配合赋役黄册户籍登记簿册和鱼鳞图册的施行，落实赋税劳役的征收及地方治安的维持。同时朱元璋多次派军北伐蒙古，取得多次胜利，最终在捕鱼儿海灭亡北元朝廷，维护了国家的统一。

朱元璋平定天下后，大封功臣。但是明太祖性格多疑，也对这些功臣有所猜忌，恐其居功枉法，图谋不轨。而有的功臣也越过礼法，为非作歹。明太祖借此兴胡惟庸和蓝玉案大狱，几乎将功臣全部诛杀。1380 年明太祖以擅权枉法之罪名杀胡惟庸，又杀御史大夫陈宁、御史中丞涂节等人。1390 年有人告发李善长与胡惟庸关系密切，李善长因此被赐死，家属七十余人被杀，总计株连者达三万余人，史称胡惟庸案。此后，明太祖又借大将军蓝玉张狂跋扈之名对其诛杀，连坐被族诛的有一万五千余人，史称蓝玉案。加上空印案与郭桓案合称明初四大案。此时除汤和、郭英与耿炳文外功臣几乎全数被杀。明太祖通过打击功臣、设立锦衣卫加强特务监视等一系列方式加强皇权。

1398 年明太祖驾崩，由于太子朱标早死，由皇太孙朱允炆即位，年号建文，即明惠帝。明惠帝为巩固皇权，与亲信大臣齐泰、黄子澄等密谋削藩。周王、代王、齐王、湘王等先后或被废为庶人，或被逼自杀。同时以边防为名调离燕王的精兵，准备削除燕王。结果燕王朱棣在姚广孝的建议下以"清君侧，靖内难"的名义起兵，最后率军南下，占领京师，是为靖难之役。

（三）永乐盛世

1402 年朱棣即位，即明成祖，年号永乐。明成祖时期武功昌盛，明成祖先是出击安南，将安南纳入明朝版图，设立交趾布政司。明成祖之后又亲自五入漠北攻打北元分裂后的鞑靼与瓦剌。明成祖册封瓦剌三王，使与鞑靼对立，等到瓦剌兴盛后又助鞑靼讨伐瓦剌，不使任何一方独大。同时，授予兀良哈蒙古的朵颜、泰宁和福余三个卫所自治权。明成祖还于 1406 年和 1422 年对兀良哈蒙古进行镇压，以维持这一地区的稳定。明成祖为安抚东北女真各部，在归附的海西女真

（位于松花江上游）与建州女真（位于松花江、牡丹江之间）设置卫所，并派亦失哈安抚位于黑龙江下游的野人女真。1407 年亦失哈在混同江庙街的对岸塔林设置奴儿干都司，扩大明朝东疆，亦失哈并于 1413 年视察库页岛，宣示明朝对此地的主权。明成祖一改明太祖闭关自守的外交策略，自 1405 年开始派宦官郑和下西洋，向各国交往、宣示威德以及建立朝贡体制。其规模空前，最远到达东非索马里地区，扩大明朝对南洋、西洋各国的影响力。

文治方面，明成祖修大型类书《永乐大典》，在三年时间内即告完成。1405 年明成祖将北平改名北京，称行在，并设立北平国子监等衙门。1416 年明明成祖公布迁都的想法，得到认同，隔年开始大规模营造北京。1420 年宣告完工，隔年迁都。因为永乐年间天下大治，并且大力开拓海外交流，所以有学者将这段时期称为永乐盛世。

成祖对异议者强力镇压，诸如黄子澄、齐泰等建文旧臣等都被杀。其中以方孝孺的诛十族和景清的"瓜蔓抄"最为惨烈。登基后恢复了太祖时期后来被废除的锦衣卫，另外他还设置了另外一个特务组织——东厂。明代厂卫制度确立。

明成祖驾崩后，其长子朱高炽即位，即明仁宗，年号洪熙。明仁宗年龄已经偏高，即位仅一年就驾崩。其统治偏向保守固本，任用"三杨"（杨士奇、杨荣、杨溥）等贤臣辅佐朝政，停止郑和下西洋和对外战争以积蓄民力，鼓励生产，宽行省狱，力行节俭。明仁宗驾崩后长子朱瞻基即位，是为明宣宗，年号宣德。他基本继承父亲的路线，实行德政治国，并且发起最后一次下西洋。明宣宗同样热爱美术，有画作传世。但是，其执政期间也并非毫无弊端。由于明宣宗喜好养蟋蟀（古名"促织"），许多官吏因此竞相拍马，被称为"促织天子"。同时，明宣宗打破明太祖留下的宦官不得干政的规矩，设立内书堂教宦官读书，为明英宗时期的太监专权埋下隐患。

（四）土木堡之变

1435 年明宣宗去世，九岁的朱祁镇继位，即明英宗，年号正统。此时太监王振开始干政，1442 年限制王振权势的张太皇太后去世，当时明英宗仅十五岁，王振更加揽权。元老重臣"三杨"死后，王振专横跋扈，将明太祖留下的禁止宦官干政的敕命铁牌撤下，举朝称其为"翁父"，明英宗对他信任有加。王振擅权七年，家产计有金银六十余库，其受贿程度可想而知。

1435 年蒙古西部的瓦剌逐渐强大，经常在明朝边境一带生事。1449 年瓦剌首领也先率军南下伐明。王振耸使明英宗领兵二十万御驾亲征。大军离燕京后，兵士乏粮劳顿。八月初大军才至大同。王振得报前线各路溃败，惧不敢战，又令返回。回师至土木堡（今日河北省张家口怀来县），被瓦剌军追上，士兵死伤过半，随从大臣有五十余人阵亡。明英宗突围不成被俘，王振为将军樊忠所怒杀，史称土木堡之变，是明朝由盛转衰的一个转折点。

兵部侍郎于谦拥戴明英宗弟朱祁钰即位，以求长君，即明代宗，年号景泰。于谦升任兵部尚书，整顿边防积极备战，同时决定坚守北京，随后两京、河南、山东等地勤王部队陆续赶到。同年十月，瓦剌军直逼北京城下，也先安置明英宗于德胜门外土关。于谦率领各路明军奋勇抗击，屡次大破瓦剌军，也先率军撤退。明朝取得北京保卫战的胜利，于谦力排众议，加紧巩固国防，拒绝求和，并于次年击退瓦剌多次侵犯。

也先于 1450 年释放明英宗。然而明代宗因为皇权问题，不愿意接受明英宗，先是不愿遣使迎驾，又把明英宗困于南宫（今南池子）软禁，并废皇太子朱见深，立自己的儿子朱见济为太子。不久见济病死，没有儿子的明代宗也迟迟不肯再立朱见深为太子，俨然有夺正之貌，英宗、代宗兄弟因而严重对立。

1457 年石亨、徐有贞、曹吉祥等人联盟，欲拥戴明英宗复辟。趁着明代宗重病之际发动兵变。徐有贞率军攻入紫禁城，石亨等人占领东华门，立明英宗于奉天殿，改元天顺。他们贬明代宗为郕王，并且逮捕处死于谦及大学士王文，史称夺门之变。明英宗复辟后，略有新政，废除自明太祖时残酷的殉葬制度。之后因为内部政变流放徐有贞，因为曹石之乱诛杀石亨、曹吉祥等人，并且以李贤等贤臣掌权。

1464 年明英宗去世后，朱见深即位，即明宪宗，年号成化。明宪宗为于谦冤昭雪，恢复代宗帝号，平反夺门一案，人多称快。但明宪宗口吃内向，因此很少廷见大臣，终日沉溺于亦妻亦母的万贵妃，宠信宦官汪直、梁芳等人，晚年好方术。以至奸佞当权，西厂横恣，朝纲败坏，民不聊生。明宪宗直接颁诏封官，是为传奉官。这使得传奉官泛滥，舞弊成风，直到明孝宗才全被裁撤。他也是皇庄的始置者。该举措事实上鼓励豪强门阀兼并土地，危害不浅。

（五）弘治中兴

1487 年明宪宗去世，其子朱祐樘继位，即明孝宗，年号弘治。明孝宗在位期间"更新庶政，言路大开"，使得自明英宗以来的陋习得以去除，被誉为"中兴之令主"。明孝宗先是将明宪宗时期留下的一批奸佞冗官尽数罢去，逮捕治罪。并选贤举能，将能臣委以重任。明孝宗勤于政事，每日两次视朝。明孝宗对宦官严加节制，锦衣卫与东厂也谨慎行事，用刑宽松。明孝宗力行节俭，不大兴土木，减免税赋。明孝宗的励精图治，使得弘治时期成为明朝中期以来形势最好的时期，明史也称明孝宗"恭俭有制，勤政爱民"，被称为弘治中兴。

1505 年明孝宗去世，其子朱厚照即位，是为明武宗，年号正德。明武宗的荒游逸乐导致正德年间战事频生，先后发生鞑靼达延汗（明史称鞑靼小王子）进犯、宁夏安化王朱寘鐇谋反、山东刘六刘七民变、江西宁王朱宸濠谋反等重大事件。1520 年明武宗假藉出征江西宁王为由而南下游玩，以大将军朱寿为名前往南京，亲自俘虏已被王守仁击败的宁王。班师回京途中，于南直隶清江浦（江苏淮安）泛舟取乐时落水染病，1521 年于豹房驾崩。

明武宗驾崩后，明孝宗之侄、兴献王之子朱厚熜入嗣大统，是为明世宗。登基前后，因时任内阁首辅杨廷和、礼部尚书毛澄等权臣引宋濮安事强令世宗皇帝尊亲生父母为皇叔父母，引起明世宗的反感，是为大礼议之争。

1534 年后明世宗即不视朝，但仍悉知帝国事务，事无巨细仍出于世宗决断。世宗皇帝信奉道教，信用方士，在宫中日夜祈祷。先是将道士邵元节入京，封为真人及礼部尚书。邵死后又大宠方士陶仲文。1542 年十月，乾清宫发生杨金英、邢翠莲等宫女十余人与宁嫔王氏趁明世宗熟睡之际企图将其勒死，但未成功，此即壬寅宫变。此事后，直至世宗驾崩前一晚，世宗迁离大内移居西内。

嘉靖一朝，国家外患不断。北方鞑靼趁明朝衰弱而占据河套。1550 年鞑靼首领俺答进犯大同，宣大总兵仇鸾重金收买俺答，让其转向其他目标。结果俺答转而直攻北京，在北京城郊大肆抢掠之后西去，明朝军队在追击过程中战败，此为庚戌之变。世宗时期明朝宣布海禁，由日本浪人与中国海盗组成的倭寇与沿海居民合作走私，并且先后袭扰山东、浙江、福建与广东等地区。戚继光与俞大猷平定浙闽粤等地的倭寇，为后来隆庆开关建立好背景。另外葡萄牙人在 1557 年开始移民澳门，但及至明亡，葡萄牙人及澳门始终为广东布政司香山县管辖。1566 年世宗驾崩，皇太子朱载垕即位，即明穆宗，年号隆庆，翌年为隆庆元年。

（六）改革与中兴

穆宗即位后，即启用在藩邸的老师高拱、张居正。隆庆初年，位处执政之首的世宗旧臣徐阶策动朝官弹劾高拱，迫高拱辞官回乡。高拱亦不甘示弱，一年后策动朝官弹劾徐阶。徐阶也被迫正式退休。朝廷的实际政务渐渐落到了张居正的手上。隆庆末年，高拱回朝出任内阁首辅。

隆庆朝名臣名将荟萃，陆上与蒙古达成和议，史称俺答封贡；海上开放民间贸易，史称隆庆开关；因为这两项措施，明朝又重现中兴气象，史称隆庆新政。

隆庆六年，穆宗皇帝因中风突然驾崩，年仅九岁的皇太子朱翊钧继位，改元万历。由于神宗年幼，于是由太后摄政。重臣高拱由于与太后信任的宦官冯保对抗而被罢官，相反张居正得到冯保的鼎力支持。张居正辅政十年，推行改革，在内政方面，推行考成法，裁撤政府机构中的冗官冗员，整顿邮传和铨政。经济上，清丈全国土地，抑制豪强地主，改革赋役制度，推行一条鞭法，减轻农民负担。军事上，加强武备整顿，平定西南骚乱，重用抗倭名将戚继光总督蓟、昌、保三镇练兵镇守长城，使边境安然。张居正还启用潘季驯治理黄河，变水患为水利。同时张居正严惩贪官污吏，裁汰冗员，但他自己本身也贪污受贿。

万历五年秋，张居正父亲去世，按常理他需要丁忧（解职回乡守孝三年），但张居正以为改革事业未竟，不愿丁忧。他的政敌借此大做文章，此即为夺情之争。最后在神宗和两太后的力挺下张居正被夺情起复（免于在家守孝），使得其改革并未被中断。但是，这成为了他的政敌之借口。同时，张居正利用自己的职权让自己的儿子顺利通过科举进入翰林院。张居正死后立刻被反对改革的政敌清算。张府一些来不及退出的人被囚禁于内，饿死十余口。生前官爵也被剥夺。

（七）日落西山

张居正死后初期，神宗尚能保持对朝政的兴趣，但不久就开始怠政。万历十五年（1587 年）后，神宗就开始连续不上朝。自万历十六年（1588 年）后，早朝也经常看不到神宗。神宗整日在深宫中不理政事。同时，神宗还好营建，经常大兴土木。在他廿一岁时就开始筹建陵园。万历十七年，大理寺左评事上疏，称神宗沉湎于酒、色、财、气。结果被贬为民。神宗还派太监为矿监和税监搜刮民间财产，同时由于深受神宗信任的辽东总兵李成梁后期的腐化堕落大肆谎报军情，骗取军功封赏，在军事打击目标上偏袒努尔哈赤所部，导致明朝末年边患严重，并最终导致满清入主中原。由于神宗不理朝政，缺官现象非常严重。万历三十年（1602 年），南北两京共缺尚书三名，侍郎十名；各地缺巡抚三名，布政使、按察使等六十六名，知府廿五名。神宗委顿于上，百官党争于下，明廷完全陷入空转之中。官僚队伍中党派林立，互相倾轧，如东林党、宣党、昆党、齐党、浙党等名目众多，但其所议议题却不是如何改良朝政，只是人事布局而已。因此《明史》言："论者谓：明之亡，实亡于神宗。"

神宗在位期间另外两项严重败坏朝纲的事件是东林党争和国本之争。东林党源于顾宪成组办的东林书院。东林党一词则源于万历卅八年（1610 年）的一次人事变动事件。起因是内阁缺人，顾宪成极力主张颇有政绩的淮扬巡抚李三才入阁，结果被反对李三才入阁的势力抹黑漫骂，东林党因此而起。东林党兴起后，朝中其它各党便集中火力攻击东林党。阉党专权后,东林党更受到严重打击。直到崇祯初年东林党才重新被启用。

另外一项政争是国本之争。主要是围绕着皇长子朱常洛与福王朱常洵(郑贵妃所生)。神宗迟迟不立太子,令群臣忧心如焚。朝中上下也因此分成两个派别。直到万历廿九年(1601年),朱常洛才被封为太子,朱常洵被封为福王。但是福王迟迟不离京就任藩王。直到梃击案发生,舆论对郑贵妃不利后,福王才离京就藩。

在军事方面,以万历三大征最为功勋卓著,但损兵折将极大。万历四十六年(1617年),后金努尔哈赤以"七大恨"反明,两年后(1619年)在萨尔浒之战中大败明军,明朝对后金从此转为战略防御。

万历四十八年,明神宗去世。其长子朱常洛登基是为明光宗,光宗仅在位一个月,八月二十九日,又因服用李可灼的红丸,九月一日五更时猝死,时年39岁。

明熹宗在位期间,政治更加腐败黑暗。明熹宗早期大量启用东林党人,结果导致东林党与其它党斗争不断,明熹宗因此对朝政失去耐心,魏忠贤借此机会干预政治,将齐楚浙党的势力集结,号为阉党。1624年阉党控制内阁,魏忠贤更加张狂,其爪牙遍布中央与地方。魏忠贤并大肆打击东林党,借"梃击案、红丸案、移宫案"为由,唆使其党羽伪造《东林党点将录》上报朝廷,1625年明熹宗下诏,烧毁全国书院。大量东林党人入狱,甚至处死。由于阉党水平低下,政理不修,国家内部饥荒频传,民变不断,外患持续,明朝已经陷入风雨飘摇之境地。1626年北京西南隅的工部王恭厂火药库发生大爆炸,造成2万多人死伤。当时东北方的后金逐步占领辽东地区。1626年,努尔哈赤率军攻打宁远,明军在袁崇焕的指挥下凭借坚城固守抗敌,最终击败后金军,并击伤努尔哈赤,史称"宁远大捷"。不久后,努尔哈赤死去,其子皇太极即位。

1627 年明熹宗不慎落水病重，不久因霍维华之药而去世，其五弟信王朱由检继位，即明思宗，年号崇祯。明思宗即位后，锐意铲除魏忠贤的势力以改革朝政。他下令停建生祠，逼奉圣夫人客氏移居宫外，最后押到浣衣局处死。下令魏忠贤去凤阳守陵，魏忠贤于途中与党羽李朝钦一起自缢，明思宗将其首级悬于河间老家，阉党其他分子也被贬黜或处死。然而党争内斗激烈，明思宗不信任百官，他刚愎自用，加强集权。

1629 年（崇祯二年）皇太极绕道长城以入侵北京，袁崇焕紧急回军与皇太极对峙于北京广渠门。经六部九卿会审，最后杀袁崇焕，史称"己巳之变"。其后皇太极多番远征蒙古，终于在六年后（崇祯八年）彻底击败林丹汗，次年在盛京称帝，改国号为大清，并且五次经长城入侵明朝直隶、山东等地区，史称清兵入塞。当时直隶连年灾荒疫疾，民不聊生。辽西局势亦日益恶化，清军多次与明军作战，最后于 1640 年占领锦州等地，明军主力洪承畴等人投降，明朝势力退缩至山海关。

明朝中期之后时常发生农民起事，崇祯时期本身朝政混乱与官员贪污昏庸；与后金的战争带来大量辽饷的需求以及清兵的掠夺；以及因为小冰河期气候变冷，农业减产带来全国性饥荒，这些都加重明朝百姓的负担。1627 年，陕西澄城饥民暴动，拉开明末民变的序幕，随后王自用、高迎祥、李自成、张献忠等农民起事，最后发展成雄踞陕西、河南的李自成与先后占领湖广、四川的张献忠（最后成立大西政权）。1644 年李自成建国大顺，三月，李自成率军北伐攻陷大同、宣府、居庸关，最后攻克北京。明思宗在煤山自缢，明朝作为统一国家结束。

南明与明郑：弘光帝死后，鲁王朱以海于浙江绍兴监国；而唐王朱聿键在郑芝龙等人的拥立下，于福建福州称帝，即隆武帝。然而这两个南明主要势力互不承认彼此地位而互相攻打。1651年在舟山群岛沦陷后，鲁王朱以海在张名振、张煌言陪同下，赴厦门依靠郑成功，不久病死在金门。隆武帝屡议出师北伐，然而得不到郑芝龙的支持而终无所成。1646年，清军分别占领浙江与福建，鲁王朱以海逃亡海上，隆武帝于汀州逃往江西时被俘而死。郑芝龙向清军投降，由于其子郑成功起兵反清而被清廷囚禁。朱聿键死后，其弟在广州受苏观生及广东布政司顾元镜拥立称帝，即绍武帝，于同年年底被清将李成栋攻灭。同时间桂王朱由榔于广东肇庆称帝，即永历帝。

1646年永历帝获得瞿式耜、张献忠余部李定国、孙可望等势力以及福建郑成功势力的支援之下展开反攻。同时各地降清的原明军将领先后反正，例如1648年江西金声桓、广东李成栋、广西耿献忠与杨有光率部反正，一时之间南明收服华南各省。然而于同年，清将尚可喜率军再度南下，先后占领湖南、广东等地。两年后，李定国、孙可望与郑成功发动第二次反攻，其中郑成功一度包围南京。然而，最后因为距离远互相难以照应，内部又发生孙可望等人的叛变而节节败退。1661年，清军三路攻入云南，永历帝流亡缅甸首都曼德勒，被缅甸王莽达收留。后吴三桂攻入缅甸，莽达之弟莽白乘机发动政变，杀死其兄后即8月12日，莽白发动咒水之难，杀尽永历帝侍从近卫，永历帝最后被吴三桂以弓弦绞死，南明亡。

此时反清势力只剩夔东十三家军与在金厦的郑成功（史称明郑）。李自成余部在湖南抗清失败后，转移到川、鄂山区进行活动，在夔州府以东地区继续抗清，称为夔东十三家军。1662年清军开始攻打之，到1664年首领李来亨被杀而亡。郑成功在南京之战失败后退回金厦，于1661年率军远征荷兰人占据的台湾岛成功，明郑领有台湾，定都东宁（今台湾台南）。其子郑经曾参与三藩之乱，率军参与反攻失利。1683年，清朝康熙帝命施琅为水师提督进攻台湾。明郑主郑克塽率众投降，明郑亡。

二、政治发展

（一）内阁

洪武十三年诛丞相胡惟庸，罢中书省，废丞相等官。在废除丞相后，朱元璋亲理政务，一度深感疲惫，于是设立四辅官来辅佐政事。但这项制度效能不彰。洪武十五年七月被废。十一月，仿宋制，置华盖殿（世宗时改为中极殿）、武英殿、文渊阁、东阁诸大学士，又设文华殿大学士，以辅导太子，品秩都是正五品。明成祖登基后，特派解缙、胡广、杨荣等入午门值文渊阁，参预机务，由此成立内阁。内阁只为皇帝的顾问，奏章的批答为皇帝的专责。内阁大学士一职多以硕德宿儒或朝中大臣担任，只照皇帝意旨写出，称"传旨当笔"。明仁宗增置谨身殿（世宗时改为建极殿）大学士。宣宗时期，由于杨溥、杨士奇、杨荣等三杨入阁，宣宗批准内阁在奏章上以条旨陈述己见，称为"票拟"制度。明初，内阁无实权。之后内阁地位逐渐升高，权限逐渐增大，到明世宗时，内阁终跃至六部之上。嘉靖以后，朝位班次，俱列六部之上。自此，内阁成了中央最高的的决策机构。

（二）六部

明朝在中央和南京各设置吏、户、礼、工、刑、兵六部，与前代相比，明朝最初在每部增加尚书侍郎各一。胡惟庸案之后，朱元璋废丞相之职，取消中书省。六部因此地位得到了提高。每部只设一个尚书，两个侍郎，原有的各科尚书降为郎中。各部尚书和侍郎的官阶也上升。其中以吏部（主管文官升迁）最为重要，户部人员最多。礼部（主管祭祀大典）与工部（主管公共建设）地位较低，而在南京六部除兵部（掌管南直隶与浙江、江西等省的军队）、户部（掌管南方户籍）外，其他四部基本没有没有实权，是被排挤出中央的官员的"养老之地"。

（三）监察机构

太祖尚为吴王时，始置御史台，设左、右御史大夫各一名。洪武十三年，罢御史台。十五年更置都察院，设监察都御史八人。分监察御史为浙江、河南、山东、北平、山西、陕西、湖广、福建、江西、广东、广西、四川十二道，各道置御史三到五名，称为十二道监察御史。监察御史都驻在京师，有事带印出巡，事毕回京缴印。永乐元年，改北平道为北京道。十八年，罢北京道，增设贵州、云南、交阯三道。洪熙元年，称行在都察院。宣德十年，罢交阯道，始定为十三道。正统中，去"行在"字。

（四）六科

六科，负责侍从、规谏、补阙、拾遗、稽察六部百司之事。洪武六年，设给事中十二人，秩正七品，始分为六科，每科二人。洪武二十四年，更定科员，每科都给事中一人，正八品。六科官职品级虽低，然职权很高。他们有"封驳权"，可以不赞成皇帝的意旨。该制度发挥了一定的改善朝政作用。

（五）五寺

五寺包括大理寺、太常寺、光禄寺、太仆寺和鸿胪寺。大理寺与刑部和都察院合为三法司，其职权与今日之最高法院相似。大理寺的首长称为大理寺卿，九卿之一。其余四寺卿职权较低。太常寺负责祭祀礼乐，隶属于礼部；太仆寺管理马匹，隶属于兵部；光禄寺负责寿宴、进贡等，隶属于礼部；鸿胪寺负责朝会、宾客（外吏朝觐，诸蕃入贡）、吉凶仪礼。

（六）厂卫机构

明朝主要的情报机构包括锦衣卫、东厂和西厂，武宗时期还一度设有内行厂。锦衣卫设立于洪武十五年，负责侦查国内外情报，直接对皇上负责，拥有可以逮捕任何人，并进行秘密审讯的权力。东厂成立于永乐十八年，主要职责就是监视政府官员、社会名流、学者等各种政治力量，并有权将监视结果直接向皇帝汇报。依据监视得到的情报，对于那些地位较低的政治反对派，东厂可以直接逮捕、审讯；而对于担任政府高级官员或者有皇室贵族身份的反对派，东厂在得到皇帝的授权后也能够对其执行逮捕、审讯。西厂设立于宪宗时期，首领为汪直。1482 年后被废。其后又被武宗短暂恢复。内厂设于武宗时期，任务是牵制锦衣卫、东厂和西厂的权力，防止它们三个机构相互勾结权利的扩展，是朱元璋为政的另一种手段。首领为宦官刘谨，刘谨伏诛后，内厂与西厂同时被废，仅留东厂。

（七）其它机构

太师、太傅、太保为三公。明仁宗之后，三公皆为虚衔，为勋戚文武大臣加官、赠官。太子太师、太子太傅、太子太保，明朝只永乐年间，明成祖幸北京，以姚广孝专为太子太师，留辅太子。自是以后，终明一朝皆为虚衔。他们名为辅导太子，但实际上辅导太子的机构是詹事府。詹事府下设两坊、一局、一厅。此外还有太医院，太医院附属有生药库和惠民药局。二十四衙门（十二监、四司、八局，由宦官所担任）。亲军上直二十六卫，除锦衣卫设有南北两个镇抚司，其他二十五卫各设有一个镇抚司，已上俱不属五军都督府管辖。女官，洪武五年，定为六局一司。永乐后，职尽移于宦官，只保留少数女官。

三、经济文明

（一）私营工商业

明朝无论是铁，造船，建筑等重工业，还是丝绸，纺织，瓷器，印刷等轻工业，在世界都享有盛誉。

明朝以较短的时间完成了宋朝手工业从官营到私营的演变，而且变化得更为彻底。迄至明朝后期，除了盐业等少数几个行业还在实行以商人为主体的盐引制外，一些手工业都摆脱了官府的控制，成为民间手工业。

晚明时中国民间私营经济力量远比同期西方强大，当英国商人手工场业主拥有几万英镑已算巨富时，明朝民间商人和资本家动用几百万两的银子进行贸易和生产已经是很寻常，郑芝龙海上贸易集团的经济实力达到每年收入数千万两白银，当时荷兰的东印度公司根本无法与之相抗衡。

在商业都市的发展规模、人口城市化状况和市场化程度方面：16世纪的欧洲城市规模较小，1519年至1558年时期，拥有2万至3万人口即可称为"大城市"。从城市规模和人口比例看，晚明中国的城市化程度反倒稍高一些。据伊懋可的数据，中国城市人口在明朝末年占到总人口的6%至7.5%。据曹树基的估计，1630年时中国城市化率已达到8%。

（二）商业的空前繁荣

明代中后期，农产品呈现粮食生产的专业化、商业化趋势。江南广东一大片原来产粮区由于大半甚至八九成都用来生产棉花甘蔗等经济作物而成为粮食进口区，其它一些地方则靠供给粮食成为商品粮食出口区。

长江三角洲一带是当时桑、棉经济作物和手工业最发达的地步，常思患粮食不足……区域内调剂甚繁。但整个区域仍有不足，须由湖北，江西，安徽运入，所谓"半仰食于江、楚、庐、安之粟"。

一般粮食作物的种植，主要有稻、麦、粟、梁、黍、菽等多种谷类；某些本来可以自给的区域，由于手工业的发展，非农业人口的剧增，或经济作物种植面积的不断扩大，使本地生产粮食不能满足需求，因而每年需从外地输入大量粮食。

不少土地主缙绅也逐步将资金投向工商业，"富者缩资而趋末"，以徽商、晋商、闽商、粤商等为名号的商帮亦逐渐形成，并在一定地区和行业中有着举足轻重的地位。农业人口转为工商业者的数量急增。

四、文化

（一）学术思想

哲学思想上，王阳明继承陆九渊的"心学"并发扬光大，他的思想强调"致良知"及"知行合一"，并且肯定人的主体性地位，将"人"的主动性放在学说的重心。而王阳明的弟子王艮更进一步地强化此方面的论述，提出"百姓日用即道"，肯定平民百姓日常生活的意义。而李贽则更肯定"人欲"的价值，认为人的道德观念系源自于对日常生活的需求，表现追求个体价值的思想。而随着西学的传入，科学精神与实学风尚也开始流行。明末之际，伴随着朝代的更替与异族的入主，哲学家开始更多的思考现实问题与政治改良，如王船山、黄梨洲、顾亭林等。

而明代晚期书院的兴盛，冲击官学的地位。许多知识分子利用在书院讲学之际借机批评时政，例如曾讲学于东林书院的顾宪成及高攀龙，就常讽刺时政，也使东林书院成为与当权派对抗的中心，进而造成东林党争。当时学者也会借用寺庙周边的空地举行"讲会"，倡导新的思想价值与人生观。

（二）文学

　　文学方面，中国小说史上的四大名著中的《西游记》《水浒传》《三国演义》与《金瓶梅》就是出于明朝。冯梦龙加工编辑的三部白话短篇小说集"三言"（即《喻世明言》《警世通言》《醒世恒言》）每部四十篇，共一百二十篇，主要是描写青年爱情故事以及平民市井生活，最著名的如《杜十娘怒沉百宝箱》《金玉奴棒打薄情郎》《转运汉巧遇洞庭红》等；与"三言"类似每部四十篇的短篇小说集还有凌蒙初编著的"二拍"以及1987年才被发现的《型世言》（陆人龙编著）。传统雅文学的发展在明代继续发展，著名文人有刘基、宋濂、高启、方孝孺、唐寅、归有光、徐渭、王世贞、袁宏道、钱谦益、张岱、吴伟业等人。散曲家则有王磐、冯维敏、薛论道、陈译、康海等人。

　　万历时期，猛烈反对前后七子的拟古主义，有以公安袁宗道、袁宏道与袁中道为代表的公安派。他们认为文学是随着时代的变化而变化的，有各个不同的时代，即有各种不同的文学。竟陵钟惺、谭元春为代表的竟陵派主张独抒性灵，并且乞灵于古人，目的为"引古人之精神以接后人之心目，使其心目有所止焉，如是而已矣"。

　　明代短篇小说的创作也很兴盛。一些文人加工改写了宋元话本，还创作拟话本。"三言""二拍"就是这种话本和拟话本的代表作。

　　明代诗文数量浩如烟海，不仅作家众多，而且各成流派。永乐至正统年间，文坛上出现了以内阁大学士杨士奇、杨荣、杨溥为首的"台阁体"诗派。明中叶，在反对台阁体冗沓文风的斗争中，先有弘治、正德年间的李梦阳、何景明为首的"前七子"崛起，继而又有嘉靖、万历间李攀龙、王世贞为首的"后七子"雄踞文坛。他们以复古为号召,主张"文必秦汉,诗必盛唐"。当前、后七子复古运动兴起时,文坛上又相继迭起"唐宋派"和"公安派"。

(三)戏曲

明前期,元代以来绚丽的杂剧奇葩一度中衰。明中叶后,随着城镇经济的繁荣,为群众所喜闻乐见的戏曲又出现了新的发展,产生了许多具有进步意义的作品。明代剧作中最负盛名的是《牡丹亭》。

在明代,流行的戏曲唱腔中,主要有弋阳腔和昆山腔(昆腔)。昆腔本局限于吴中。嘉靖年间,著名音乐家魏良辅对昆腔进行改革,使它既集中表现了南曲的清柔婉转的特点,又保存了部分北曲激昂慷慨的声腔,成了当时最有影响的一种戏曲音乐。

(四)书法

明朝朝廷极力推崇书法,明朝书法以行书和草书为主。明初书法陷于台阁体泥沼,沈度学粲兄弟推波助澜将工稳的小楷推向极致,"凡金版玉册,用之朝廷,藏秘府,颁属国,必命之书"。二沈书法被推为科举楷则,于是台阁体盛行。明中期吴中四家崛起,书法开始朝尚态方向发展。祝允明、文徵明、王宠与唐寅是这个时期的代表,书法开始迈入倡导个性化的新境域。晚明书坛兴起一股批判思潮,书法上追求大尺幅,震荡的视觉效果,有名的有张瑞图、黄道周、王铎与倪元瑞等,而帖学殿军董其昌仍坚持传统立场。

（五）　绘画

明初，宫廷画家居画坛主流。15 世纪中叶，江南沈周、文徵明、唐寅、仇英"吴门四大家"崛起。他们广泛吸取了唐、五代、宋、元诸派之长，形成了各具特殊风格的绘画艺术。嘉靖时，杰出画家徐渭，自辟蹊径，创泼墨花卉。明末画坛以董其昌的松江派为中心。董其昌师承元四家，善水墨画，兼擅泼墨，作品秀雅，烟云流畅。明末还有著名人物画家陈洪绶、崔子忠、曾鲸等。

五、对外交流

（一）　郑和下西洋

为宣扬国威，加强与海外诸国的联系，明成祖派郑和出使西洋。从 1405 年到 1433 年，郑和七次航海，访问过亚非 30 多个国家和地区，最远到达红海沿岸和非洲东海岸地区，（一说进行环球航行，见《1421 中国发现世界》）。又派遣吏部验封司员外郎陈子鲁出使撒马儿罕、吐鲁番、火州等西域十八国，加强了明朝同世界各国的经济政治上的往来，为中国走向世界做出了贡献。

（二）　西学东渐

明朝后期西方传教士纷纷东来，他们以介绍先进的科学知识为手段，向皇室或地方官吏贡献西洋奇巧物件，受到地方当局的赏识，遂被允许进人内地甚至京师，做官、传教。

以利玛窦为代表的传教士又以"奇技淫巧"的西学来吸引士大夫，使他们产生兴趣，并以译书修历打动中国朝廷，从而使西学在中国的庙堂传播开来。这一时期，翻译的西学著作有370种，具有科学内容的120种，其中，利玛窦、汤若望、罗雅各、南怀仁就翻译了75部之多。在由传教士传人的西学中，主要以数学和天文学成果最为显著。

第十三讲 清 朝

　　清朝是中国历史上第二个由少数民族建立的统一政权，也是中国最后一个封建帝制国家，对中国历史产生了深远影响。1616 年，建州女真部首领努尔哈赤建立后金。1636 年，皇太极改国号为清。1644 年入关，逐步统一全国。清朝前期，统一多民族国家得到巩固，基本上奠定了我国版图，同时君主专制发展到顶峰。1840 年鸦片战争后进入近代，多遭列强入侵，主权严重丧失。1911 年，辛亥革命爆发，清朝统治瓦解，从此结束了中国两千多年来的封建帝制。1912 年 2 月 12 日，清帝被迫退位。清朝从后金建立开始算起，共有十二帝。自此之后，中国进入了民主时期。

一、历史发展

　　明朝初期，女真族分为建州女真、海西女真、野人女真三大部。后又按地域分为建州、长白、东海、扈伦四大部分。明朝在东北设立辽东都司、奴儿干都司作为管理机构，女真各部皆臣服于明朝。清朝统治者为出身建州女真的爱新觉罗氏。建州女真首领猛哥帖木儿（努尔哈赤六世祖，后被追封为肇祖原皇帝）时为明朝建州卫左都督，1433 年因部族冲突被害。1440 年建州部南移，最终定居于赫图阿拉。南移后，建州女真部与明朝交往密切，建州部社会生产力提高，经济繁荣。

1583 年，爱新觉罗·努尔哈赤袭封为建州左卫指挥使，以祖、父遗甲十三副，相继兼并海西女真部，征服东海女真部，统一了女真各部。他还筑城池、设大臣、定法律、理诉讼、建立八旗制度。八旗制度按军事组织形式，把女真人编制起来，在贵族控制下进行战争和生产活动，是一种兵民合一的社会组织。八旗制度促进了女真社会的发展，巩固了努尔哈赤的统治地位。

1616 年，努尔哈赤在赫图阿拉自立为汗，国号金（史称后金），建元天命，公开反叛明朝政府。1618 年，努尔哈赤发布"七大恨"的讨明檄文，誓师伐明，举国震惊。1619 年，明朝在萨尔浒之战惨败，几年间丧失辽东七十余城。

1621 年，努尔哈赤攻占辽阳、沈阳，迁都于辽阳。1625 春，努尔哈赤不顾贝勒诸臣异议，决定迁都沈阳。当年农历三月三日在拜祭祖陵后，便率亲族百官自东京（辽阳）起程，夜宿虎皮驿，翌日抵沈阳。从此沈阳成为后金政权的统治中心。不过，努尔哈赤在 1626 年的宁远战役中被明军的大炮打成重伤，不久逝世。第八子皇太极继位。他继续对明朝展开攻势，并联合蒙古各部，势力不断扩大。

1635 年，清太宗皇太极废除旧有族名"诸申"（女真），定族名为"满洲"。1636 年，清降服漠南蒙古。同年皇太极称帝且改"金"国号为"清"，正式建立清朝，改年号为崇德。

1640 年，明清松锦之战爆发，1642 年洪承畴在松山被俘，祖大寿在锦州投降。松锦之战标志着明朝在辽东防御体系的完全崩溃，在关外只剩下宁远一座孤城。

1644 年，李自成率领的大顺军攻陷北京，明朝崇祯帝在农民军的攻城炮声中自杀于皇城后的景山。驻守山海关的明将吴三桂降清。清摄政王多尔衮指挥八旗劲旅，兼程入关，以吴三桂为前导，击败大顺农民军，进占北京。同年清顺治帝迁都北京，祭告天地祖宗，表示他已是全中国的君主。

接着，清军南下剿杀农民军，北方的地主、官僚纷纷迎降，勾结清军，镇压农民军。与此同时，在南方，一些明朝遗臣拥立皇族建立几个小朝廷，史称南明（弘光、隆武、绍武、永历）。此外还有李自成的大顺、张献忠的大西政权。清朝于 1645 年灭大顺、南明弘光；1646 年灭大西、南明隆武、南明绍武；1662 年灭南明永历；1664 年消灭大顺残余势力。清朝入关后历经 20 多年的战争，基本统一全国。

李自成死后，余部与明湖广总督何腾蛟、湖北巡抚堵胤锡联明抗清。1647 年大败清军于全州，次年几乎收复湖南全境。江西金声桓和在广州李成栋先后反正，出现了南明时期第一次抗清斗争的高潮。但永历政权不能团结对敌，给了清军以喘息之机。1649—1650 年，何腾蛟、瞿式耜先后牺牲。1652 年，李定国率军 8 万东出广西，下桂林，又攻入湖南、广东，"两蹶名王，天下震动"。刘文秀亦出击四川，克复川南。东南沿海的张煌言等的抗清军队也发动攻势，抗清斗争再次出现高潮。这时孙可望同李定国之间矛盾爆发，破坏了大好形势。孙可望降清后，云贵虚实尽为清军所知。1658 年，吴三桂率清军攻入云南，1662 年南明永历帝被杀，南明灭亡。

清军进军江南的过程中，无恶不作，激起江南人民的强烈反抗，特别是剃发令强制执行，各地燃起抗清的熊熊烈火。清廷残酷镇压，在扬州、嘉定、江阴等地进行了大肆屠城，史称"扬州十日，嘉定三屠"。此后清军各地"剃发易服"，造成人口骤减，发生西南地区民生萧条、万里无人的景象。1659 年，清军占领西南地区。并迁移湖广人口填川，以补充劳动力的不足，视为历史上的第二次"湖广填四川"。

明延平王郑成功在 1661 年收复了当时为荷兰殖民地的台湾。永历帝被害后，郑成功之子郑经继续使用南明永历年号，尊前明宁靖王朱术桂为监国。1683 年，清朝统一台湾，1684 年设立台湾府。

（一）康熙时期

1662 年康熙帝 8 岁即位，在位期间，平三藩，收台湾，三征准噶尔叛乱，抵抗沙俄侵略，编纂《古今图书集成》和《康熙字典》。

康熙帝巩固和加强了祖国的统一。对内平定了三藩之乱，平定台湾郑氏政权，设立台湾府，使中国重新归于统一；1685 年和 1686 年，他命令清军两次进攻盘踞雅克萨的俄军，遏制了沙俄对华侵略的野心；1689 年，他派代表与沙俄代表签订了《尼布楚条约》，划定了中俄东部边界线；平定了回疆、准噶尔等反动贵族的叛乱。自康熙时期至十九世纪中期，中国在北起外兴安岭，南至南沙群岛的曾母暗沙，西起巴尔喀什湖和帕米尔高原，东抵鄂霍次克海、库页岛和台湾广大而神圣的领土内，实现巩固了全国的统一，加强了中央集权，成为当时世界上强大的国家。

康熙帝注意恢复和发展生产，采取了一系列有利于社会经济恢复和发展的措施。鼓励垦荒，从 1671 年起，陆续放宽垦荒起科年限，并规定垦荒有成绩，据开垦多少，给予不同官职，这促进了垦荒的积极性，到康熙末年，全国荒地基本上得到开辟。1669 年，康熙下令废除圈地令，以后永远停止圈地，并规定所圈土地应退还给农民。1685 年，康熙又规定民间新垦田亩，"自后永不许圈"，从而在一定程度上限制了贵族旗主的经济扩张，有利于自耕农民。康熙还下令将明朝藩王的庄田改为"更名田"。

康熙皇帝适应了历史发展的需要，进行一系列统一战争，使局势趋向稳定，清政府大为巩固，又通过一系列的文治，促进了经济、文化的发展，使中国人民过上了 112 年的和平生活。

康熙中期以后，因战乱而遭到严重破坏的手工业逐步得到恢复和发展。至乾隆年间，江宁、苏州、杭州、佛山、广州等地的丝织业都很发达。江南的棉织业、景德镇的瓷器都达到了历史高峰。至 18 世纪中叶，清朝人口也大大增加。

（二）雍正时期

1723 年雍正帝盛年登基，在位 13 年。对外方面，雍正初年青海亲王罗卜藏丹津意图复兴和硕特汗国而乱，隔年年羹尧与岳钟琪等人平定。为此雍正帝占领部分西康地区，又在西宁与拉萨分置办事大臣与驻藏大臣以管理青藏地区。听从鄂尔泰建议推行改土归流，废除具自治性质的土司，以地方官管理少数民族。将喀尔喀蒙古并入清朝；于 1727 年与沙俄签订恰克图条约，确立塞北疆界。1729 年听从张廷玉建议，以傅尔丹与岳钟琪兵分二路于科布多对抗准噶尔汗噶尔丹策零，最后于和通泊之战战败。1732 年噶尔丹策零东征喀尔喀蒙古，兵至杭爱山，被喀尔喀亲王策棱击败。1734 年清准和谈，以阿尔泰山为界，西北大致和平。

另外，他最主要的特点就是改革，可谓大刀阔斧，快刀斩麻。他对许多的事情作了重大的改革，特别是对一些制度方面作了些改革。雍正起了"康雍乾"三代承上启下的作用。

第一，整顿吏治。康熙晚年，身患中风，标榜宽仁，吏治松弛，贪污腐败，已然成风。雍正在长年皇子生活中，对皇父晚年弊政，看得较为清楚。雍正元年（1723 年）正月，他大刀阔斧、雷厉风行地连续颁布 11 道谕旨，

训谕各级文武官员：不许暗通贿赂，私受请托；不许库钱亏空，私纳苞苴；不许虚名冒饷，侵渔贪婪；不许纳贿财货，戕人之罪；不

许克扣运费，馈遗纳贿；不许多方勒索，病官病民；不许恣意枉法，恃才多事等。严诫：如因循不改，必定重罪严惩。

第二，密折制度。雍正朝密折制度加以完善。皇帝特许的官员才有资格上奏折。具折奏事的官员雍正朝增加到1200多人。奏折的内容，几乎无所不包，诸如刮风下雨、社会舆情、官场隐私、家庭秘事等。皇帝通过奏折可以直接同官员对话，更加了解和掌握下面的实际情况。官员之间互相告密、互相监督，强化了皇帝专制权力。

第三，设军机处。雍正创设军机处，作为辅助皇帝决策与行政的机构。地点在紫禁城隆宗门内北侧。军机处的建立，标志着皇权专制走向极端。

第四，改土归流。在云、贵、粤、桂、川、湘、鄂等省少数民族地区，雍正全面实行"改土归流"制度，就是革除土司制度，在上述地区分别设立府、厅、州、县，委派有任期的、非世袭的"流官"进行管理。这种管理体制，同内地大体一样。雍正帝的改土归流，打击了土司的世袭特权和利益，减轻了西南少数民族的负担和灾难，促进了这一地区社会经济与文化的进步。

第五，摊丁入地。实行"摊丁入地"制度之后，社会人口，急剧增长。道光年间，人口之数，突破4亿。

第六，废除贱籍。缓和阶级矛盾。雍正废除了贱籍。雍正元年（1723年）三月，监察御史年熙上书请除豁山西、陕西乐户的贱籍。山西、陕西乐户的祖先，是明朝永乐帝登基后，加害建文忠臣本人外，还将他们的妻女罚入教坊司，充当官妓，世代相传，久习贱业。年羹尧之子年熙在奏疏中说她们是忠义之士的后代，沉沦至此，无由自新，请求雍正帝开豁她们的贱籍，准许她们改业从良。雍正帝看到奏折后，很是赞同，于元年（1723年）四月发出第一道"豁贱为良"的谕旨。雍正帝在下令开豁乐户贱籍的同时，又令各省检查，如发现本地也存在类似乐户的贱民，也准许他们出贱为良。

（三）乾隆时期

乾隆帝执政 60 年，在文治武功方面都有建树，为巩固我国统一的多民族国家，发展清朝康乾盛世局面作出了重要贡献，确为一代有为之君。

他编纂《四库全书》，1772 年开始，经十年编成，为清理和总结中国历史文化遗产作出了重大贡献，但很多珍贵材料丧失。乾隆帝酷爱汉文，勤于写诗，留下了约 42613 首各体诗作。一个少数民族的帝王对汉文化如此酷爱，对汉文化有积极的推动作用。由于清朝的文字狱，诗选的编选者不敢收录、评价当朝皇帝的诗，而原著（《御制诗集》）又卷帙浩繁，所以乾隆的诗没有流传开来，大部分是帝王体打油诗。乾隆六下江南，并仿制江南园林广修园林，劳民伤财。

乾隆帝于 1757 年粉碎了准葛尔贵族割据势力，统一天山北路。1759 年平定天山南路的大小和卓叛乱。1762 年，清朝设伊犁将军，统管包括巴尔喀什湖在内的整个新疆地区。自从 1762 年起，清朝陆续派遣大批军队进驻新疆。永久驻军的官兵携带家眷，主要来自东北、河北等地的达斡尔族、满族等。这些驻军为保卫祖国、开发边陲作出了巨大贡献。

1771 年，西迁伏尔加河下游的漠西蒙古土尔扈特部，在杰出领袖渥巴锡的率领下，为摆脱沙俄的统治，踏上了回归祖国的征途。他们粉碎了沙俄军队的围追堵截，历经艰险，万里跋涉，终于回到祖国。土尔扈特部回归，为巩固统一的多民族国家，写下了可歌可泣的光辉篇章。

清朝于 1792 年打退了廓尔喀对西藏的进犯。1793 年（乾隆五十八年），清朝中央政府制定和颁行了《钦定藏内善后章程二十九条》，对西藏地方的人事、行政、财政、军事、对外关系等各方面作了明确规定，并以法律形式予以确定。主要内容包括清政府掌握确定西藏各大活佛包括达赖喇嘛、班禅额尔德尼去世后认定转世灵童和批准继位的大权，一切西藏涉外事宜均由驻藏大臣全权处理等。该章程是中国对西藏行使主权的重要历史文献证明。

在"康乾盛世"时，社会经济发展非常快。首先是耕地面积迅速增加，至雍正时方达到九亿多亩，恢复并超过了明朝万历时期。加上农业技术的发展，单位面积产量的提高，使全国粮食总产量大大增加，中国人口在"康乾盛世"时突破了一亿大关。

清朝从乾隆末年开始有衰落的现象，政治日渐腐败。嘉庆帝和道光帝也失去了早期君主锐意进取的精神，掌政风格日趋保守和僵化。官场中，结党营私、相互倾轧、买官售爵、贿赂成风。军队里，装备陈旧、操练不勤、营务废弛、纪律败坏。财政上，国库日益亏空、入不敷出。阶级矛盾激化，相继爆发白莲教和天理教等农民起义。

（四）开启近代

1839 年，道光帝为解决鸦片贸易的弊端，派林则徐到贸易中心广州宣布禁烟，此即虎门销烟。1840 年，英国悍然发动了侵略中国的鸦片战争。1841 年，清政府战败，被迫求和。1842 年，清政府被迫同英国侵略者签订了中国近代史上第一个不平等条约——《南京条约》。开启了中国近代史。

西方各国迫使清政府开港通商，加上地方官吏地主兼并土地，使得传统农村经济受到破坏。各地乘机纷纷起事，其中华北以捻乱为主，华中华南以洪秀全的太平天国与云南杜文秀、马如龙的云南回变为主。

洪秀全改造基督教教义，1851 年于广西金田起义，联和天地会、三合会北伐。两年后攻陷并定都江宁，并且发动两次西征；1853 年 5 月 8 日，林凤祥、李开芳等奉命率师两万余人北伐。北伐军虽然一度进至天津附近，因孤军深入，被清军围困。后来曾国藩、左宗棠与李鸿章为保护儒家文化，纷纷组织湘军与淮军抵抗太平天国。太平天国发生天京事变后国力衰退，部分势力转入捻军。太平天国最后于 1864 年被湘军、淮军以及外国人组成的常胜军、常捷军围攻之下而亡。

1856 年，英国借口"亚罗号事件"、法国借口"马神甫事件"共同发动侵略中国的第二次鸦片战争。到 1860 年，英法联军相继强迫清政府签订《天津条约》和《北京条约》。俄罗斯趁火打劫，从 19 世纪 50 年代到 80 年代，侵吞中国北方一百五十多万平方公里领土。根据不平等条约，中国丧失大量领土、主权和财富，中国半殖民地半封建社会程度大大加深。

（五）改良中兴

1861 年，咸丰帝去世，其六岁之子载淳继位，即同治帝。咸丰帝本任命肃顺等八大臣赞襄政务，两宫太后与恭亲王奕䜣发动辛酉政变，两宫垂帘听政，最后由两宫之一的慈禧太后获得实权。被称为洋务派的奕䜣与曾国藩、李鸿章、左宗棠、张之洞等部分汉臣在消灭太平军时认识到西方的船坚炮利，并且鉴于两次鸦片战争的失败，以"师夷长技以制夷"、中体西用为方针展开自强运动（又称洋务运动）。当时总理各国事务衙门与随后的北洋通商大臣负责对外关系与自强运动的策划与推行，先后引入国外科学技术，建立现代银行体系、现代邮政体系、铺设铁路、架设电报网。建立翻译机构同文馆、新式教育（新学），培训技术人才并派遣留学生到欧美日等先进工业国家，培育出唐绍仪与詹天佑等人才。开设矿业、建立轮船招商局、江南制造总局与汉阳兵工厂等等制造工厂与兵工厂，同时也建立新式陆军与北洋舰队等海军。洋务运动使得中国社会出现较安定的局面。其间太平天国于 1864 年灭亡。1865 年僧格林沁的满蒙骑兵（八旗兵）中捻军埋伏后全歼，赖洋务派左宗棠与李鸿章分别灭西、东捻，捻乱到 1868 年为止。1862 年 – 1878 年间左宗棠先后平定陕甘回变，平定新疆回乱，并收回伊犁。

洋务运动使得清朝的国力有了一定程度的恢复和增强，到慈禧太后与恭亲王联合执政的同治年间，清朝在文武齐心合力之下，一度出现了较安定的局面，史称"同治中兴"。其间清朝在西方人的帮助下成功消灭太平军、平定捻军之乱，并收复新疆，在国际上的地位和形象因此有相当大的改善。至 19 世纪 80 年代，清朝军队的装备和洋务运动之前相比已有了明显的提高；在 1884 年至 1885 年中法战争期间的一系列战役中，清军和法军互有胜负。战后，清朝设立了海军衙门。

对外方面，1884 年，清朝和法国为越南（安南）主权爆发中法战争。清朝失去藩属国越南，越南成为法国殖民地，台湾也宣布建省。1885 年英国入侵缅甸，清朝驻英公使曾纪泽向英国抗议无效，隔年被迫签订《中英缅甸条约》，承认缅甸为英国所有。日本在明治维新后国力大增，1872 年日本强迫清朝藩国琉球改属日本，清朝拒不承认，中日交恶。1894 年中日甲午战争爆发，最后以清军落败而告终。

（六）日薄西山

清政府于 1895 年与日本签定《马关条约》。清朝割让台湾和澎湖，失去藩属国朝鲜和租界。洋务派李鸿章建立的北洋舰队全面瓦解，也宣告自强运动最终失败。随后，由光绪帝与梁启超和康有为领导发动的政治改革运动：戊戌变法又因为慈禧太后和保守派的反对，而软禁了光绪帝，变法因此失败，因为只有 103 天，因此又称为"百日维新"。

1900 年，八国联军入侵北京。1901 年签订了丧权辱国的《辛丑条约》。清朝于八国联军后国势大坠，知识分子莫不提出各种方法拯救中国，主要分成立宪派与革命派两种改革路线。1901 年立宪派康有为梁启超推动立宪运动，梁启超发表《立宪法议》，希望让光绪帝成为立宪君主。而慈禧太后为挽清朝衰落危局，有意效仿欧日的改革而推行清末新政。新政主要推行君主立宪、建立清朝新军、废除科举、整顿财政等一系列改革。而革命派对清廷的改革失望，他们鼓励推翻清朝，建立中华共和。1894 年孙文于夏威夷檀香山建立兴中会、1904 年黄兴于长沙成立的华兴会、1904 年蔡元培于上海成立光复会，此外还有其他革命团体。1905 年孙文在日本联合兴中会、华兴会、光复会，成立中国同盟会，并提出"驱除鞑虏、恢复中华、创立民国、平均地权"纲领。革命派联合旧有反清势力如三合会、洪门等，在华南地区发起十次起事，并将势力渗入华中、华南的清朝新军。

当时立宪派与革命派为改革方式发生争执，一开始立宪派占上风，清廷也承诺实行立宪。1907 年清廷筹设资政院，预备立宪，并筹备在各省开办咨议局。1908 年 7 月颁布《各省咨议局章程及议员选举章程》，命令各省在一年之内成立咨议局。同年颁布《钦定宪法大纲》，以确立君主立宪制政体，成立代议会。在立宪派成员的请愿下，清廷宣布把预备立宪缩短 3 年，预定在 1913 年召开国会。同年光绪帝与慈禧太后皆去世，溥仪继位，即宣统帝，其父载沣担任监国摄政王。1911 年 5 月清廷组成由庆亲王奕劻领导的"责任内阁"，这是中国历史上首次君主立宪。不过，该内阁中的很多成员为皇族身份，故被称为"皇族内阁"，引发立宪派的不满和失望，很多转向与革命派合作。

同年 5 月四川等地爆发保路运动，清廷急派新军入川镇压。10
月，革命派于湖北发起武昌起义，南方各省随后纷纷宣布独立。清廷
任命北洋新军统帅袁世凯为内阁总理大臣，成立内阁并统领清军。袁
世凯一方面于阳夏战争压迫革命军，另一方面却暗中与革命党人谈判，
形成南北议和。1912 年 1 月 1 日，中华民国于南京宣布立国，孙文在
南京就任临时大总统。2 月 12 日，袁世凯迫使宣统帝溥仪颁布退位诏
书，将权力交给袁世凯政府，清朝灭亡，标志着中国两千多年来的君
主制度正式结束。

二、政治文明

南书房：康熙十六年（公元 1677 年）康熙皇帝设立南书房，起
初是康熙帝为了与翰林院词臣们研讨学问，吟诗作画而设。因在乾清
宫西南角特辟房舍故名南书房。由于南书房"非崇班贵檩、上所亲信
者不得入"，所以它完全是由皇帝严密控制的一个核心机要机构，随
时承旨出诏行令，这使南书房"权势日崇"。南书房地位的提高，是
康熙帝削弱议政王大臣会议权力，同时将外朝内阁的某些职能移归内
廷，实施高度集权的重要步骤。

军机处：雍正七年（公元 1729 年），清军在西北与准噶尔蒙古激
战，为及时处理军报雍正皇帝始设军机房，雍正十年改称军机处。乾
隆皇帝即位后服孝，安排数位"总理事务王大臣"进入军机处，故改
名总理事务处。乾隆二年（公元 1737 年）乾隆服满亲政，总理事务
王大臣等自请罢职，恢复军机处名称，自此遂成定制，军机处成为直
接对皇帝负责的核心权力机构，满洲议政王大臣会议的地位更被削弱
至几乎可忽略不计，政治权力全部掌握在皇帝手中，成为清代中央集

权制度的顶峰。直至宣统三年（公元 1911 年）四月初十清廷宣布成立"责任内阁"，军机处废止。

责任内阁：宣统三年四月初十（1911 年 5 月 18 日），清政府宣布废除军机处，实行内阁制，任命内阁总理大臣和诸大臣组成内阁。由庆亲王奕劻组成中国历史上第一个现代意义上的内阁。然而，由於内阁成员中过半数为皇族或满人，时人讥之为"皇族内阁"。该内阁在辛亥革命後倒台，由袁世凯组成的新内阁所取代。

执行机关：六部（吏、户、礼、兵、刑、工）为清朝最高执行机关，各部长官称尚书，副长官称侍郎，以前尚书均由满人担任，顺治元年（1644 年）规定尚书及侍郎满、汉各一。在六部之外和六部并立的中央行政机构有：大理寺、太常寺、光禄寺、太仆寺、鸿胪寺、国子监、钦天监、翰林院、太医院、理藩院、宗人府、詹事府、内务府、都察院。清朝官员等级分"九品十八级"，每等有正从之别，不在十八级以内的叫做未入流，在级别上附于从九品。

刑律：顺治四年（1647 年）《大清律例》编修完成。《大清律》基本上承袭《明律》的内容。後经康熙、雍正两朝屡次增删，并於雍正五年公布。但清朝最经常起作用的是例，而不是律。

文字狱：清朝皇帝为打压汉人反清复明运动与防止散播不利皇帝的消息，屡兴文字狱以控制士大夫的思想。文字狱之案件常是无中生有，小人造谣所为。较大规模的文字狱甚至可以牵连成千上万人受害。清朝诸例文字狱中，有名的有康熙时期的南山案、雍正时期的查嗣庭试题案和吕留良案等。

三、经济发展

恢复生产的措施和"摊丁入亩"：明末清初，由于地主阶级对劳动人民的残酷剥削和压迫，特别是前后延续四十年的战乱，社会生产遭到严重破坏。为了巩固其封建统治，清统治者不得不采取一些恢复和发展生产的措施。

其一，停止圈地。其二，实行"更名田"。其三，奖励垦荒。其四，整顿赋役制度和"摊丁入亩"。同时，清初还通过丈量田地，编审人丁，使钱粮征额比较符合实际数。这样，农民相对地减轻了一些赋役负担，有利于社会生产的恢复和发展。

到康熙时期，全国政治形势逐步稳定，为进一步推行垦荒创造了有利的条件。1671 年（康熙十年），清政府下令新垦荒地四年起科，并重申顺治时对乡绅垦田给予奖励的规定。第二年，又将起科时间放宽到六年。不久，又作了进一步的放宽。

恢复生产：不过，这些改革措施，虽然收到了一些成效，但并没有从根本上解决赋役制度的混乱和赋役负担不均的问题。为了稳定税收额数，清政府于 1712 年（康熙五十一年）宣布以 1711 年（康熙五十年）全国的丁银额为准，以后额外增丁，不再多征，叫作"盛世滋生人丁，永不加赋"。这只是不再增加丁银，并不是免除丁银。中国历史上几千年来的人头税基本上被废除。这有助于封建统治秩序和税收的稳定，并使封建国家对农民的人身束缚逐渐削弱。

废除匠籍：明代匠户有匠籍。从明中叶起，虽然轮班匠改为以银代役，但住坐匠的封建劳役制剥削始终没有改变。入清以后，因"历年久远"，特别是经过明末农民战争的冲击，"原匠子孙逃故无遗"，止存户籍。在这种情况下，清廷曾于 1645 年（顺治二年）一度"免直省京班匠价，并除其匠籍"，但不久又恢复征收。康熙以后，又陆续将匠银摊入田赋，最后废除了匠籍制度。这样，匠户不但在事实上而且在法律上也摆脱了封建政府的人身奴役，从而为工商业的发展创造了有利的条件。

四、文化与科技

（一）文化

1. 哲学思想

黄宗羲（1610—1695），字太冲，号南雷，又号黎洲，浙江余姚人。他的主要著作有《明儒学案》《宋元学案》和《明夷待访录》等。

王夫之（1619年—1692年），字而农，号姜斋，湖南衡阳人，世称船山先生。他的著作很多，主要的有《张子正蒙注》《周易外传》《读四书大全说》《黄书》《读通鉴论》和《宋论》等。

顾炎武（1613—1682），字宁人，号亭林，江苏昆山人。他的主要著作有《日知录》《天下郡国利病书》和《亭林诗文集》等。颜元和戴震由于清朝统治者的大力提倡，宋明理学在清代仍居支配地位。但同时也出现了一些反对理学的进步思想家，颜元和戴震就是其中的主要代表。

2. 小说

清朝小说杰出者众，曹雪芹所著《红楼梦》被认为代表着中国古典小说最高水平。《聊斋志异》《儒林外史》和晚清谴责小说均有很大影响。

3. 诗歌

清朝的诗歌在中国历史上影响不大。早期，纳兰性德的《饮水词》为后人称颂。乾隆皇帝酷爱作诗，他的《御制诗五集》共41863首，但很少有佳作。被成为"诗界革命"的诗歌改良运动产生于戊戌变法前后，其代表有黄遵宪的诗，其余如谭嗣同、唐才常、康有为、黄遵宪、蒋智由、丘逢甲、夏曾佑均有作品。

4．京剧

京剧源于明朝的昆曲和京腔，形成于乾隆、嘉庆年间。

京剧是中国的"国粹"，已有 200 年历史。京剧之名始见于清光绪二年（1876）的《申报》，历史上曾有皮黄、二黄、黄腔、京调、京戏、平剧、国剧等称谓，系乾隆五十五年（1790 年）四大徽班进京后与北京剧坛的昆曲、汉剧、弋阳、乱弹等剧种经过五、六十年的融汇，衍变而成，是中国最大戏曲剧种。其剧目之丰富、表演艺术家之多、剧团之多、观众之多、影响之深均为全国之冠。京剧是综合性表演艺术。集唱（歌唱）、念（念白）、做（表演）、打（武打）、舞（舞蹈）为一体、通过程式的表演手段叙演故事，刻划人物，表达"喜、怒、哀、乐、惊、恐、悲"思想感情。角色可分为：生（男人）、旦（女人）、净（男人）、丑（男、女皆有）四大行当。人物有忠奸之分，美丑之分、善恶之分。形象鲜明、栩栩如生。

5．绘画

清代的绘画水准很高。画坛由文人画占主导地位，山水画科和水墨写意画法盛行，更多画家追求笔墨情趣，在艺术形式上翻新出奇，并涌现出诸多不同风格的流派。清初朱耷、石涛的山水花鸟画，中期的"扬州八怪"，清末任伯年，吴昌硕的仕女花鸟画及杨柳青、桃花坞和民间年画均对后人有很大影响。

（二）科技

1．医学

乾隆时官修的《医宗金鉴》九十卷，征集了不少新的秘籍及经验良方，并对《金匮要略》《伤寒论》等书作了许多考订，是一部介绍中医临床经验的重要著作。清代名医王清任在医学上有突出的成就，著有《医林改错》一书。他强调解剖学知识对医病的重要性，并对古籍中有关脏腑的记载提出了疑问。他通过对尸体内脏的解剖研究，绘制成《亲见改正脏腑图》二十五种，改正了前人的一些错误，为祖国解剖学的发展做出了有益的贡献。

2. 地理

康熙时，曾组织人力对全国进行大地测量，经过三十余年的筹划、测绘工作，制成了《皇舆全览图》。这部地图"不但是亚洲当时所有的地图中最好的一幅，而且比当时所有的欧洲地图都更好、更精确"（李约瑟《中国科学技术史》第五卷）。最后在《皇舆全览图》的基础上，根据测绘的新资料，制成了《乾隆内府皇舆全图》。在这份地图里第一次详细地绘出了我国的新疆地区。这两份地图，至今仍有很大的参考价值。

3. 建筑

清代的园林建筑在世界上是享有盛名的。如北京西郊的圆明园，周围广达三十里，拥有150多座精美的宫殿、台阁、宝塔等建筑。从康熙时开始营建，乾隆时基本完成，道光时又有所增修，前后经历一百余年，耗费白银约二亿两。"圆明园"，是由康熙帝命名的。玄烨御书三字匾额，就悬挂在圆明园殿的门楣上方。对这个园名雍正皇帝有个解释，说"圆明"二字的含义是："圆而入神，君子之时中也；明而普照，达人之睿智也。"意思是说，"圆"是指个人品德圆满无缺，超越常人；"明"是指政治业绩明光普照，完美明智。这可以说是封建时代统治阶级标榜明君贤相的理想标准。

另外，"圆明"是雍正皇帝自皇子时期一直使用的佛号，雍正皇帝崇信佛教，号"圆明居士"，并对佛法有很深的研究。著有《御选语录》19 卷和《御制拣魔辨异录》。在清初的佛教宗派格局中，雍正皇帝以禅门宗匠自居，并以"天下主"的身份对佛教施以影响，努力提倡"三教合一"和"禅净合一"，是佛教发展史上非常重要的人物。康熙皇帝在把园林赐给胤禛（后为雍正皇帝）时，亲题园名为"圆明园"正是取意于雍正的佛号"圆明"。著名的还有承德的避暑山庄和外八庙，北京的雍和宫等。

4. 农学

清代的农书约有一百多部，尤以康熙、雍正两朝为繁盛。有《钦定授时通考》《广群芳谱》《补农书》等著作。

其中大型综合性农书《钦定授时通考》，是乾隆二年（1737），由乾隆帝弘历召集一班文人编纂的。全书规模比《农政全书》稍小。因是皇帝敕撰的官书，各省大都有复刻，流传很广，国际上也颇有声名。

5. 京张铁路

清朝末年，中国的交通事业有所发展。詹天佑是个中国第一位杰出的铁路工程师，他主持修建的京张铁路工程之艰巨是当时世界铁路史上罕见的。詹天佑克服了一道道难关，创造性地设计出"人"字形轨道，减缓了坡度，降低了造价，比原计划提前两年完工。京张铁路是中国人利用自己的技术力量修成的，在中国铁路史上写下了光辉的一页。